중년 퇴직자의
'내 일 찾기' 프로젝트

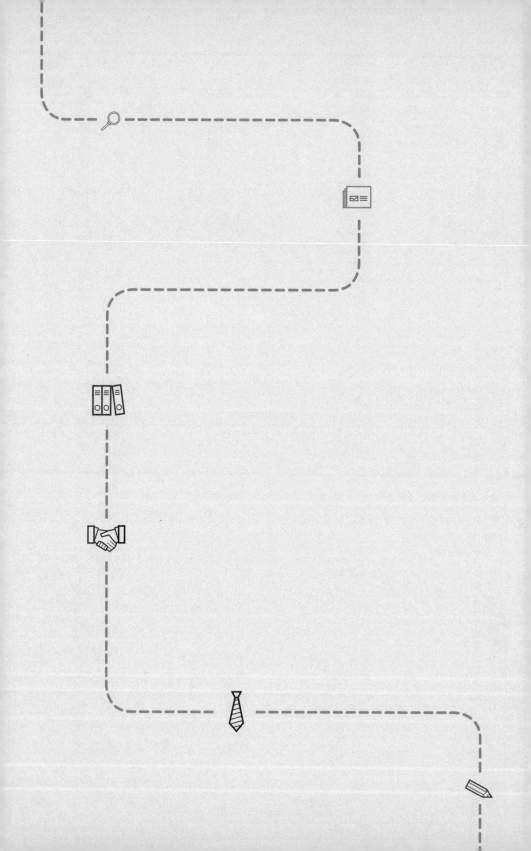

퇴직하고 뭘 먹고사나?

중년 퇴직자의 '내 일 찾기' 프로젝트

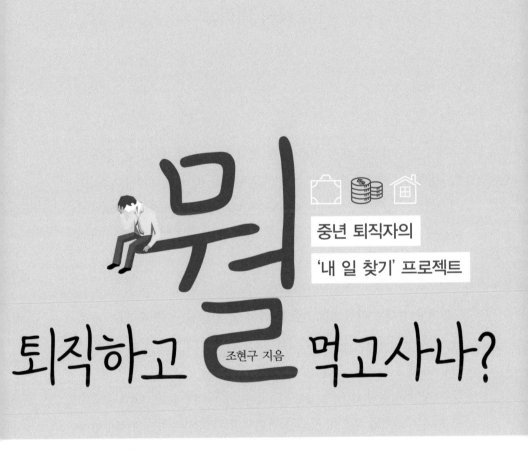

중년 퇴직자의
'내 일 찾기' 프로젝트

뭘
퇴직하고 먹고사나?

조현구 지음

100세 인생, 제대로 된 '내 일(my job)'을 찾으면 인생 2막이 성공한다!

시행착오 없이 제대로 된 나만의 노후를 대비하는,
중년 퇴직자의 '내 일 찾기' 프로젝트

지식공감 도서출판

가슴에서 머리로

내가 누구인지는 내가 있는 현재 위치를 보면 알 수 있다. 내가 잘할 수 있고, 재미가 있으며, 해서 행복한 것, 즉 가슴 설레는 그곳이 내가 있는 위치이고, 나의 진짜 모습이다. 대부분 그것을 잘 모르기 때문에 길을 가다 되돌아오거나 원하는 길을 가보지도 못하고 남의 길목에서 인생을 마감한다.

연어나 철새는 나름대로 그들이 가야 할 방향을 찾을 수 있는 구조를 갖고 태어난다. 하지만 인간은 자신의 현재 위치를 찾을 수 있는 기능이 없기 때문에 오래전부터 많은 어려움을 겪으며 살아왔다. 그래서 개발된 것이 GPS다. GPS(Global Positioning System)는 GPS 위성에서 보내는 신호를 수신해 사용자의 현재 위치를 알려주는 '위성항법시스템'을 말한다. 이 장치는 인공위성을 이용해 자신의 위치와 속도, 시간을 알려줌으로써 원하는 곳을 쉽게 찾게 해준다.

자신이 무엇을 해야 원하는 목적을 성취할 수 있는지 알 수 있는 장치가 몸 안에 내장되어 있다면, 아마 인류 역사는 지금보다 훨씬 빠른 속도로 진화했을 것이다. 그렇게 현재 위치를 알 수 있는 장치는 아닐지라도, 자신의 내면에 귀를 기울이면 유독 마음이 설레고 가슴이 뭉클한 것이 있다. 누구나 그것을 가지고 이 세상에 태어난다. 그것이 '내 일'이다. '내 일'은 인생 후반을 살아갈 이유를 제공하고 기쁨을 선사한다. 남이 해서 잘되는 일을 따라가는, 즉 머리에서 가슴으로 내려가는 것이 아니라, 가슴에서 머리로 올라가는 가슴 설레고 간절한 그 일이 '내 일'이다.

이 책은 퇴직자들이 무엇을 어떻게 할지 알려주는 GPS 역할을 해준다. 자신의 가슴을 뜨겁게 하는 일을 발견하게 해주고, 목적지에 이르는 구체적인 방법을 알려준다. 이 책을 통해, 인생 2막은 재앙이 아니라 축복인 것을 발견하길 바란다.

김재우 | (사)한국코치협회장

꿈을 이루는 지침서

사막이 아름다운 것은 어딘가에 숨어 있는 오아시스 때문이 아닐까? 작가는 사막의 한가운데서 보물을 찾듯 우리에게 오아시스를 선물한다.

이 책의 주인공 강도전은 지금의 우리의 모습이기도 하고, 앞으로 겪을 수 있는 우리의 미래일 수도 있다. 그래서 강도전의 실패가 가슴 시리도록 아프고 그의 재기가 더 간절했는지 모른다. 작가는 강도전을 통해, 당신은 "그저, 생각만 해도 좋은 사람이야!", "그동안 열심히 살아왔어!"라고 말하며, 자신을 진정으로 사랑할 수 있는 '용기'를 던져준다. 그리고 이 시대의 모든 '아버지'들의 화석처럼 굳어진 상처들을 따뜻하게 어루만져 주며, 자신만의 숨겨진 보물을 찾을 수 있는 구체적인 방법을 제시한다.

이 책의 작가 조현구 코치는 항상 마르지 않는 샘물 같은 존재다. 늘 샘솟는 열정과 호기심 가득한 어린아이의 눈으로 세상을 바라본다. 그는 자신만의 언어로 사회가 요구하는 것을 환원하고자 한다.

또, 내가 그동안 많은 사람들에게 일을 찾아주면서도 해결하지 못했던 과제들을, 누구나 공감할 수 있고 쉽게 따라 할 수 있는 방법으로 안내한다.

독자는 절망 속에 무방비 상태로 있는 강도전의 발자국을 따라가면서 어느새 진정한 자아 탐색을 하게 되고, 내가 진정 원하는 것이 무엇인지, 원하는 것을 얻기 위해 어떻게 해야 하는지를 알게 될 것이다. "중년 퇴직자의 '내 일 찾기' 프로젝트"를 위해 쓰여진 『퇴직하고 뭘 먹고사나?』는 인생 2막을 시작하는 사람들에게 꿈을 이룰 수 있는 지침서가 될 것이다. 앞으로 이 책을 읽는 수많은 독자들이 자신만의 아름다운 삶을 수놓을 수 있기를 간절히 기대해본다.

김미진 | 노사발전재단 서부센터 책임컨설턴트

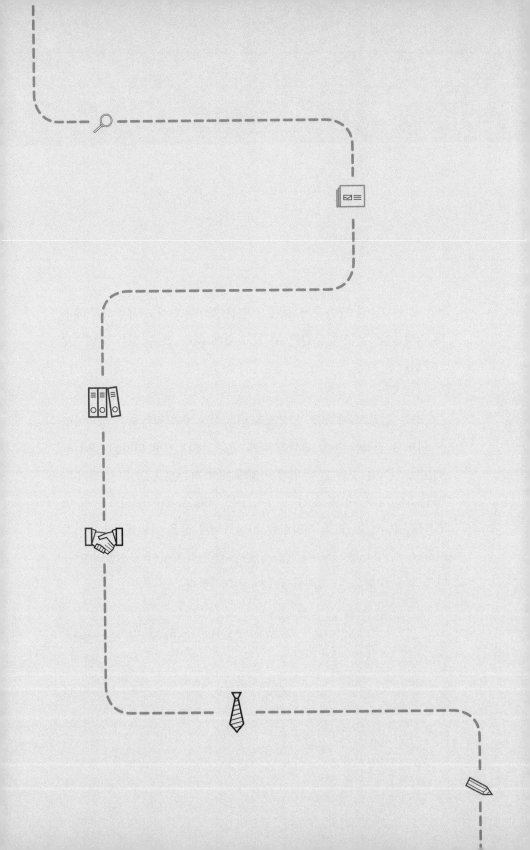

"당신이 정말 하고 싶은 일은 무엇인가요?"

"자신을 누구라고 설명할 수 있을까요?"

퇴직했거나 퇴직을 앞둔 사람들을 만나면 필자는 이런 질문을 자주한다. 대부분 어떻게 말해야 할지 한참을 망설인다. 그리고는 자신의역량으로 미래를 설계하는 모습보다는, 과거에 했던 일이나 현재 하고있는 일에 한정되어 자신을 소개한다.

그럼 "정말 하고 싶은 일이 무엇인가요?"라고 다음 질문을 던진다.그에 대해 "나도 책을 한 권 쓰고 싶어요." "내 사업을 하고 싶어요.""해외 오지를 여행하고 싶어요." 등등의 대답을 한다.

이어 "요즘 주로 어떤 일에 시간을 쓰고 있나요?"라고 세 번째 질문을 하면, "지금은 회사 일이 바빠서 글 쓸 시간이 없어요." "내 사업을하고 싶지만, 쉽지 않을 것 같아서 다른 일자리를 알아보고 있어요.""오지를 여행하고 싶지만, 여유가 없어 엄두를 못 내고 있어요."라는답을 적지 않은 사람들이 한다. 생각을 깊이 안 해봤거나 마음은 있어도 제대로 실행할 수 없을 것 같아 그렇게 말할 수 있다. 아니면, 간직한 꿈을 이룰 수 있는 능력이 "내 안에 있다."는 사실을 알지 못해,

그동안 살면서 본 자신의 모습이 다인 줄로 착각해서 그럴 수 있다.

사실 어떻게 삶을 살고 싶은지 말하기는 쉽지 않다. 하지만 가슴속 깊은 곳에는 자신이 꼭 하고 싶은 일이 숨 쉬고 있다. 그 일은 비 온 후 맑게 갠 가을 하늘처럼 명확할 수 있고, 아침 안개에 빼앗긴 시야처럼 희미할 수 있다. 마음이 꽂히는 일이 무엇인지 어떤 일에 열정이 있는지는, 자신이 현재 사용하는 시간을 확인하면 알 수 있다. 대부분 그 일에 많은 시간을 배정하고 기회를 만들기 위해 치열하게 노력한다. 만일 '하고 싶은 일'인데도 전혀 시간을 쓰고 있지 않다면, 그 일은 '내 일'이 아닐 가능성이 크다. 평소 하고 싶었던 일이라도 뜨거움이나 간절함이 없으면, 다른 곳을 기웃거리며 남의 말에 귀가 열리기 쉽다. 반면에 가슴을 두근거리게 하는 일은 시선을 빼앗겼다가도 다시 돌아가게 하고, 남을 부러워하다가도 스스로 만족할 수 있게 한다.

"나는 누구인가?"(Who am I?)", "무엇을 할 것인가?"(Where to go?)", "어떻게 할 것인가?"(How to get there?)", 이 세 가지 질문은 이 땅에 발을 딛고 사는 동안 묻고 또 물어야 할 우리의 과제다. 인간은 이 세상을 떠날 때까지 가진 능력의 5퍼센트밖에 사용하지 못한다고 한다. 그 5퍼센트를 넘어서는 잠재력, 즉 자신 안에 잠자는 거인을 깨우기 위해서는 먹고살기 위해 어쩔 수 없어 하는 '절실함'이 아닌, 원하는 것을 하고 싶어서 몸부림치는 '간절함'이 필요하다. 간절한 일에는 재미가 있고, 잘할 수 있는 능력이 있으며, 궁극적인 행복이 있다. 배가 부른 것은 일시적인 포만감이지, 인간이 근본적으로 원하는 재미나 행복은 아니다. 물론 먹고살기 힘든 시절에는 행복을 얘기하는 것 자체가 사치였다. 일은 재미있어야 하고, 그래야 잘할 수 있으며, 행복할 수 있다는 논리는 용납될 수 없었다. 사실 재미있고 행복하면 그 일이 진정 '내 일'인데도 그랬다.

헝가리의 국민작가 산도르 마라이(Sándor Márai)는 소설 『열정』에서 "내가 아닌 남이 되고 싶은 것보다 더한 고통은 없다."라고 했다. 그렇게 고통스러우면서도 남이 되고자 하는 이유는 무엇일까? 내적 갈등을 겪으면서도 남이 잘된 것을 따라 해야 나도 잘될 것 같고, 남이 간 길을 좇아가야 덜 위험할 것 같다. 또 우리의 두 눈이 멀리 보지 못하는 지독한 근시라서, 남의 어깨에 손을 얹고 따라가지 않으면 불안해서 앞으로 한 발짝도 내딛지 못해서 그럴 수 있다. 그렇지 않으면, '과연 될까?' 하는 회의감과 '그 일로 먹고살 수 있을까?' 하는 의구심 때문인지도 모르겠다. 의심이 나고 믿음이 생기지 않아도 '내 일'을 찾아 그 일을 해야 한다. '내 일'을 해보지 않으면 자신이 얼마나 큰 능력을 가지고 있으며, 어떤 훌륭한 일을 해낼 수 있는지 영원히 알 수 없다. 나무와 꽃은 한자리에 붙박여서 살아가야 할 운명으로 태어나 매개체를 통해서만 자신의 존재를 남길 수 있지만, 우리는 꿈을 이룰 수 있는 엄청난 잠재력을 가지고 태어나므로 운명을 바꿀 수도 있고, 상상하지 못한 위대한 일도 해낼 수 있다.

필자는 49세에 중견기업의 임원으로 퇴직했다. 전략/기획부문의 수장으로 세상의 어떤 일도 시작만 하면 잘할 줄 알았다. 나는 내가 어떤 일에 재미가 있고, 무엇을 해야 잘할 수 있으며, 무슨 일이 내 가습을 뜨겁게 하는지 관심이 없었다. 일단 남들이 해서 잘되는 사업을 벤치마킹해서 시작만 하면 그들보다 월등히 잘할 것으로 생각했다. 하지만 내 생각이 틀렸다는 것을 깨닫는 데는, 그리 오랜 시간이 걸리지 않았다. 퇴직 후 6개월 만에 서둘러 창업함으로써 그 대가를 톡톡히 치러야 했다. 매출이 줄어들고 손실이 계속되면서 두려움과 염려로 밤잠을 못 이루는 날이 계속되었다. 그렇게 한 가정에 덮친 사업 실패의 쓰나미의 위력은 대단했다. 돈만이 아니라 정체성의 혼란으로 겪는 고통은, 어두운 산에서 길을 잃어버린 나그네처럼 어디가 어딘지 한 치 앞을 분간할 수 없었다. 그럼에도 불구하고, 쪼그라진 페트병처럼 웅크린 내가 다시 시작할 수 있었던 것은, 실패의 깊은 터널에서 포기하지 않고 다시 걸을 수 있었던 것은, 나에게도 가슴 설레는 '내 일'이 있다는 것을 발견했기 때문이다. 그래서 이 책을 썼다. 어떻게 '내 일'을 찾아 실행할 수 있는지를 이야기하고 싶었다.

이 책, 『퇴직하고 뭘 먹고사나?』는 중년 퇴직자들이 원하는 '내 일'을 찾는 데 도움을 주기 위해 쓰여졌으며, 모두 1·2·3부로 되어 있다. 1부 '나는 누구인가?(Who am I?)'에서는 실패에 대한 새로운 시각으로 자신의 정체성을 살펴본다. 2부 '무엇을 할 것인가?(Where to go?)'에서는 중년의 퇴직자들이 퇴직 후에 할 일을 장기와 단기로 나누어 설계한다. 3부 '어떻게 할 것인가?(How to get there?)'에서는 장·단기 '내 일'을 실행하는 데 필요한 구체적인 방법들을 살펴본다.

이 책이 나오기까지 여러 사람의 도움이 있었다. 먼저, 항상 함께하시며 지혜와 역량을 주신 하나님께 감사와 영광을 올린다. 또 내가 불안해하고 힘들어할 때, 이 책의 김재기 선배처럼 나를 격려해주시고 이끌어주신 (사)한국코치협회 김재우 회장님에게 깊은 감사를 드린다. 또한, 평소 좋은 말씀으로 많은 도움을 주시는 도서출판 지식공감의 김재홍 대표님과 섬세하고 사려 깊은 피드백으로 원고의 질을 높여주신 김옥경 편집장님에게 심심한 감사를 드린다. 그리고 질곡의 어두운 길목에서 나의 손을 꼭 잡아준 사랑하는 아내와 친구 같은 두 딸에게 이 책을 선물한다.

Contents

1부 나는 누구인가?(Who am I?)

무엇을 할 것인가?(Where to go?)
▶ 중년 퇴직자의 5일간의 생애 설계 프로그램 수업

Contents

3부 어떻게 할 것인가?(How to get there?)

사람의 뇌는 세 부분으로 나뉜다. 그중 한 부분은 '대뇌피질'로서 학습과 추상적 사고 및 상상력을 다룬다. 또 한 부분은 '대뇌변연계'로서 감정을 관장한다. 그리고 나머지 한 부분이 '파충류 뇌'다. 파충류 뇌는 2억 년 전 조상의 뇌에서 유래됐으며 생존과 생식을 담당한다. 세 부분의 뇌 중 으뜸은 두말할 나위 없이 파충류 뇌다. 인간에게는 '좋은 감정을 느끼는 것'이나 '올바로 이해하는 것'보다는 '살아남는 것'이 훨씬 중요하기 때문이다. 그래서 논리, 감정, 본능의 싸움에서 늘 승리하는 것은 본능이다.

대부분의 퇴직자들이 직장의 틀에서 빠져나와 "하고 싶은 일을 하며 살고 싶다!"라고 말은 하면서도, 원하지 않는 일터에 재취업을 하거나, 남이 해서 잘되는 일이면 무조건 쫓아가는 것은, 그곳이 자신을 지켜줄 안전지대라고 믿기 때문이다. 많은 세월이 흘러 삶의 의식이 변했다고 주장을 하지만 본능은 여전히 개인의 삶에 깊이 관여하며 즐거움이나 행복보다 안전을 강요한다. 사실은 그곳이 안전하지도 않는데도 말이다. 본능이 아닌 가슴을 설레게 하는 일이 더 안전한데도, 그곳으로 가지 않아 실패의 아픔으로 가슴을 움켜쥐며 하루하루를 살아가는 퇴직자들이 우리 주변에 너무 많다.

Who am I?

1 부

나는 누구인가?

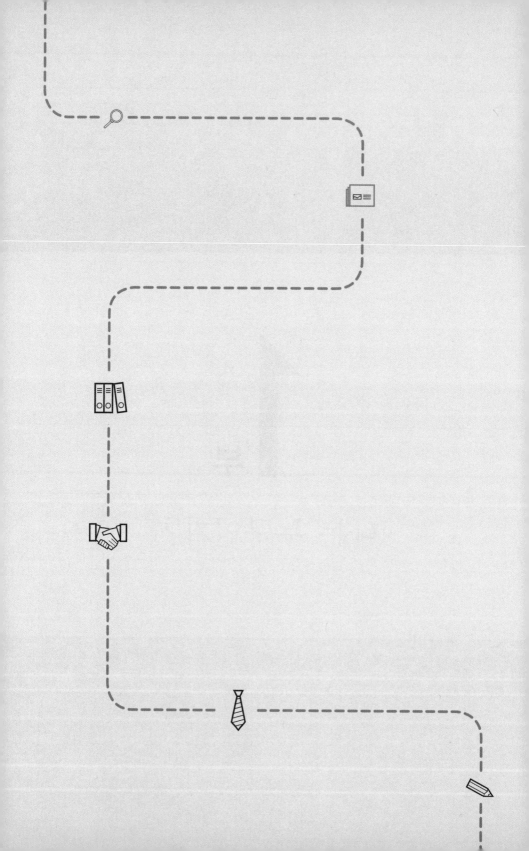

계획 없는 시작이
화를 부르다

결국, 그렇게 첫 사업을 마감했다.
오래 걸리지 않았다.
시작한 지 딱 2년 만에 끝이 났다.
힘 한 번 써보지 못하고 전 재산을 날렸다.

"여보, 일어나야지요! 강의 늦겠어요."

아내 이다정이 강도전을 흔들어 깨웠다. 강도전은 샤워를 하고 아침으로 선식과 토스트를 먹으며 강의할 내용과 USB를 다시 한 번 확인했다. 오늘 강의하는 곳은 대구다. 집을 나와 지하철을 타고 서울역에 가서 무궁화호 열차에 몸을 실었다. 빠른 KTX도 있지만, 강도전은 무궁화호를 더 좋아했다. 열차의 흔들거림이 자신의 신체 리듬과 잘 맞았고, 타고 내리는 사람들을 보는 재미도 쏠쏠했다. 무엇보다 시간에 쫓겨 읽지 못했던 책들을 편하게 볼 수 있어서 좋았다. 강도전은 휴대폰으로 예약한 자리를 찾아가 앉았다. 기차는 영등포를 거쳐 수

원을 지났다. 자신의 모습이 차창에 비치자, 문득 '내 일'을 찾았던 지난 4년의 세월이 스쳐 지나갔다.

··· 빨리 받아들여야 쉽다

"왜 접니까? 전무님, 왜 제가 나가야 합니까?"

강도전 부장은 충혈된 눈으로 이변명 전무를 찾았다.

"그리 앉아보게."

이변명 전무는 흥분한 강도전의 소매를 붙잡아 자리에 앉혔다.

강도전의 핏발 선 눈가로 뜨거운 원두커피의 하얀색 김이 모락모락 올라왔다.

"이번 일은 미안하게 됐네. 나도 중국에 출장 간 사이에 일어난 일이라······"

"전무님이 모르시면 누가 압니까? 저는 20년 동안 회사를 위해 충실하게 일한 죄밖에 없습니다."

"내가 잘 알지, 자네가 성실한 것은. 어쨌든 이번 일은 경영지원본부에서 한 일이라 내가 뭐라 할 말이 없네. 강 부장! 김수근 전무하고 얘기를 해보지그래."

"어제 만났습니다."

"그래, 뭐라 하던가?"

"됐습니다."

"뒤를 봐주는 사람이 없으면 줄이라도 잘 서야지. 강 부장처럼 실력이 있어도 그런 것에 신경을 안 쓰면 사는 게 쉽지 않아."

어제 만났을 때 경영지원본부의 김수근 전무가 한 말이 떠올랐다. 갑자기 당한 일이라 무엇을 어떻게 해야 할지 판단이 서질 않았다. 강도전은 사무실을 나와 마냥 걸었다. 한참을 걷다가 조그만 카페로 들어갔다. 사람의 눈길을 피할 수 있는 구석 자리를 찾아 앉았다. 평소 입도 대지 않던 에스프레소가 강도전의 목을 타고 넘어갔다. 쓴맛이 입을 떠나지 않았다. 그래도 그렇게까지 쓰다는 느낌은 들지 않았다. 지난해보다 매출이 줄긴 했어도 그 폭이 경쟁업체보다 작은 수준이었고, 영업이익은 오히려 전년을 웃돌았다. 그러나 영업팀이 전략기획본부에 편입되면서 구조조정 차원에서 희생양이 필요했다. 강도전은 매달리고 싶지 않았다. 매달릴 사람도 없었고, 또 매달린다고 바뀔 게 없다고 생각했다. 다들 저 살자고 하는 일에 자신이 희생 제물이 되었음을 받아들여야 했다. 강도전은 마흔일곱 살에 남극의 얼음바위에서 떨어진 한 마리 황제펭귄이 되고 말았다. 지난 20년의 노력이 물도 오르기 전에 끝이 났다. 문제는 강도전 자신보다 가족이었다. 아내 이다정이 큰 산처럼 다가왔다. 자신의 갑작스러운 퇴직으로 고통받을 아내의 모습이 강도전을 옥죄기 시작했다.

사표는 3일 만에 수리되었다. 위로금으로 퇴직금 외에 석 달 치 월급이 더 지급됐다. 20년을 함께한 회사가 직원을 내쫓으며 베푸는 최고의 아량이자 마지막 배려였다. 인사팀장은 마치 자기 것을 주는 양 은근히 생색을 냈다. 강도전은 마음 한편으로 인색한 회사를 위해 자신의 귀한 삶을 더 이상 허비하지 않게 된 것에 감사했다. 퇴직 후 보름이 지나서야 아내와 마주했다. 피할 수 없으면 빨리 당하는 게 낫겠다 싶었다. 살아온 날보다 살날이 더 많은 아내였다. 먼 길을 같이 갈 사람이 아내이기에 용기를 내어 자리를 마련했다. 그렇게 마주 앉았지만, 입이 열리지 않았다. 머리로는 말을 하려는데 입이 말을 듣지 않았다. 강도전은 가까스로 그간의 일을 토해냈다. 아내 이다정은 혼란스러웠다. 강도전의 말을 믿을 수가 없었다. 무슨 말을 하는지 와 닿지 않았다. 해석이 안 되었다. 이해할 수 없었다. 남편이 무얼 잘못했는지, 왜 남편이 혼자 책임을 져야 하는지 도무지 받아들일 수가 없었다. 온몸이 저리면서 분이 치밀어 올랐다. 남편을 내쫓은 회사를 찾아가 왜 그래야 하는지 하나하나 따져야 한다고 생각했다. 그렇게 하지 않으면 도저히 받아들일 수 없을 것 같았다.

이다정은 자리에서 일어나 길을 걸었다. 생각할 시간이 필요했다. 한참을 걸었다. 가슴이 저려 왔다. 분을 내면 상처가 더 깊어질 것 같아 억지로 화를 가라앉혔다. 자신보다 남편이 더 힘들 거란 생각이 그녀의 화를 누그러뜨렸다. 그날 이후 얼마간 두 사람 사이에 말이 없었다. 무슨 말로도 두 사람의 찢긴 상처를 감쌀 수 없었다. 이다정은 직장인들의 피할 수 없는 현실이라며 애써 자신을 설득했다. 그래도 자신만은 예외이길 바랐다. 이다정은 며칠 동안 현실과 꿈 사이를 오갔다. 피할 수 없는 엄연한 현실이라면 빨리 받아들이는 게 낫겠다고 생각했다. 남편을 생각해야 했다. 언제까지 아파할 수 없었다. 일주일이 지나면서 이다정은 언제 그랬냐는 듯 자신이 있던 자리로 돌아왔다. 이다정은 외식도 하고 등산도 하며 많은 시간을 강도전과 같이했다. 이다정은 강도전이 서둘지 않게 신경을 썼다. 주변이 온통 지뢰밭이라 신중할 필요가 있었다. 살림만 하는 아내지만 주변에서 들은 것은 남편보다 많았다. 이다정은 강도전에게 사업보다 새로운 직장을 권했다.

남편이 새로운 곳에 둥지를 틀어도 잘해낼 것으로 생각했다. 그렇게 여유를 보였던 이다정도 혼자 있을 때는 터져 나오는 한숨을 어떻게 할 수 없었다.

··· 중소기업 영업본부장

강도전이 회사를 나온 지 석 달이 지날 즈음에, 회사와 인력을 연결시켜주었던 헤드헌터로부터 연락이 왔다. 식품을 만드는 중소기업으로 규모에 비해 탄탄한 회사라고 소개했다. 강도전이 다니던 회사와는 규모면에서 비교가 안 됐지만, 영업본부장 자리는 강도전이 생각하고 말고 할 대상이 아니었다. 직급을 떠나 다시 일할 수 있는 것만으로도 감사한데, 임원으로 새 직장을 얻으니 여간 기쁜 게 아니었다. 이다정도 다시없는 기회라고 생각했다. 사장 면접을 보고 3일 만에 출근했다. 지방이라도 갈 판이었는데, 서울 본사로 출근하니 여간 잘된 일이 아니었다. 첫 출근하는 날 아침에 간부회의가 있었다. 사장실에 들러 인사를 하고 함께 회의에 참석했다. 회의는 경영지원본부장의 사회로 진행됐다. 회의 주제는 월 마감에 대한 실적 보고였다. 목표 대비 실적에 대한 사장의 질책이 이어졌다. 토론하고 대책을 세우기보다는 일방적인 사장의 꾸지람이 불을 뿜었다. 간부들은 "명심하겠습니다!" "열심히 하겠습니다!" "다음부터 잘하겠습니다!" 등의 지킬 수 없는 약속을 남발하며 우선 위기를 모면하기에 급급했다. 그리고 사장이 어떤 의견을 제시하면 "예, 좋습니다. 훌륭한 생각이십니다!" 등의 맞장구 일색이었다.

사장의 말에 다른 의견을 제시할 그런 분위기가 아니었다. 사장의 지시와 명령에 조용히 따르는 것이 자리를 보존할 수 있는 유일한 방법 같았다. 전체 매출에 이어 각 부서별·개인별 보고가 이어졌다. 문제의 원인보다는 누가 얼마나 팔았느냐에 초점이 맞춰졌다. 미래보다는 과거에 많은 시간을 할애했다. 궁색한 변명이 오갔다. 회의 참석자들은 사장의 온갖 야단과 욕설을 견뎌내며 회의가 끝나기만을 기다렸다. 모두 고개를 숙이고 서류를 뒤적이면서 사장과 눈을 마주치지 않으려고 온갖 애를 썼다. 어떻게든 사장의 눈빛을 피하려는 그들의 노력은 눈물겨웠다. 일주일에 한 번 있는 간부회의는 피할 수 없는 운명처럼 느껴졌다. 회의는 두 시간이 넘어 끝이 났다. 강도전은 처음 대하는 분위기에 '아차!' 하는 생각이 들었다. 상상치도 못한 환경에 등골이 오싹했다. 하지만 강도전은 일부 작은 회사들의 회의 특징 중 하나라고 애써 태연한 척하며 자신을 다독거렸다. 전 직장에서 쫓겨날 때를 생각하며 입술을 다시 한 번 깨물었다. 강도전은 충분히 참아낼 수 있다고 각오를 다지며 두 주먹을 불끈 쥐었다.

회의가 끝난 후, 강도전은 자기 자리로 돌아가서 앉았다. 회사와 관련된 전반적인 자료와 매출 관련 내용들이 책상 위에서 주인을 기다리고 있었다. 영업실적 중에서 생소한 단어가 눈에 띄었다. 개인 할당실적. 건강식품의 매출을 독려하기 위한 일반거래처 외의 매출 실적이었다. 일가친척 등 지인에게 판매할 개인 할당량이었다. 사장 외에 부서와 관계없이 직급에 따라 일정량이 강제 할당되었다. 영업본부장이란 직책도 실적에 따라서 얼마든지 오르락내리락할 수 있는 자리였다. 모든 직위나 직책은 영업실적이 좌우했다. 강도전이 영업본부장이라고 해도 자기 할당량을 채우지 못하면 임원에서 부장이나 차장, 아니면 그 밑으로 얼마든지 떨어질 수 있었다. 다른 회사에서는 거의 볼 수 없는 아주 특별한 조직 체계였다. 실제 회사에는 목표만 있었지 전략이 없었다. 누가 얼마를 팔았느냐가 중요했지, 어떻게 팔았느냐는 중요하지 않았다. 오로지 판매실적만이 존재했다.

처음에는 본사 영업부와 대리점과의 관계를 이해할 수 없었다. 본사는 광고나 홍보를 하면서 그 비용을 점주들에게 과도하게 부담시켰다. 또, 점주나 직원들에게 필요한 교육을 해도 교육비 전액을 대리점주가 부담해야 했다. 이런 연유로 대리점주들은 본사에 대해 큰소리를 쳤다. 그래서 본사 직원들은 할당량을 채우기 위해서 대리점주들에게 사정할 수밖에 없었다. 대리점이 항상 '갑'이었다. 강도전은 자기가 맡은 대리점을 돌아다니며 점주와 직원들에게 영업을 독려했다. 독려라기보다는 식사를 대접하면서 두 손 모아 부탁을 했다. 살아남기 위해서는 어쩔 수 없었다. 강도전은 아내에게 회사 상황에 대해서 일절 말하지 않았다.

입사한 지 두 달이 지날 즈음에 사장의 호출이 떨어졌다. 강도전은 전 품목의 영업 현황과 문제에 대한 대처 방안을 마련해 사장실로 들어갔다.
"요즘 실적이 어떤가요?"
사장이 강도전에게 물었다.
"지난 상반기 실적이 목표 대비 95퍼센트 수준으로 당초 목표에는 다소 부족하지만, 경쟁사들과 비교하면 선전하고 있는 편입니다."

강도전이 대답했다.

"강 상무! 나는 지금 회사의 영업실적을 묻는 게 아니라 강 상무 개인의 실적을 묻는 겁니다. 강 상무가 입사한 지도 두 달이 넘었는데 실적이 그게 뭐예요? 그렇게 저조해서 직원들의 본이 되겠어요? 그래도 큰 회사에 있었다고 기대를 했는데……! 다음 달에도 개선이 안 되면 자리 이동이 있을 테니, 그렇게 아세요. 그만 나가 봐요!"

사장은 싸늘하니 눈길 한 번 주지 않았다.

과도한 목표로 인해 대부분의 임원들이 두 달을 못 넘기고 회사를 그만두거나, 아니면 부장이나 차장으로 한두 단계를 내려서야 했다. 조금 더 버티려고 자리를 옮긴 사람들은 매일 업무일지에 매출계획서를 몇 장씩 써내야 했다. 3개월이 한계였다. 일가친척이 도와주는 기간이 끝나면 대부분 생명을 다하고 회사를 떠났다. 그것이 회사의 정책이고 전략이었다. 강도전도 예외는 아니었다. 그 후로 사장을 한 번 더 만나 심한 질책을 받았다. 질책이 아니라, 지인들이 사줄 만큼 사주었으니 그만 나가라는 의미였다. 그렇게 두 달을 더 버티다가 결국 회사를 그만두었다. 일이 힘든 게 아니라, 있으면 있을수록 지인들에게 부담을 줄 수밖에 없었다. 자신이 살기 위해서는 다른 사람의 도움이 아닌 희생이 필요했다. 그렇게 할 순 없었다. 어떤 어려움이 있어도 버티려고 했지만, 남에게 피해를 주면서까지 회사를 계속 다닐 순 없었다. 다시 무직(無職)으로 돌아가는 것이 죽기보다 싫었지만 다른 대안이 없었다.

강도전은 식품회사를 그만두고 일할 곳을 계속 찾았으나 여의치 않았다. 하찮게 생각했던 자리도 구직자들로 넘쳐났다. 고학력 퇴직자들이 늘어나면서 작은 규모의 회사도 화려한 경력의 구직자들이 줄을 이었다. 식품회사를 그만둔 지 6개월이 훌쩍 지났다. 강도전은 방향을 바꿔야 했다. 취직을 해도 어차피 나와야 할 바에 창업이 낫겠다 싶었다. 회사를 그만두고 1년이 지날 즈음에, 강도전은 아내를 설득해 프랜차이즈 가맹점으로 음식 장사를 시작했다. 프랜차이즈 가맹점은 특별한 기술이 없이도 신속하게 창업할 수 있었다. 평소 음식에 취미가 많던 강도전은 먹는장사에 관심이 많았다. 프랜차이즈 본사에서 점포만 차려주면 그 이후는 혼자서도 잘할 수 있을 것으로 생각했다.

강도전은 지인으로부터 외식 프랜차이즈를 소개받았다. 프랜차이즈 본사 직영점에 손님이 줄을 이었다. 이를 지켜본 강도전은 하루빨리 장사하고 싶은 마음에 가맹점 개설을 재촉했다. 마치 자기 돈이 사라지는 것처럼 1분 1초가 아쉬웠다. 급하게 창업을 서둘렀다. 이다정은 사업을 해도 처음에는 작게 시작했으면 했다. 첫 사업을 경험 없이 크게 벌여 잘못되는 경우를 자주 봐왔기 때문이었다. 이다정과 달리, 강도전은 작게 해서는 고생만 하고 돈을 벌 수 없다고 생각했다. 또 크게 해서 보란 듯이 자신의 능력을 과시하고 싶었다. 그동안 아내가 모아 놓은 돈과 퇴직금, 집을 담보로 받은 대출금까지 모두 첫 사업에 쏟아부었다. 이다정은 첫 사업을 너무 크게 시작한 게 마음에 걸렸지만, 강도전은 실평수 70평의 점포가 대견스럽기만 했다.

가게 문을 열고 얼마 동안은 지인들이 찾아와 주고, 동네에 어떤 식당이 들어왔나 궁금해하는 사람들이 몰리면서 매출은 예상보다 높았다. 금방 부자가 될 것 같았다. 강도전과 이다정은 장사하기를 잘했다고 생각했다. 하지만 개업 후 한 달이 지나면서 이상 징후가 나타났다. 직원 관리에 어려움을 겪으면서 매출이 급격히 떨어졌다. 매출도 매출이지만 하루도 조용히 지나가는 날이 없었다. 툭하면 종업원이 손님과 말다툼을 하고, 주방과 홀 직원이 티격태격하는 날이 끊이지 않았다. 자영업의 직원 관리를 비롯한 제반 점포 운영은 일반 기업과 비교해 차이가 컸다. 어디부터 어떻게 해결해야 할지 강도전은 갈피를 잡지 못했다. 아무런 경험 없이 본사만 믿고 시작한 터라, 문제가 발생하면 본사에 의존할 수밖에 없었다. 본사에서 도와준다고 몇 가지 조치를 취했지만, 별반 소용이 없었다. 실제로 프랜차이즈 본사는 가맹점에서 일어나는 제반 문제에 대해 제삼자지 당사자는 아니었다. 문제를 해결하지 못하니 강도전은 말만 사장이지 그 존재가 유명무실했다. 준비 부족과 남의 말을 너무 믿은 것이 화근이었다.

프랜차이즈 가맹점은 시작을 쉽게 할 수 있는 장점은 있지만, 문제가 발생하면 해결이 쉽지 않은 단점도 있었다. 대부분 장사 경험 없이 시작하기 때문에 본사에서 도와준다고 해도 개선이 쉽지 않았다. 본사가 도움을 줘도 근본적인 처방은 사업주가 마련해야 했다. 강도전은 어려움을 겪으며 무진 애를 썼지만 되돌리기에는 역부족이었다. 아내인 이다정도 어찌할 방법이 없었다. 부부가 함께 고통을 겪으니 안팎으로 그 어려움은 말로 다할 수 없었다. 피할 수도 없었고 피할 곳도 없었다. 결국, 그렇게 첫 사업을 마감했다. 오래 걸리지 않았다.

시작한 지 딱 2년 만에 끝이 났다. 힘 한 번 써보지 못하고 전 재산을 날렸다. 월급쟁이는 다니던 직장이 문을 닫아도 퇴직금 외에 별다른 손해는 보지 않는다. 하지만 개인사업자의 실패는 경제적인 어려움은 물론, 가족 간의 관계마저 깊은 수렁으로 몰아넣는 쓰나미 수준의 충격을 몰고 온다. 강도전은 그 후로도 두 번의 사업을 더 했으나 조급함과 경험 부족으로 막을 내리고 말았다. 퇴직 후, 한 번의 재취업과 세 번의 사업 실패로 강도전은 대인기피증에 시달렸다. 일절 외출을 하지 않았다. 온종일 방에서만 지냈다. 아내와도 대화를 하지 않았다. 누가 찾아와도 만나지 않았다. 자기 방에서만 하루 24시간을 보냈다. 자기만의 공간 속에서 컴퓨터와 휴대폰 외에는 누구와도 접촉하지 않았다. 전화도 안 받았다. 부득이한 것은 문자로 해결했다.

강도전은 아침은 건너뛰고 오후가 되어서야 충혈된 눈으로 첫 끼니를 해결했다. 집안 대소사는 부득이 아내가 처리했다. 아내와 대화를 나눈 지도 6개월이 넘었다. 어쩌다 아내와 마주 앉아도 강도전은 방바닥만 긁어대며 일언반구 말이 없었다. 대화가 불가능했다. 병이 갈수록 깊어졌다. 하지만 병원 치료는 무조건 거부했다. 그렇게 거의 1년이 될 즈음에 이다정은 강도전의 대학 동창이면서 직장에서 가깝게 지내던 장진성 이사에게 전화해서 저간의 사정을 말했다. 장진성 이사도 다니던 회사를 나와 중소기업으로 직장을 옮긴 상황이었다. 퇴직 후에 이다정이 연락하는 사람은 장진성 이사가 유일했다. 거의 1년 만에 장진성 이사가 강도전의 집을 찾았다.

"여보, 장 이사님 오셨어요."

이다정이 강도전에게 말했다.

"……"

"여보, 좀 나와 보세요."

"장 이사가 우리 집에 웬일이야? 당신이 연락했어? 그냥 가라고 해!"

"가시라고 해도 당신을 꼭 만나야 한다고 저렇게 한 시간째 기다리고 있으니 좀 나와 봐요."

이다정이 하소연을 했다.

시간을 끌다가 할 수 없이 강도전은 운동복 차림으로 방에서 나왔다.

"도전아! 오랜만이다."

장진성 이사가 반갑게 말을 건넸다.

"네가 웬일이냐? 바쁠 텐데……."

강도전은 눈을 못 마주치고 거실 바닥만 내려다보며 말했다.

"마침 이 동네를 지나다가 들렀어. 바람도 쐴 겸 나가서 차나 한잔하자."

"아니야. 됐어."

"도전아! 집에만 있지 말고 외출도 하고그래. 너, 우리 사무실로 한번 나와. 나랑 얘기도 나누고, 소주도 한잔하게."

장진성 이사가 분위기를 살피며 말을 건넸다.

"하여튼 고맙다. 내가 준비될 때 연락할게."

강도전은 말을 건네며 불편하다는 눈치를 주었다. 장진성 이사도 더이상 말을 이을 수가 없었다. 옆에 있는 이다정이 더 불편했다. 서로 말없이 몇 분을 그냥 앉아 있다가 장진성 이사가 일어섰다.

"도전아, 나 그만 가볼게. 제수씨, 차 잘 마셨어요. 또 연락할게."

장진성 이사는 이다정에게 혼자 놔두지 말라는 말을 하고 발길을 돌렸다.

장진성 이사는 강도전의 집을 다녀오고 며칠 후, 대학 8년 차 선배인 김재기를 만났다. 장진성 이사와 강도전은 김재기 선배를 좋아하고 잘 따랐다. 두 사람은 자신들의 멘토로 생각하며 어려운 일이나 중요한 결정을 할 때마다 김재기에게 조언을 구하곤 했다. 장진성은 김재기 선배에게 강도전의 상황을 말했다. 김재기 선배의 도움이 절실하다고 했다. 강도전은 김재기 선배를 누구보다 존경하며 신뢰했다. 특히, 강도전이 평소 롤모델로 생각하는 선배였다. 장진성 이사는 강도전을 세상 밖으로 나올 수 있게 할 사람은 김재기 선배밖에 없다고 생각했다. 강도전과 김재기가 만난 지도 거의 2년이 다 되었다. 전화 통화는 가끔 했지만, 그것도 1년 전 일이었다. 김재기는 강도전에게 전화를 했다. 신호음이 꽤 길게 이어진 후에 강도전이 전화를 받았다.

　"접니다, 선배님……"

　"그래, 자네 소식은 들었네. 자네가 보고 싶기도 하고, 한동안 못 나눈 이야기도 나누고 싶고 해서 전화를 했네."

　김재기 선배가 먼저 만나자는 뜻을 건넸다.

　"……"

　"자네가 만나고 싶을 때 만나는 것도 좋지만, 나는 지금이 좋은 데 자네는 어떨는지 모르겠어. 정 내키지 않으면 다음에 만나도 돼."

　"……, 제가 찾아뵙지요."

　"그럼 길음동에 있는 내 사무실로 오게. 자네 알지?"

　"예, 알고 있습니다."

　"맛있는 커피를 준비할 테니 그곳에서 보세."

　만날 약속을 하고 김재기는 전화를 끊었다. 억지로 만나서는 강도전에게 도움이 안 된다는 것을, 김재기는 잘 알고 있었다. 목적 없는 만

남은 약간의 위로는 될지 몰라도 근본적인 도움은 되지 않는다고 생각했다. 강도전을 세상 밖으로 나올 수 있게 하는 만남이 필요했다. 강도전의 마음 한편에 다시 일어나고 싶은 마음을 갖게 하는 것이 중요했다. 김재기가 강도전에게 다음에 만나도 괜찮다고 말한 것도, 강도전이 세상 밖으로 나가고자 하는 의지가 있는지를 물었던 것이다. 강도전의 결정은 마음 한구석에서 현재 상태에서 벗어나고자 하는 강한 욕구가 있다는 방증이기도 했다.

실패와 실수는
우리가 매일 먹는 밥과 국이다

"성공의 이면에는 무수히 많은 실패가 있지.
그 안을 현미경으로 자세히 들여다보면,
성공을 재촉하는 수많은 지름길이 들어 있다네."

··· 실패는 운명(?)

"강도전, 이게 얼마 만이야!"

김재기는 강도전을 반갑게 맞았다.

"죄송합니다, 선배님. 이런 모습으로 뵙게 돼서."

"죄송하긴. 이게 얼마 만이지? 1년, 아니 2년이 다 되는 것 같아."

"…… 그런 것 같습니다."

"자네 소식은 들었네. 사업을 했다고……."

김재기는 커피를 건넸다.

"처음부터 사업을 한 건 아닙니다."

"그럼 처음에는 무엇을 했나?"

"퇴직 후에, 중소기업에 들어갔다가 크게 실망을 하고 나왔어요. 그리고는 6개월 동안 다른 일자리를 알아봤지만 잘 안됐습니다."

"그래서 사업을 했구먼."

"한창 일할 나이에 놀고 있으려니 갑갑하고 초조해서 견딜 수가 없었어요. 하루하루가 지옥이었지요. 일은 없고 초조한 마음에 잘된다는 외식 프랜차이즈에 마음이 확 쏠렸습니다."

"자네는 영업 쪽에 감각이 있어서 사업도 잘했을 텐데……."

"서두른 게 화근이었지요. 퇴직 후 너무 오랫동안 돈벌이가 없어서 빨리 돈을 벌어야겠다는 생각에 마음이 급했어요. 또 프랜차이즈 직영점이 장사가 잘됐습니다. 그것을 보고 더 서둘렀지요."

"프랜차이즈 가맹점을 했구먼. 프랜차이즈도 잘되는 곳은 잘되지 않나?"

"네, 잘되는 점포도 꽤 있습니다. 준비를 철저히 한 가맹점들은 대부분 결과가 좋은 편이에요."

"철저한 준비는 무얼 말하는가?"

"사업자의 역량을 발휘할 수 있는 업종을 골라서 오제이티(OJT, on the job training), 즉 현장에서 교육과 훈련을 충분히 받은 후에 장사를 시작하는 것이지요. 불행히도 저는 그렇게 하지 못했습니다."

"그럼 결정적인 패인은 뭐였나?"

"조급하게 남 따라간 거지요."

"남 따라가다니?"

"남이 해서 잘되는 장사는 내가 해도 잘될 줄 알았던 거지요. 다른 사람이 잘하는 것만 보고 조급하게 사업을 시작한 것이 가장 큰 패인이었습니다. 오제이티 없이도 가게 문만 열면 금방 돈을 벌 줄 알았어요. 그때는 누가 무슨 말을 해도 들리지 않더군요. 마치 하루하루 내 돈이 빠져나가는 것처럼 1분 1초가 그렇게 아까울 수 없었어요. 눈에 보이는 대박에만 신경을 쓰다 보니, 사막의 신기루와 한 치 앞의 현실을 구분할 수 없었습니다. 그야말로 대박이란 환상에 빠진 저를 누구도 말릴 수 없었지요."

"그랬었구먼. 그러면 사업은 그것만 한 건가?"

"어렵게 식당을 정리하고, 업종을 바꾸어 두 번 더 했습니다."

"그것은 어떻게 되었나?"

"잘 안됐습니다. 첫 사업에 실패하니, 마음이 더욱 조급해지더군요. 급할수록 돌아가야 하는데, 노름판에서 돈을 잃은 사람처럼 온 신경을 사라진 돈에만 쏟았습니다. 정신을 차리고 침착했어야 하는 데 그렇질 못했습니다. 정상적인 상황 판단을 못 하니, 다음 사업도 잘할 수가 없었던 거지요. 두 번, 세 번 그렇게 당하니 참담했습니다."

"많이 힘들었겠구먼. 그다음엔 어떻게 지냈나?"

"그 후로는 쭉 집에만 있었습니다. 처음에는 사람 만나는 것이 귀찮고 싫더니, 나중에는 사람이 무서워지더군요. 가족과 함께 있는 것이 제일 부담스럽고 힘들었어요."

"힘들다고 가족들과 대화를 하지 않으면 점점 더 어려워지지."

"세 번째 사업을 접은 후로는, 가족은 물론 사람들을 피하게 되고 전화도 받지 않았습니다. 불안해서 받을 수가 없었습니다. 아내의 간곡한 권유로 한두 번 병원을 갔었지만, 그리 좋아지지 않았어요. 우울증에다 공황장애라고 하더군요. 6개월 이상 혼자 있다 보니 외부와 차단되는 것이 오히려 편합니다. 처음에는 천장이 내려오고 벽이 달려

드는 압박감 속에 괴로웠지만, 얼마쯤 지나면서 오히려 그것을 즐기는 나 자신을 발견했습니다. 아내와 얘기를 나눈 지도 얼마가 지났는지 모르겠어요. 아마 두세 달도 넘었을 겁니다."

"제수씨가 많이 힘들었겠구먼."

"제가 왜 집사람 힘든 것 모르겠어요. 제가 그 마음 다 압니다. 하지만 마주하는 게 너무 힘든데 어찌합니까."

강도전은 눈시울을 적시며 더 이상 말을 잇지 못했다. 김재기는 장진성 후배가 자기에게 강도전을 꼭 만나달라고 부탁한 이유를 이해할 수 있었다. 김재기는 강도전이 다음 말을 이을 때까지 기다렸다. 강도전이 마음을 충분히 가라앉힐 때까지 그냥 있는 게 그를 도와주는 것이라고 생각했다.

"선배님, 죄송합니다. 오랜만에 만나서 이런 모습을 보여서."

"아니야. 우리 사이에 무슨 격식이 있었나? 마음 편하게 생각해. 음…… 그렇다면 오늘 나를 만난 것은 큰 용기를 낸 거구먼."

"집에 틀어박혀 있었던 후로 첫 외출입니다. 선배님의 전화를 받고, 왠지 꼭 만나야 할 것 같은 생각이 들었습니다. 이유는 잘 모르겠지만."

"어쨌든 나와 줘서 고맙네. 그건 그렇고, 조급하게 남 따라가서 사업이 잘 안됐다고 했는데, 그밖에 다른 이유는 없었나?"

"혼자 곰곰이 생각해보니, 제가 조급하게 서두르고 남 잘된 것에 마음이 쏠려서 잘못된 것도 다 제 운명이라는 생각이 들었어요. 즉, 운명적으로 잘될 수가 없었던 거지요."

"운명이라니?"

"저같이 안되는 사람은 무엇을 해도 안된다는 거지요. 큰 틀에서 보면, 능력이 부족하고 노력을 덜해서 안되는 것보다 안될 사람은 타고

날 때부터 안된다는 것을 깨달았습니다. 물론 제가 준비를 제대로 하지 못한 이유도 있겠지만요."

"실패를 예약한 사람처럼 자신을 많이 원망하고 있구먼. 실패의 진짜 원인은 다른 곳에 있다고 생각하지 않나?"

"다른 데 있다니요?"

"조금 전에 자네도 말했잖아. 조급했다고. 준비에 문제가 있었다고 해서 묻는 거네."

"조급증도 문제였지만, 근본적으로 제가 성공과 인연이 없습니다."

"다르게 접근했다면, 성공할 수도 있지 않았을까?"

"그렇지 않습니다. 준비가 부족하고 서둘러 사업을 시작해도 성공할 사람은 다 성공합니다. 저처럼 안되는 사람은 아무리 준비를 잘해도 안됩니다. 저 같은 사람에게는 주변 환경도 따라주질 않아요. 수입소고기 전문음식점을 할 때는 수입소고기 반대 시위로 문을 닫았고, 휴대폰 판매점을 할 때는 장사가 성황을 이루는 시기를 지나 쇠퇴기에 접어든 사업을 해서 실패했습니다. 안되는 놈은 이래도 안되고 저래도 안되게 돼 있습니다."

"너무 자책하지 말게. 하늘이 무너져도 솟아날 구멍이 있다고 하지 않는가. 무엇보다도 넘어진 자네를 다시 일으킬 사람은 자네 자신밖에 없네."

"저는 끝났습니다. 산다는 게 수치스럽습니다. 제가 무엇을 할 수 있겠습니까. 그저 조용히 사는 것이 가족이나 주위 사람들을 도와주는 거지요. 무엇을 해도 실망만 줄 게 뻔합니다. 그러니 죽치고 가만히 있는 게 상책이지요."

··· 결과를 바꿀 수 있는 사람은 '나'

"자네는, 계획한 일이 제대로 안될 때 무엇을 가장 먼저 해야 한다고 생각하나?"

"물론, 안된 원인을 찾는 것이겠지요."

"그럼, 그 원인은 어디에서 찾아야 하지?"

"글쎄요, 접근 방법에서 찾아야 하지 않을까요? 아니면 저처럼 아무리 해도 안되는 운명에서 찾던지요."

"그래, 자네 말대로 여러 이유가 있겠지. 한 가지 사건을 같이 보고도 해석을 다르게 하는 것처럼, 우리는 각자의 시각으로 세상을 보기 때문에 사물이나 현상을 있는 그대로 해석하기가 쉽지 않아. 자네는 지금 운명이라는 눈으로 실패를 보고 있어. 실패의 원인을 운명에서 찾고 있지. 하지만 운명은 어떤 상황에서도 원인이 될 수 없다네."

"원인이 될 수 없다니요?"

"문제 속을 자세히 들여다보면, 인과관계에 오차가 없듯이 그 속에는 깨알만 한 작은 이유에서 집채만 한 큰 이유들로 가득 차 있어. 결국, 대부분의 사람들은 문제의 원인이 운명이나 외부에 있지 않고 내부에 있다는 것을 깨닫게 되면서 자신을 다시 돌아보게 되지."

"그렇다면, 모든 실패는 전적으로 제 잘못이라고 말씀하시는 거군요."

"자네가 잘못했다고 책망하는 것이 아닐세. 실패의 원인을 알아내서 앞으로 그렇게 하지 말자는 의미로 하는 말이야. 같은 실수나 실패를 하지 않으려면 문제의 원인을 제대로 알아야 하지 않겠는가!"

"……"

"내가 하나 묻겠네."

"말씀하시지요."

"결과를 바꾸려면 어떻게 해야 한다고 생각하나?"

"당연히 원인을 바꿔야겠지요."

"그럼, 그 원인은 어디에서 오는 거지?"

"각자가 가진 태도나 신념, 가치관 등이겠지요."

"그렇지. 그런 것들이 행위의 결과로 나타난 거지."

"무슨 말씀인지 알아요. 선배님은, 운명은 원인이 될 수 없으니 생각이나 신념을 바꾸라는 거 아닙니까. 저는 그렇게 생각하지 않습니다."

"그렇게 생각하지 않다니?"

"성공이나 실패의 원인으로 운명보다 더 명확한 것은 없다고 봅니다. 안되는 운명을 타고난 사람은 어떤 수를 써도 안됩니다. 그것이 숙명 아닙니까? 그런 숙명은 바뀔 수 없다는 것을 말씀드리는 겁니다. 저처럼 말입니다."

"자네 운명이 무언가? 운명은 자기 인생의 족쇄가 아니야. 자신이 갖고 있는 자존감이며 자신만의 정체성이야. 운명은, 자신이 갖고 있는 꿈을 실현하기 위해 최선을 다해야 할 대상이지, 쓰러지고 넘어졌을 때 실패의 원인으로 치부하는 그런 것이 아니야. '자유의 투사'로 유명했던 고(故) 넬슨 만델라 전 남아공 대통령이 무려 27년간의 혹독한 감옥에서 버틸 수 있었던 것이 뭔지 아나?"

"글쎄요."

"영국 시인 윌리엄 어니스트 헨리(William Ernest Henley)가 쓴 천하무적이란 뜻의 「인빅터스(Invictus)」라는 시의 다음 한 구절이었다고 해.

'나는 내 운명의 주인이며, 나는 내 영혼의 선장이다.'

그가 말할 수 없는 고통을 겪으면서도 버틸 수 있었던 것은, 자신이 자기 운명의 주인이라고 여겼기 때문이라고 말했어."

"…… 그랬었군요."

"만델라의 말처럼, 어느 누구의 운명도 패배자의 모습이 아니라 승리자의 모습을 원하고 있지. 그리고 운명은 인과법칙에 따른 결과물이야. 운명은 자신이 만든 또 다른 모습이지. 자넨 몇 번의 실패를 마치 숙명처럼 받아들이는데, 만일 자네가 조급하게 서두르지 않고 준비를 철저히 했었어도 지금과 같은 결과였을까?"

"……, 그렇지는 않았겠지요."

"성공의 이면에는 무수히 많은 실패가 있지. 실패를 현미경으로 자세히 들여다보면, 성공을 재촉하는 수많은 지름길이 그 안에 들어 있다네. 자네는 그 지름길을 애써 외면하며 실패의 진짜 원인에서 자꾸 멀어지려 하고 있어. 다시 시작했을 때 또 당할지도 모를 실패에 대한 두려움이 운명이란 이름으로 자네 내면을 지배하고 있는 거지. 인정하든 하지 않든, 자네는 과거에서 벗어나고자 하는 의지를 가지고 있네. 현재에서 빠져나와 다시 세상 속으로 들어가고 싶은 간절함이 자네 가슴 깊은 곳에서 꿈틀거리고 있어."

"선배님이 잘못 보신 겁니다. 새로운 일이나 미래에 대한 열정은 이미 사라진 지 오랩니다. 새로운 도전도 없고, 미래에 대한 희망도 없습니다."

"만일 자네 말대로라면, 자네는 오늘 여기에 오지도 않았을 걸세. '이건 아니야.' '다시 시작하고 싶어!'와 같은 마음의 울림이 있어서 나를 만나러 온 거지. 그것은 자네 자신도 의식하지 못할 수도 있어. 자신을 움직이는 마음은 워낙 깊은 곳에 있어서 그냥은 볼 수도 없고 느낄 수도 없거든. 자네의 잠재의식 속에 그런 마음이 없었다면, 내가 자네에게 전화했을 때 무슨 이유를 대서라도 나를 만나지 않았을 거야. 자네 발걸음이 내게로 향한 것이 그것을 증명하고 있지. 자네가 부인해도 할 수 없어. 사실이니까."

"저도 제 의식 속에 있는 오만 가지 생각을 다 읽을 수는 없겠지요. 설사 그렇더라도 새로운 일을 계획하거나 다시 시작하는 일은 없을 겁니다. 선배님은 제가 뭔가를 시작해야 한다고 생각하실지 몰라도 지금은 아닙니다. 하는 일마다 안된다는 생각뿐인데 무슨 희망으로 다시 시작하겠습니까?"

"사업은 누가 처음 시작한 건가?"

"접니다."

"준비가 부족한 상황에서 조급하게 사업을 추진한 것은 누구지?"

"그것도 저지요."

"누가 등을 떠민 것도 아니고, 순전히 자네 뜻으로 그 일을 선택한 것 아닌가. 인간이 동물과 다른 게 뭔지 아나?"

"글쎄요……"

"동물은 '반응'을 하는데, 인간은 '행동'을 한다는 거야."

"반응과 행동에 무슨 차이가 있나요?"

"반응은 일정한 자극에 대한 본능의 결과지만, 행동은 인간만이 갖고 있는 이성과 감성이 개입된 사고의 결과물이지. 아마 인류의 놀라운 발전도 이성적인 사고와 잘 정제된 감정이 만들어낸 결과가 아닌가 생각하네. 어쨌든 자네는 매우 건강하게 의사 결정을 해서 사업을 시작했던 거야."

"건강하게 의사 결정을 하다니요?"

"사업을 누가 하라고 해서 한 것도 아니고, 억지로 시작한 게 아니잖아. 자네 스스로 결정했으니 건강한 결정을 한 거지. 준비가 부족한 것은 사업을 수행하는 전략에 문제가 있었던 것이지, 사업을 할지 말지를 결정하는 것과는 다른 거야. 자네의 사업 실패 역시 사업을 준비하고 실행하는 방법, 즉 전략상의 문제였지 운명이 아니었다는 것을 말하는 거야."

"전략상의 문제라니요?"

"방향이 틀렸다는 것을 말하는 거야. 업종 선택이나 사업 방법 등을 선택하는 데 잘못이 있었다는 것을 말하는 거라네."

"하지만 선배님, 그때 제가 아무리 준비를 잘했더라도 주변 여건이 따라주지 않았을 겁니다. 어떻게 해도 안됐을 테니까요."

"자넨, 생각이나 신념을 바꿀 필요가 있네. '실패'는 인격적 문제도 아니고, 영원히 지속되는 벗을 수 없는 굴레도 아니야. 지금은 실패에 대한 왜곡된 생각이나 신념을 바꾸어 '나'를 제대로 볼 수 있는 시력을 회복하는 게 중요해. 우선, 자네 자신을 믿는 거야. 믿음으로 '나'를 바라볼 때 비로소 새롭게 볼 수 있는 눈이 열리지. 운명에 빗대어 자신을 과소평가할 게 아니라, 자신의 가능성을 볼 수 있는 시력을 갖는 거야. 자신의 내면을 볼 수 있는 사람은 자기 자신밖에 없네. 프랑스 소설가 마르셀 프루스트(Marcel Proust)는 '새로운 발견은 새로운 땅을 발견하는 게 아니라, 새로운 눈으로 보는 것'이라고 했네. 운명의 눈이 아닌, 새롭게 볼 수 있는 눈을 가질 때 비로소 자신을 똑바로 볼 수 있지."

"선배님, 지금 저는 똑바로 보고 있습니다. 시각을 바꾼다고 제 운명이 바뀌겠습니까? 풀 포기 하나 없는 사막에 물을 준다고 꽃이 피어나겠습니까? 희망이 사라진 곳에 새로운 시각을 갖는다고 없는 희망이 다시 살아납니까? 외람되지만, 저는 끝났습니다. 더 이상 저의 미래는 없습니다."

… **"지도는 영토가 아니다!"**

"지금, 끝났느니 희망이 없느니 하면서 모든 것을 운명 탓으로 돌리는데, 과연 그것이 올바른 생각일까? 현실에서 벗어나기 위한 피난처는 아닐까?"

"제가 비겁하게 도망치려고 운명을 핑계 삼고 있다고 생각하시는군요."

"오해는 하지 말게. 잘잘못을 따지려는 게 아니야. 정확한 원인을 찾아보자는 뜻에서 하는 말이네."

"……"

"과연 자네는 눈앞에 펼쳐지는 현상을, '있는 그대로' 말하고 있다고 생각하나?"

"실제로 목격한 상황을 설명하는데 의도적이지 않다면 사실이겠지요."

"실제로는 그렇지 않을 수도 있네. 사람들은 자기가 본 것이 사실이라고 말하겠지만, 실제는 그렇지 않은 경우도 많아."

"사실을 말하는데, …… 그렇지 않다니요?"

"사람은 있는 사실을 그대로 보기보다는 자기가 보고 '싶은' 대로 보는 경향이 있네. 사람의 눈은 사진기처럼 찍은 대로 현상하질 않아. 사진기는 대상을 있는 그대로 찍어내지만, 사람의 눈은 뇌를 거치면서 또 다른 형상을 만들어 내지. 눈으로 들어온 화면은 자신의 생각과 경험을 바탕으로 분해되고 다시 합성되면서 새롭게 인식된다네. 그런 인식이 쌓이면서 형성되는 것이 고정관념이지. 우리는 그렇게 자기 방식으로 해석하기 때문에 정작 중요한 것을 놓치며 살아간다네."

"그렇다면 저의 잘못된 인식 때문에 중요한 것을 하지 못하고 있다는 건가요?"

"실패를 운명으로 규정하는 것은 자네가 처한 어려운 상황에서 내린 해석일 뿐이라는 거야."

"결론은 제 해석에 문제가 있다는 거군요."

"해석에 문제가 있는 것이 아니라, 자네가 피하고 싶은 것을 다시 맞닥뜨리지 않기 위해 정작 중요한 것을 보지 않으려 한다는 뜻에서 한 말이야."

"……"

"시각이 자신이 보고 싶은 것만 보는 것처럼, 실패에 대해 자네가 갖고 있는 운명이란 인식 역시 실제 모습이 아니야."

"실제 모습이 아니라니요?"

"자네 경험이 만들어낸 인식은 실제 존재하는 상황이 아니라는 뜻이야. 다시 말해, 자네는 실패의 원인을 운명이라 규정지어 무엇을 해도 잘 안될 것으로 생각하는데, 그것이 실제는 그렇지 않다는 거야. '지도는 영토가 아니다.'라는 말이 있네. 혹시 들어본 적 있나?"

"아니요. 처음 듣는데요."

"'지도'는 우리의 생각이나 인식을 말하는 것이고, '영토'는 실제 존재하는 현상을 말하지. 다시 말해, '지도'는, 자신의 경험으로 갖게 된 생각이나 인식 또는 신념이나 고정관념 같은 것이고, '영토'는, 지도와 달리 '실존하는' 물리적 현상을 의미하는 거야. 자네는 실패가 운명이라고 하는데, '실패가 운명이다.'라는 말은 '지도'일 뿐이라는 거야."

"그럼 제가 실패를 제 운명이라고 하는 것은 실제로 존재하지 않는 것을 그렇게 인식하고 있다는 뜻인가요?"

"그렇지. 가령, 개에게 물린 적이 있어서 개를 무서워하는 사람은 개의 크기나 종에 상관없이 '개는 무서운 동물이다.'라는 '지도'를 갖고 있지. 그로 인해서 실제로는 사람을 물지 않는 순하고 작은 개라서 물릴 걱정을 안 해도 되는데도, 개에 대한 자신의 고착된 인식 때문에 개라면 무조건 무서워하는 것과 같은 이치라네. 즉, 실패는 '성공의 디딤돌이다.' '어디가 잘못됐는지 알려주는 자명종이다.'라는 의미인데, 자네는 실패를 운명으로만 인식하고 있어. 실제 존재하지 않는 영토를 같은 크기의 지도로 만든다고 해도 그 지역의 실제 땅이 될 수 없듯, 자네 마음속에 있는 실패는 기존의 여러 경험과 지식으로 걸러지고 삭제된, 다시 만들어진 인식일 뿐이라네."

"그럼 저는 지도와 실제 영토를 구분하지 못하고 있는 건가요?"

"그렇다고 볼 수 있지. 지도가 실제 영토를 나타내지 않는 것처럼, 자네의 실패는 운명 때문이 아니라 실제 다른 이유가 있다는 뜻이야. 단지, 실패에 대한 인식이 운명 쪽으로 몰아가서 그렇게 생각할 뿐이지. 우리는 세상에 대해 자기만의 내적 인식을 가지고 있기 때문에, 서로가 생각하고 행동하는 방식이 다를 수 있어. 자네가 실패를 운명으로 생각하듯, 자신의 실패를 '방향을 바꾸라는 신호'로 받아들이는 사람들도 많아."

… 회복탄력성

"회복탄력성이란 말이 있네."

"회복탄력성이라니요? 용수철이나 기계 등의 탄력계수를 말하는 건가요?"

"그런 의미가 아니야. 바닥을 쳐 본 사람만이 더욱 높게 날아오를 수 있고, 떨어져 본 사람만이 어디로 올라갈지 그 방향과 필요성을 절감한다는 '회복탄력성'을 말하는 거야. 김주환 교수는 그의 책 『회복탄력성』에서 '성공은 어려움이나 실패가 없는 상태가 아니라, 역경과 시련을 극복해낸 상태'라고 말했어. 우리 주변에는 고무공처럼 강하게 튀어 오르는 사람이 있는가 하면, 유리공처럼 바닥에 떨어지는 즉시 산산조각이 나버리는 사람도 있지."

"다시 튀어 오르는 사람이 더 많나요?"

"그렇지 않아. 고무공보다 유리공의 비율이 두 배 이상 높아. 그래서 세상에는 성공한 사람보다 실패한 사람이 더 많은지 몰라. 서울대 이상묵 교수는 회복탄력성이 굉장히 높은 경우에 해당하지."

"사고로 전신마비가 된 그 교수를 말하는 건가요?"

"그래. 이 교수는 국비장학생으로 MIT에서 박사학위를 받은 장래가 유망한 해양지질학자였어. 45세 되던 2006년 여름, 미국에서 프로젝트를 수행하던 중 차량이 전복되는 끔찍한 사고를 당했지. 사고 후 3일이 지나서야 의식을 회복했지만, 눈만 깜박일 뿐 온몸을 가눌 수 없는 전신마비 상태가 되었어. 전신마비 환자들은 자신에게 일어난 불행을 부정하며 평균 3년이 지나야 비로소 현실로 받아들이는데, 이 교수는 그 상황을 그대로 받아들이며 6개월 만에 일상에 복귀하는 놀라운 회복탄력성을 보였다고 해. 한국의 스티븐 호킹에 비유되는 그는 '일밖에 모르던 내가 사고 후에 오히려 희망이 무엇인지 알게 되었습니다. 나는 행운아입니다. 나에게 닥친 사고는 불운의 시작이 아니라 몰랐던 세계를 볼 수 있는 새로운 인생의 전환점이었습니다.'라고 말했지."

"정말 훌륭하다고밖에 할 말이 없네요. 상상할 수 없는 정신력이에요. 저와 비교할 수 없는 정말 특별한 분입니다."

"특별한 것이 아니라 자기의 현실을 새로운 눈으로 바라본 거야. 『해리포터 시리즈』의 저자인 조앤 롤링(Joanne Rowling) 역시 견디기 힘든 시련을 이겨낸 사람이지."

"조앤 롤링이 어쨌는데요?"

"조앤 롤링은 20대 초반에 결혼해서 딸을 낳고 2년 만에 이혼했어. 무일푼으로 영국에 돌아와 정부보조금으로 근근이 살아가는 싱글맘이 되었지. 딸과 함께 죽고 싶을 정도로 혹독한 가난과 심한 우울증에 시달려야만 했네. 어린 딸에게 동화책 한 권 사줄 돈이 없어서 직접 동화를 쓰기 시작한 것이 계기가 돼 탄생한 책이 바로 『해리포터 시리즈』야. 그녀는 '제가 가장 두려워했던 실패가 현실로 다가오자, 오히려 저는 자유로워질 수 있었습니다. 실패했지만 저는 살아 있었고, 사랑하는 딸이 있었고, 낡은 타자기 한 대와 엄청난 아이디어가 있었죠. 가장 밑바닥이 인생을 새로 세울 수 있는 단단한 기반이 되어 주었습니다.'라고 말했어."

"대단한 정신력이네요."

"보통 사람들의 3분의 1은 인생의 역경에 강한 내성을 지니고 있다고 해. 그들은 역경을 극복했기 때문에 그것을 긍정적으로 보는 것이 아니라, 역경을 긍정적으로 봤기 때문에 온갖 어려움을 극복할 수 있었지. 자네 역시 지금의 어려움을 긍정적으로 받아들여 새로운 도전의 기회로 삼았으면 해."

"왜 저는 그런 사람들처럼 실패를 도전의 발판으로 생각하지 못할까요? 그런 사람들의 얘기를 들으면 부러우면서도 저는 아니라는 생각이 드는 이유는 뭘까요? 왜 제 마음속에는 고무공이 아닌 유리공밖에 없는 걸까요? 이상묵 교수나 조앤 롤링의 역경에 비하면 제 실패는 별것 아닌데, 새로 시작한다는 게 왜 그렇게 어려운지 모르겠어요. 그런 사람들을 본받고 싶다가도 아예 이대로 끝났으면 하는 생각이 듭니다. 실패를 딛고 일어서기 위해 또다시 겪을지 모를 실패의 고통을 생각하면, 그냥 모든 걸 포기하는 게 낫다는 생각이 들어요. 사실 그런 사람들은 보통 사람들이 아니잖아요. 저와 같은 보통 사람과 그들을 비교하는 것은 아니다 싶어요. 그들은 아주 특별한 회복탄력성을 가진 사람들 아닙니까?"

"그렇지 않아. 자네가 겪은 어려움을 그들의 역경과 비교할 수 없네. 누가 더 고통스럽다고 말할 수는 없어. 자네나 그들이나 힘들기는 다 마찬가지야. 그리고 그들이 알려져서 유명해지니까 특별하고 대단한 것처럼 보일 뿐이지, 실패나 실수했을 당시는 다 자네와 같은 평범한 사람들이었어. 위대한 것은 자신들이 처한 역경을 딛고 일어섰다는 거야. 왜 자네는 실수하면 안 되고, 에디슨은 실수해도 된다고 생각하나? 에디슨은 1만 가지의 실수를 했는데도 아무도 실패자라고 하지 않잖아. 에디슨 자신은 단 한 번도 실패를 한 적이 없다고 했네. 다만, 제대로 들어맞지 않은 1만 가지 방법을 발견했을 뿐이라고 했지. 인간은 누구나 실패를 하고 또 반복적으로 실수를 하지. 실패나 실수는 항상 우리 주변에 맴돌고 있는, 목표를 이루기 위해 꼭 필요한 식량과도 같은 거지."

"목표를 이룬 사람들이 다 실패를 경험하는 것은 아니잖아요."

"물론이지. 18세기 고전주의 음악을 대표하는 아마데우스 모차르트(Amadeus Mozart)는 절대음감을 갖고 있어서 떠오른 악상을 단지 악보에 옮겨 적기만 하면 되는, 거의 다시 고쳐 쓸 필요가 없는 천재 작곡가였지. 또, 영국의 계관 시인 윌리엄 워즈워스(William Wordsworth)는 마음에서 자연스럽게 솟구치는 자기 생각을 한 번도 고쳐 쓰지 않고 옮겨 적기만 하면 되는 천재 시인이었어. 그들은 실패나 실수 없이 작곡을 하고, 시를 쓸 수 있었지. 그렇지만 20세기의 대표적인 소설가들을 살펴보면, 자신이 쓰고 싶은 것을 정확하게 표현할 때까지 자신의 글을 무수히 고쳐 쓰고 다시 쓰고 했다네. 그들은 그 점을 누누이 강조하고 있어. 1949년 노벨 문학상을 받은 윌리엄 포크너(William Faulkner)는 1953년 창간된, 작지만 세상에서 가장 강한 문학잡지 『파리 리뷰』와의 인터뷰에서 『소리와 분노』 초고를 다섯 번이나 고쳐 썼으며, 글을 완성하는 데는 어떤 기계적인 방법도 없으며 지름길도 없고 오직 실수로만 배운다.'고 했네. 또 20세기를 대표하는 어니스트 헤밍웨이(Ernest Hemingway)는 『무기여 잘 있거라』의 마지막 쪽을 서른아홉 번이나 고쳐 썼다고 해. 물론 그밖에 다른 유수한 작가들도 비슷한 말을 했지. 세계적 대문호인 헤밍웨이가 수없이 다시 썼다는 것은 무엇을 의미하겠나. 많은 실수나 실패가 그런 대문호의 곁에서 떠나지 않는다는 증거 아닌가? 모차르트나 워즈워스는 천재라서 실패나 실수가 없었다 치더라도, 포크너나 헤밍웨이 같은 노벨상 수상자들도 끊임없이 원고를 고쳐 쓰고 다시 쓰는, 무수한 실패와 실수 없이는 한 편의 글을 완성할 수 없었다는 증거가 아니고 뭐겠나."

"헤밍웨이와 같은 위대한 작가가 원고를 그렇게 많이 고쳤다는 게 믿기지 않는데요."

"그것을 작가의 숙명이라고 하더군. 우리나라에도 훌륭한 작가들이 많은 데, 특히 글 쓰는 사람들이 가장 닮고 싶은 작가 중의 한 사람이 김훈 작가라네. 자네는 김훈 작가 좋아하나?"

"예, 좋아합니다."

"그의 작품 중에 『칼의 노래』라고 있지."

"책도 읽고, 〈명량〉 영화도 봤습니다."

"그럼 혹시 그 책의 첫 문장 기억하나?"

"그건 모르겠는데요."

"첫 문장이 이렇게 시작되지. '버려진 섬마다 꽃이 피었다.'"

"그런데 그게 왜요?"

"첫 문장인 '꽃이 피었다'의 '꽃이'라는 부분에 대한 일화를 들은 적이 있네. '꽃이'라고 할까, '꽃은'이라고 할까를 두고 거의 일주일을 고민했다는 이야기가 있어. 조사 하나를 고르는데도 수많은 고침의 어려움, 즉 수많은 실패가 있었던 거지. 그런 대가들의 '초고' 역시 최선을 다해 쓰지만, 원고를 탈고할 때쯤이면 다 누더기가 되어 원문은 거의 없어진다고 해. 허무하지. 없어진 수많은 문장들은 실패나 실수의 흔적들이지. 그런 고통 속에서 몇 달, 몇 년을 원고를 팽개쳤다가 다시 보고 또 팽개치고 하면서 글을 완성하지."

"글을 쓰는 데 그렇게 어려운 과정들을 겪나요?"

"그래도 작가들 자신은 여전히 부족하다고 생각하지, 만족스럽게 생각하지 않아. 하지만 그런 작업이 모두 어렵고 고통스럽지만은 않다고 해. 수많은 실패와 실수를 다시 하나하나 고쳐가면서 재미도 느끼고 보람도 얻는다고 해. 어떤 면에서 실패와 실수는 우리가 매일 먹는 밥이나 국과 같은 거지. 자네가 겪은 실패도, '왜 하필이면 나한테 이런 일이 일어나지?'라며 그 상황에 압도당하고 절망하는 대신, 자네 삶의 소중한 부분으로 더 깊이 감사해야 할 대상이지. 그렇게 생각을 하다

보면 떨쳐버리고 싶은 실패도 자네 삶에 중요한 일부분이 된다네."

"그렇게 마음을 추스르는 사람들이 부럽네요. 어떻게 그런 노력을 할 수 있는지 모르겠어요."

"자네 매화 좋아하나?"

"이른 봄에 피는 꽃 말씀하시는군요. 좋아합니다. 저는 매화의 그윽한 향기가 좋습니다."

"매화라고 다 향기가 좋은 건 아니야. 뼈에 사무칠 정도로 추운 겨울을 이겨낸 매화만이 그 깊은 향기를 낼 수 있다네. 실패의 아픔이 클수록 더 깊은 깨달음을 주지. 어찌 보면 그런 것이 우리 삶의 여정에서 비켜갈 수 없는 매듭인지도 몰라. 대나무가 높이 자랄 수 있는 것도 그 매듭이 있어 가능한 것처럼, 우리 삶에 매듭이 없다면 아마 진정한 승리도 없을 걸세. 다시 한 번 생각해보게."

"다 좋은 말씀입니다. 머리로는 공감하는데, 가슴으로 와 닿지 않는 것이 문제네요. 죄송합니다, 선배님."

삶이 3년밖에
남지 않았다면……

"만일 자네 삶이 3년밖에 남아 있지 않다면,
분명 지금과 다른 길에 서 있을 걸세.
거울을 보며 이렇게 물어보게.
'만약 내가 3년밖에 살지 못한다면 나는 무엇을 할 것인가?'"

… 두려운 그 일을 하는 거야!

"사람은 언제 불행할 거라고 생각하나?"

"살 희망이 없을 때겠지요."

"그보다 더 불행한 것이 있네. 과거의 늪에 빠져 세상 밖으로 나오지 않을 때지. 구속할 아무 권한도 없는 과거를 부여잡고 그 속에 살고 있을 때야. 과거는 바람처럼 이미 사라져버리고 없는데, 혼자 그 과거 속에서 원망과 한탄을 하고 있을 때가 가장 불행하지. 과거는 누구와도 함께 할 수 없고 단지 머릿속에서 상상으로만 존재할 뿐이야. 그러니 과거 속에 사는 사람보다 어리석은 존재는 없는 거지. 부처님도 과거는 이미 '버려진 것'이라고 말씀하시며 따라가지 말라고 하셨어."

"과거라는 추억 속에 있는 것이 아니라, 과거가 붙잡고 있어 벗어나지 못하는 것이지 내가 나가지 않는 게 아니지 않습니까?"

"그렇지 않아. 자네가 나오지 않는 거야. 자네 혹시 〈치킨 런〉 영화 본 적 있나?"

"처음 들어보는데, 닭에 대한 이야긴가요?"

"〈치킨 런〉은 영국에서 2000년에 개봉한 애니메이션 영화야. 시골에 있는 닭 농장을 배경으로 잡아먹힐 위기에 처한 닭들이 탈주를 시도하는 이야기지. 닭장 속의 닭들에게 두 가지 선택이 있었네. 하나는 닭장 속에서 사육당하다 그곳에서 죽는 것이고, 다른 하나는 닭들이 날 수 있다는 희망으로 닭장을 벗어나는 것이야. 결국, 닭들은 닭장에서 탈출해 어느 파라다이스 섬에서 행복하게 살게 되는데, 그들이 닭장에서 벗어나는 데 결정적인 계기가 된 말이 있어."

"어떤 말인데요?"

"주인공인 암탉 '진저'는 닭들에게 이런 말을 하지. '문제의 원인이 되는 진짜 철조망은 우리 머릿속에 있답니다.' 영화에서처럼 결국, 문제가 되는 원인은 우리에게 있어. 물론 해결책도 우리가 가지고 있지. 자네처럼 과거의 아픔 속에 사는 사람은 미래를 보지 못해 힘든 거야. 희망이 없기 때문에 과거의 굴레 속에서 자신을 부인하며 힘들어하지. 지금 자네에게 중요한 것은 앞으로 나갈 수 있는 추진력이야. 그게 희망이지. 희망을 갖게 되면 〈치킨 런〉의 철조망이 걷히면서 새로운 생명을 갖게 되지. 자네, 사람은 언제 죽는다고 생각하나?"

"생명이 끊어지면, 숨을 안 쉬면 죽는 것 아닙니까?"

"그런 물리적 죽음도 있지만, 사람은 미래에 대한 희망을 포기할 때 비로소 진정한 사망선고를 받게 된다네. 지리산 자락의 죽은 고목처럼, 서 있어도 살 희망이 없는 상태가 죽음이야. 바둑의 영원한 국수(國手) 조훈현 9단은 거의 희망이 없는 승부에서도 끝까지 포기하지 않고 반전을 노렸다고 해. 그가 그렇게 버텼던 이유는 이겨야 한다는 욕심 때문이 아니라 아직 이길 수 있는 '희망'이 있었기 때문이었다고 말했어. 자네 지금 나이가 몇이지?"

"쉰하나입니다."

"이제 반 바퀴 돌았구먼."

"반 바퀴를 돌다니요? 백 세의 반을 의미하는 겁니까?"

"그렇지. 자네가 살아갈 날이 살아온 만큼 남았다는 말이야. 스무 살까지야 남이 시키는 대로 살아왔으니 그것을 감안하면, 앞으로 자네가 의지적으로 살날이 지나온 세월보다 더 많이 남은 셈이지. 이제 남은 반세기는 자네의 보물창고를 열면서 지낼 수 있는 귀중한 시간이야."

"보물창고라면 제 가능성을 말씀하시는 겁니까?"

"그래."

"나이 50이 넘어 무슨 보물창고입니까. 제가 무얼 새로 할 수 있겠습니까. 뭘 좀 하다 보면 금방 60이 될 텐데요. 그리고 역량도 되지 않습니다. 보물창고도 좀 젊었을 때라야 꺼내 쓰든지 하지요. 지금은 어렵습니다. 100세 시대라고 하지만, 제 인생의 시곗바늘은 반이 아니라 7부 아니 8부 능선을 넘었습니다. 더군다나 당장 제 앞가림도 못 하는데요."

"자네, 그렇게만 생각할 게 아니야. 이른 봄에 서로 앞다투어 피는 매화도 있지만, 늦은 가을 은은한 자태를 선보이며 만개하는 국화도 있어. 사람도 마찬가지야. 늦게 자신의 역량을 발휘하며 우리에게 아름다운 모습을 보여주는 사람이 얼마나 많은데. 이제부터가 진짜 인생이야. 내가 나의 참주인이 되는 거지. 인생 2막은 내가 주인으로 살 수 있는 귀중한 선물이라네."

"무슨 말씀을 하시려는지 알겠어요. 그런데 제 가슴에는 잘 와 닿지 않네요. 이젠 꿈을 펼치기보다는, 우리 가족의 생계나 걱정하지 않을 수 있으면 더 바랄 게 없겠어요."

"너무 비관적으로 생각하지 말게. 자네가 원하는 것을 이룰 수 있는 시간은 충분해."

"그런 건 제겐 사치입니다. 실제 일할 수 있는 세월도 그리 많지 않고요."

"내가 시간의 소중함을 일깨우는 이야기를 하나 하지. 도시에 한 젊은이가 있었네. 여자 친구도 없고 취직도 안 되고 무일푼이었어. 청년은 왜 그렇게 취직도 안 되고 가난한지 한탄을 하며 죽을 곳을 찾았지. 그때 한 노인이 다가와서 이렇게 물었네. '자네는 1,000만 원을 주면 손가락 하나를 자를 수 있겠나?' 청년은 못한다고 했지. 그러자 노인은 다시 물었어. '그러면 1억 원이면 두 눈을 줄 수 있겠나?' 청년은 역시 그렇게 할 수 없다고 했지. 노인은 '그러면 10억 원을 주면 80인 나와 인생을 바꿀 수 있겠나?' 하고 물었지. 청년은 그럴 수 없다고 하면서 그 자리를 박차고 일어나 떠났어. 자네라면 어떻게 했겠나?"

"……"

"자네가 태어나 오늘까지 살아오면서 다른 사람의 지시가 아닌, 스스로 결정하며 산 날이 얼마나 된다고 생각하나?"

"저 스스로 결정한 날이요? 글쎄요…… 지난 3년은 제 사업을 했으니까 남의 지시를 안 받았다고 할 수 있겠지만, 그 외에는 지시나 명령에 따라 살지 않았나 생각합니다."

"중요한 것은 내 삶의 주인을 누구로 하며 살 것인가 하는 거야. 물리적인 햇수보다, 남은 생을 어떻게 살 것인가 하는 거지. 자네는 앞으로 일할 날이 얼마나 남았다고 생각하나?"

"글쎄요. 일의 종류에 따라 다르겠지만 제가 지금 51세니까 10년, 아니 길어야 15년 안쪽이겠지요."

"수명이 늘어난 만큼 건강수명도 늘어나는데 일을 그전처럼 하겠다는 게 말이 되나! 자료를 보면, 성인 남성들은 평균 72세까지는 일할 수 있다고 생각한다고 해. 내가 볼 때, 자네 건강만 허락하면 80 아니 90까지도 일할 수 있을 걸세. 아마 그때 가면 더 오래 일을 할 수 있을지도 몰라. 그리고 일은 꼭 돈과 연결된 것만 있는 것이 아니야. 이제 일의 개념을 확대해서 '활동'도 일의 한 방식으로 이해해야 하네. 봉사나 사회공헌 등도 엄연히 일의 한 종류지."

"그렇게 생각하면 좀 더 할 수 있겠네요."

"평균수명이 수십 년이 늘어났는데도 여전히 잘못된 선입견으로 자신의 능력을 과소평가하는 사람이 많아."

"잘못된 선입견이라니요?"

"우리 부모세대보다 평균수명이 20년이나 늘었는데도, 일할 수 있는 나이를 앞선 세대와 같이 규정하는 것은 잘못된 것 아닌가. 나이가 늘어난 만큼 일할 수 있는 건강수명도 늘어났잖아. 좀 전에 말한 청년이 남은 세월을 10억과도 안 바꾼 것은 아직 기회가 있다고 생각했던 거지. 사업에 몇 번 실패했다고, 다시 해도 실패할 것이라는 생각 역시 자네가 갖고 있는 잘못된 선입견이지."

"저는 제게 있는 사실을 말씀드리는 것이지 선입견이 아닙니다. 혹

제가 실패에 대한 잘못된 선입견을 품고 있더라도, 그보다는 실패에 대한 두려움이 저를 더 옭아매는 거지요."

"어쩌면 자네 말처럼 선입견보다 두려움이 새로운 시도를 막고 있는지도 몰라. 그렇다면 두려움을 피하지 말고 맞서보게. 또 피한다고 피할 수 있는 것도 아니잖아."

"두려움과 맞서다니요?"

"두려움과 정면으로 마주 서는 거야. 그것이 두려움을 이기는 가장 바람직한 방법이지. 정말 두려움에서 해방되는 것은 두려워하는 그 일은 시작할 때 비로소 두려움에서 해방된다네."

"두려운데 어떻게 그 일을 시작할 수 있지요. 생각만 해도 힘든데 그 두려움 속으로 들어가라고요? 그 일을 하는 자체가 두려운데 어떻게 맞섭니까!"

… 3년밖에 살지 못한다면

"만일 자네 생명이 얼마 남지 않았다고 해도 계속 두려워만 하고 있을 텐가? 만일 자네가 3년밖에 살지 못한다면 어떻게 하겠나? 그래도 여전히 이러고 있을 텐가?"

"…… 정말 하고 싶은 무언가를 하겠지요. 막상 무엇을 할지는 모르지만."

"만일 자네 삶이 3년밖에 남아 있지 않다면 분명 지금과 다른 길에 서 있을 걸세. 거울을 보며 이렇게 물어보게. '만약 내가 3년밖에 살지 못한다면 무엇을 하겠는가?' 그리고 그 대답이 '아니오'일 때마다 그러면 무엇을 할지 계속 물어보게. 자신이 죽을 것이라는 생각은 중요한 선택을 도와주는 도구가 되지. 죽음 앞에 서면, 자만심과 두려움은 없어지고 정말 중요한 것만 남게 되거든. 죽음은 사업에서의 재무 상태표나 손익계산서처럼, 마음의 상태를 있는 그대로 알려주지. 죽음 앞에는 '거짓'과 '낭비'란 단어는 없어. 오직 삶의 '진실'만 있지. 그것을 가지고 와서 자네 생각 속에 집어넣고 순간순간을 이어가 보게."

"삶의 '진실'은 무엇을 말하는 건가요?"

"가슴을 울렁이게 하는 자신의 솔직한 고백을 말하지. 가릴 수도 없고 숨길 수도 없는, 가슴 저 깊은 곳에서 샘물처럼 솟구치는 간절함을 말하는 거야. 그것은 누구와 경쟁해서 꼭 이기지 않아도 고귀하지. 그러니 후회에서 빠져나와 가슴 설레는 그곳으로 가 보게. 새로운 일로 자네 삶에 '거룩한 불편함'을 주는 거야. 과거는 과거로 묻어두고 가슴이 울렁이는 그곳에서 진정한 '나'를 만나는 거지. 이를 악물고 순간순간 결심해야 하는 그런 고통스러운 삶이 아니라, 모든 열정을 쏟을 수밖에 없는 재미있는 놀이와 같은 그런 것 말이야. 그럼 자네가 잘못 보낸 순간들로 인해, 시간의 보복은 당하지 않게 될 걸세."

"시간의 보복을 당하지 않다니요?"

"자신에게 기쁨이 되지 못하고, 다른 사람도 도와주지 못해 땅을 치며 자책하는 후회 말이야. 그 보복은 가슴에 참을 '인' 자를 새기며 죽을 때 회한의 눈물을 흘리게 하지. 자네가 정말 하고 싶은 일은 결과에 상관없이 가슴 치는 그런 후회는 남기지 않을 걸세. 한 나이 든 목수가 있었다네. 그는 사장에게 회사를 그만두겠다고 말했어. 사장은 마지막으로 집을 한 채 지어달라고 목수에게 부탁했지. 마음이 떠나 있는 목수는 집을 잘 짓고 싶지 않아. 평소에 그 일은 즐겁거나 가슴 뛰는 일이 아니었거든. 그는 질 나쁜 재료를 사용해서 집을 대충 지었다네. 일을 마쳤을 때 사장은 '이것은 내가 당신에게 선물로 주는 집이요.'라고 말했지. 얼마나 충격적이고 부끄러웠겠는가! 그 집이 자신의 집인 줄 알았더라면 아주 다르게 지었을 거야. 우리도 이따금씩 최선을 다하지 않은 결과를 충격적으로 바라보면서 그 집에 있는 우리 자신을 발견하지. 그 일이 자신에게 간절한 일이었으면 그렇게 설렁설렁하지는 않았을 거야. 이제 자네 손으로 새집을 지어보게. 이제부터 사는 삶이 자네의 참모습이야. 몇 번의 사업 실패의 경험이 좋은 집을 짓는 데 큰 도움이 될 걸세."

"저도 그러고 싶지만, 제가 원하는 집을 지으려면 시간이 더 필요합니다."

"시간이 더 있다고 변하는 것은 없어. 지금 얼마든지 가슴을 펴고 기쁨을 맛볼 수 있는 일을 할 수 있어."

"아직은 해도 안 될 것 같고, 할 의욕이 나지 않습니다. 선배님의 이야기를 들으면 될 수도 있겠다 싶다가도, 또다시 실패할지도 모른다는 생각이 저를 힘들게 하네요."

"더 이상 견디기 어려울 때, 모든 것을 포기하고 싶을 때가 바로 기회야. 동트기 전이 가장 어둡듯, 자네가 그렇게 어려워하는 지금이 그때라네. 희망이 안 보이고 바닥이라고 생각할 때가 바로 시작할 때지. 조난당한 사람이 현장에서 죽는 경우는 드물다고 해. 산을 다 내려왔는데도 어두워 불빛이 안 보이니까 희망의 끈을 놓는다는 거야. 그렇게 희망을 내려놓는 순간, 죽는 거지. 지금 자네가 그런 상황이 아닌가 싶어. 자네는 지금 가장 어두운 새벽을 달려가고 있네. 조만간 태양의 불그스레한 노을빛이 자네 가슴을 물들일 걸세."

"현재 어둠 속에 있는 사람은 빛을 생각할 수 없습니다. 선배님은 지금이 새로 시작할 때라고 말하지만, 제게는 아무런 계획도 없고 그저 뜬구름을 잡는 기분입니다. 저처럼 실패를 맛본 사람에게 또 다른 도전은 고통일 뿐이지요."

"생각을 바꿔보게. 관점을 바꾸어 실패를 다른 각도에서 보는 거야. '긍정심리학'의 창시자 마틴 셀리그먼(Martin Seligman) 교수는, 성공한 사람은 문제가 영원히 계속된다고 보지 않지만, 실패한 사람은 아무리 작은 문제도 그것이 영원히 지속될 것이라고 믿는다는 거야. 또 성공한 사람은 어떤 한 가지 문제가 인생 전체를 좌우한다고 생각하지 않는데, 이미 한 분야에서 실패한 사람은 어떤 일을 해도 안 될 거라는 신념을 갖는다는 해. 그리고 실패란 접근 방법을 바꿔야 하는 신호인데, 실패로 인해 도전 자체를 기피하는 사람은 실패를 자신의 인간적인 결점으로 받아들인다는 거야. 앞으로 새로운 일에 도전하는 마음의 자세에 따라서 그 결과는 전혀 다르게 나타날 걸세. 실패를 기회의 연장으로 이해하는 사람이 있고, 자신을 가두는 감옥으로 생각하는 사람이 있어. 실패 속에는 성공을 위한 무수히 많은 도전들이 웅크리고 있네. 그것을 뽑아서 쓰는 거야. 자네, 할리우드 영화배우 실베스터 스탤론(Sylvester Stallone) 알지?"

"예, 제가 좋아하는 배우입니다. 그 사람이 왜요?"

"그 사람도 처음 시작할 때는 수많은 거절을 당했지. 그는 배우가 되는 꿈을 이루기 위해 〈록키〉의 시나리오를 직접 써서 뉴욕의 모든 에이전트를 찾아다녔어. 하지만 번번이 문전박대를 당하거나 '그 얼굴에 어떻게 배우가 되려고 하느냐?'라는 핀잔을 수없이 들어야만 했지. 그 횟수가 무려 천 번이나 된다고 해. 그런데도 포기하지 않고 계속 도전한 끝에 영화 〈록키〉를 만들 수 있었어. 그는 '아니오'를 천 번 듣고도 천한 번째 문을 두드렸기에 성공할 수 있었던 거지. 아마 그때 문이 안 열렸어도 될 때까지 쫓아다녔을 거야."

"그렇게 거절당하면서 어떻게 포기하지 않을 수 있었을까요?"

"그는 믿음이 있었거든. 자신의 출중한 능력을 믿은 게 아니라, 될 때까지 하면 될 수 있다는 평범한 진리를 믿은 거지. 포기하지 않으면 누구나 할 수 있는 거야. 그것이 우리 인간의 본래 모습이네."

"그 배우가 부럽네요."

"자네도 충분히 기회를 만들 수 있어. 이 세상에는 자네와 똑같은 사람이 없는 것처럼, 자네만이 할 수 있는 일이 분명히 있네. 아마 그 일은 자네가 찾아오기만을 학수고대하고 있을 거야. 그러나 이 세상에 어떤 일보다 중요한 것이 있어."

"그것이 무엇인가요?"

"자네야."

"저를 말씀하시는 겁니까?"

"그렇다네. 어떤 일보다 자네의 '존재'가 훨씬 중요해. 자네는 가능성 덩어리거든. 성공과 실패는 항상 엎치락뒤치락하는 생의 일부분일 뿐이야. 자네는 사랑하고 사랑받는 아주 귀한 존재지, 비에 떨어져 밟히고 마는 꽃잎 같은 그런 존재가 아니야. 실패로 상처받아 생을 마감하는 쓸모없는 존재가 아니란 말일세. 자네를 끝까지 사랑해보게."

"어떻게 사랑하지요?"

"자신을 사랑한다는 것은 자신의 잠재력을 보는 거야."

"잠재력을 보다니요?"

"숨겨져 있는 능력을 쏟아내는 거야. 자신의 능력을 꺼내어 다 써버리는 것이 잠재력을 보는 것이고, 그것이 자신을 사랑하는 거지. 자신을 사랑하지 않는 사람보다 불행한 사람은 없네. 결국, 우리는 생의 마지막 순간에 '나를 얼마나 사랑했는가를 놓고 심판받게 될 걸세."

"저는 저를 사랑하고 있습니다. 나 몰라라 팽개치지는 않습니다."

"사랑은 말이 아니라 실행이야. 잘한 나를 칭찬하고 실의에 빠진 나를 일으켜서 원하는 길을 가게 해주는 거지. 실패한 '나'와, 새로 시작하는 '나'는 서로 남이 아니네. 둘 다 사랑스러운 '나'인 거지. 도산 안창호 선생님은 대전형무소에서 수형 생활을 할 때, '애기애타(愛己愛他)'라는 휘호를 쓰셨어. 나를 사랑할 줄 아는 사람이 남을 사랑하고 나아가 국가와 민족을 사랑할 수 있다는 의미지. 우선, 나를 사랑해야 하네. 누구보다 귀중한 자신을 죽도록 사랑해보게. 실패로 나의 99퍼센트가 별 볼 일 없어도, 남은 1퍼센트가 내 인생을 역전시킬 수 있다는 사실을 기억하면서 용기를 내어 다시 출발해보게. 우리의 내일은 아무도 모르네. 아침 이슬보다 짧은 게 인생이라지만, 지금 시작해도 자네가 원하는 일을 해낼 수 있는 시간은 충분해. 그리고 한 번 태어나서 죽는 것이 인생인데, 하고 싶은 것은 한 번 해봐야 하지 않겠나. 두려워서 하지 못한다는 게 말이 되지 않잖아!"

… 그저, 생각만 해도 좋은 사람

"선배님은 저를 사랑하라고 말씀하시지만, 저는 실패한 제가 그렇게 미울 수가 없어요. 이대로 사라졌으면 싶고, 눈을 감고 잠이 들면 다시 아침이 오지 않았으면 할 때도 많습니다."

강도전은 갑자기 실패에 대한 감정이 복받쳐 오르면서 흥분을 감추지 못했다.

"자네는 지금 자신을 울타리에 가두고 자해를 하고 있어. 자신을 숨쉴 수 있게 해주어야 해."

"제가 울타리에 가둔 것이 아니라 세상이 그렇게 만든 겁니다."

"세상이 그렇게 만들다니?"

"제 실패의 일차적 책임은 물론 제게 있겠지만, 그 이면에는 세상 사람들의 잘못도 큽니다."

"세상 사람들의 잘못이 크다니?"

"저에게 상황을 제대로 말해주지 않은 사람들이나, 저에게 불리하게 적용됐던 시스템, 법, 제도 등도 잘못이 큽니다. 정말 그런 것들을 생각하면 화가 나서 견딜 수가 없습니다. 치밀어 올라오는 화를 저울에 올려보면, 바다의 모래보다 산들의 바위보다 더 무거울 겁니다. 저를 이렇게 만든 모든 것을 찾아 가만두지 않을 겁니다. 복수를 할 겁니다."

강도전은 눈을 부라리며 말을 뱉었다. 정신적으로 약해진 것인지 병때문인지는 몰라도, 강도전은 감정이 격해 있었다. 잠시 시간의 여유를 두고 김재기가 말을 이었다.

"누굴 미워할 텐가? 미워할 사람은 없네. 어제의 나와 오늘의 나만이 있을 뿐이야. 복수의 칼은 손잡이가 없다네. 칼을 드는 순간, 내가 먼저 상하게 돼."

"선배님, 정말 내가 미워요. 나 같이 못난 인생도 없을 겁니다."

강도전은 말을 하며 얼굴을 두 손으로 감싼 후 쓸어내렸다.

"자네, 뭐가 못났다는 건가?"

"…… 제 모든 것이 싫습니다. 지금처럼 저 자신이 창피하고 수치스러울 때가 없어요."

"창피함과 수치가 다 우리를 병들게 하고 쪼그라들게 하는 것은 아니네."

"수치심이 병들게 하지 않다니요?"

"수치심은 인간의 한계를 깨달아 겸손한 자신을 발견하게 해주는 역할도 하지. 경영컨설턴트인 존 브래드쇼(John Bradshaw)는 '우리가 실수할 수 있고 도움이 필요한 인간임을 가르쳐주는 것은 건강한 수치심이다.'라고 말하고 있어."

"그럼 다른 수치심도 있나요?"

"건강한 수치심과 달리, 자신을 역겨워하고 수치스럽게 여겨 자신에게 폭력을 가하는 것은 해로운 수치심이야. 실수할 수 있고 도움이 필요한 존재임을 알려주는 건강한 수치심과 달리, 해로운 수치심은 진정한 자신의 기능을 포기하게 하고 인간 내면의 분리를 가져오는 주범이야. 자네가 지금 괴로워하는 것도 내면에 있는 해로운 수치심이 자네를 괴롭히고 있는 거지. 자네가 진정으로 원하는 일에 전념할 수 있도록 해로운 수치심을 건강한 수치심으로 바꾸는 노력이 필요해."

"건강한 수치심으로 바꾼다고 뭐가 달라질까요? 건강하든 해롭든 저 자신이 느끼는 수치심은 그런 것과 다른 것 같아요. 저 자신도 건강한 수치심으로 실패를 극복하길 원해요. 하지만 저의 실패 경험이 짐이 될 뿐이라는 생각에는 변화가 없습니다."

"자네, 경험을 통해 배우는 아픔보다 더 진한 아픔이 뭔지 아나?"

"……"

"귀한 경험을 하고도 배우지 못하는 아픔이라네. 실패했다고 자신을 너무 나무라지 말게. 이 세상에 자네 허락 없이 자네를 비난할 사람은 아무도 없네."

"선배님, 저는 가족들, 특히 제 집사람에게 너무 큰 상처를 주었습니다. 실제 당하지 않은 사람은 모릅니다. 선배님은 제가 언제든 마음만 먹으면 할 수 있다고 하시는데, 저는 재기할 힘도 없고 그럴 만한 능력도 없습니다. 지금 제가 하고 싶은 것을 하는 것은 사치입니다."

강도전은 눈물을 애써 참으며 말했다.

"세상일이 자기 뜻대로만 되지 않는다는 것을 깨닫게 되면 굳이 불만을 가질 이유도 없네. 지금은 실패로 인한 상처가 그 어느 것보다 크겠지만, 자네의 아픔이나 상처도 생각을 달리하면 큰일이 아니야. 자네, 나와 함께 하늘로 올라가 보세."

"갑자기 하늘로 올라가다니요?"

"자네, 나 따라 해보게."

"예."

"눈을 감고 양팔을 벌리고 하늘로 천천히 올라가 보는 거야."

김재기는 강도전과 함께 눈을 감았다.

"눈을 감고 양팔을 펼치고 하늘로 올라가면서 아래를 본다고 생각해보게. 뭐가 보이나? 자네와 내가 보이나?"

"집과 건물들이 보이고 산이 보입니다."

"더 올라가 보게. 이제는 뭐가 보이지?"

"강과 산들이 조그맣게 보이고 구름이 보입니다."

"더 높이 올라가게. 무엇이 보이나?"

"이제 거의 보이는 게 없는데요."

"자네와 나도 없고, 그렇게 커 보였던 지구도 하나의 점으로밖에 보이질 않을 거야. 아니 점으로도 안 보이지. 이제 눈을 떠보게. 이처럼 멀리 떨어져서 보면 아무리 큰 것도 조그맣게 보이듯이, 우리가 가진 상처가 말할 수 없이 커 보여도 멀리서 보면 아주 작은 점에 불과하네. 실패는 어떻게 보느냐의 시각의 차이지, 인격의 문제는 아니야. 자네의 실패도 자네가 생각하는 만큼 그렇게 큰 게 아니야. 사람은 오직 실패를 통해서만 배울 수 있다고 했어. 실패를 많이 했다는 것은 노력을 많이 했다는 표식이고, 성공이 가깝게 있다는 증거일세. 〈아이언 맨〉의 실제 모델이며, 테슬라의 CEO인 천재 공학자 엘론 머스크(Elon Musk)는 '실패는 우리 회사의 옵션입니다. 만약 당신이 실패하지 않는다면, 충분히 혁신적이지 않았다는 것입니다.'라고 말했지. 실패를 성공 요인의 하나로 보는 거야. 자네는 실패에 대한 시각을 달리할 필요가 있네. 각도를 달리하면 실패 속에 담겨 있는 새로운 것을 보게 될 걸세."

"새로운 것을 보다니요?"

"땅끝은 지표의 마지막이지만, 바다에서 보면 시작점이지. 죽음도 이승에선 끝이지만, 저승에선 시작에 불과해. 모든 것이 끝났다는 생각이 들 때, 벼랑이라고 느껴질 때, 비로소 새로운 꿈이 시작된다네. 자신을 용서하게. 실패는 실패대로 놔두고, 미래를 향해 첫걸음을 내딛어보게. 그곳에 갈 수 있는 사람도 자네이고, 꿈을 펼치며 과거의 아픔을 잊을 사람도 자네야. 이 세상에 자네보다 소중한 것은 없네. '그저, 생각만 해도 좋은 사람'은 다른 사람이 아닌 바로 자네라네."

… 늘 우리 주변에 있는, 그것이 '희망'이다

강도전은 식은 커피잔을 내려다보았다. 강도전의 눈시울이 붉어졌다. 김재기는 찻잔을 입에 대며 말을 이었다.

"누구에게나 원하지 않는 고난의 언덕은 있어. 그곳은 풀포기 하나 나지 않는 메마른 광야지. 그곳에서는 억울하게 공격을 당하기도 하고, 무능한 낙제생으로 낙인찍히기도 해. 내 생각과 다르고, 내 계획이 먹히지 않으며, 실패만이 나를 조롱하는 곳이지. 그곳은 부모나 형제도 없고, 동무나 이웃도 없어. 말할 수 없는 뜨거움과 혹독한 추위를 혼자서 견뎌야 하는 곳이지. 광야는 정말 서글프고 힘든 곳이야. 하지만 그런 광야에서 꿈이 만들어지고, 자신이 전혀 할 수 없다고 가슴속에서 지워버렸던 희망이 생겨난다네. 그렇게 광야는 고난과 희망이 함께 공존하는 곳이야. 대개 고난만 보기 때문에 괴로워하지. 우리의 목적지는 광야가 아니라네. 광야는 꿈을 이루기 위해 거쳐야 할 과정의 하나일 뿐이야. 그런데 그 광야를 지나야 오아시스 같은 꿈을 만날 수 있는 걸 어쩌겠는가! 광야라는 보따리 안에 꿈이 있으니 풀지 않고 어찌 만져볼 수 있겠는가!"

"우리가 살아가다 보면 광야를 만나게 된다고 말씀하시지만, 지금은 희망이 안 보이니 광야에서 제 인생이 끝나는 게 아닌가 하는 생각이 듭니다."

"신은 우리보고 고생만 하다가 죽으라고 광야를 만들어 놓은 게 아니야. 목적지는 따로 있어. 그렇기 때문에 광야는 신이 내린, 인간이 원하지 않는 선물이라 하지 않는가. 자네, 그리스 로마 신화에 나오는 판도라의 상자 얘기 들어봤지?"

"예. 인간에게 모든 불행을 안겨준다는 그 상자요?"

"그래. 제우스가 최초로 만든 여인 판도라가 그녀의 남편인 에피메테우스의 집에 있던 한 상자를 열었을 때, 온갖 병과 원한, 복수, 죽음 등이 튀어나왔지. 판도라가 필사적으로 그 상자를 닫았을 때, 그나마 상자 안에 하나 남은 게 있었네."

"그게 뭔데요?"

"'희망'이었어. 그래서 우리 인간에게 힘들고 고통스러운 일이 생기더라도 항상 그 속에는 희망이 존재하지. 소금 없는 달걀흰자가 맛이 없듯, 삶에 희망이 없다면 무슨 맛으로 살겠나! 희망은 인류가 사라질 때까지 항상 우리 곁에 있을 거야. 그리고 자네가 희망이 안 보이니 끝났느니 하는 것은 마음속의 두려움 때문이야. 남이 내게 주는 두려움이 아니라 내가 스스로 키운 두려움이지. 두려움은 내가 행동으로 옮길 때만 비로소 사라진다네. 두려움은 앞으로 일어날 어떤 것에 대비가 필요하다는 신호일 뿐이야. 또, 두려움은 피하거나 못 본 체할 게 아니라, 그것의 의미를 활용해 기회로 만들어야 할 대상이지. 그렇지 않으면 자네를 끝까지 따라다니며 집요하게 괴롭힐 거야. 결국, 자기 자신 때문에 힘든 거야. 자네, 도전해서 겪는 실패의 고통보다 더 큰 고통이 뭔지 아나?"

"실패보다 더한 고통이 있나요?"

"'하지 않은' 고통이라네."

"하지 않은 고통이라니요?"

"도전해서 겪는 고통보다 하지 않아서 받는 고통이 더 크다네. 하지 않아 자꾸 뒤돌아보는 '미련'은 죽는 순간까지 남거든. 원하는 일로 겪는 고난은 사실 고난이라고 할 수 없어. 꿈으로 가는 길목에서 누구나 겪을 수 있는 필수 과정이니까."

"선배님, 새로운 희망을 찾아 떠날 수만 있다면 얼마나 좋겠습니까. 저도 죽을 때 자책은 하고 싶지 않습니다."

"그러면 시작하면 될 것 아닌가. 자책을 하지 않으려면 일어나서 나가야지."

"소도 언덕이 있어야 비비듯, 제게도 비빌 언덕이 있어야 하지 않나요? 제게는 이렇다 하게 내세울 것도 없고, 하는 것마다 안 된 이력밖에 없는데, 무얼 가지고 나가라는 겁니까?"

"자네 폴 포츠 알지?"

"오디션 프로로 유명해진 사람이오?"

"그래. 그는 여러 면에서 자네보다 나을 게 없는 사람이었네. 영국의 유명한 오디션 프로에서 사람들을 감동시키며 인생역전을 이뤘지만 남들보다 험한 인생을 산 사람이야. 그는 훌륭한 학벌의 오페라 가수도 아니고 관중에게 매력을 어필할 미남도 아니었어. 그는 보잘것없는 학벌과 휴대폰 판매원으로 여자 친구도 없는, 말 그대로 루저의 인생을 살았지. 게다가 악성종양과 교통사고로 죽음의 문턱까지 갔었어. 수많은 좌절과 역경 속에도 대중 앞에서 자신의 목소리로 오페라를 불러보는 게 꿈이었다고 해. 그는 평소 이런 말을 남겼지. '사람들은 때때로 자신에 대해 잘 몰라요. 꾸준히 하면 해낼 수 있는 것도 불가능하다고 생각하고 포기해 버리지요. 비록 포기하고 싶을 정도로 가능성이 희박하더라도 그 가능성에 부딪혀 보는 것이 중요하다고 생각합니다. 전 포기하지 않았습니다. 저에게 가장 어려웠던 것은 저를 완전히 믿는 것이었습니다. 결국, 모든 것은 잘될 것입니다. 포기하지 않는다면 말입니다.' 언젠가 한 대학에서 강연과 콘서트를 했는데 무료로 했다고 하더군."

"세계적인 유명인사가 무료로 콘서트를 하다니요? 어떤 계기가 있었나요?"

"대학교학생회에서 취업과 진로 문제로 좌절을 겪고 있는 학우들에게 위로와 격려 차원에서 그를 초청했지."

"비용이 엄청났겠는데요."

"그렇지. 초청비만 해도 학생회 1년치 예산을 넘었고, 그는 이미 세계적인 스타라 스케줄에 학생회 초청장이 비집고 들어갈 수 없었다고 해. 하지만 학생회 측은 포기하지 않고 계속 편지를 쓰면서 방법을 찾았지. 그 편지 내용은 이렇다네. '학업과 취업 문제로 꿈을 잃은 많은 한국의 20대들에게 그들의 꿈을 포기하지 않고 끝까지 노력할 수 있게 하려고 당신을 초청하려고 합니다. 비용을 마련할 여건은 안 되지만, 당신이 꿈을 포기하지 않았듯이, 우리도 할 수 있는 모든 방법을 다 동원해 노력하고 있습니다.'"

"그래, 어떻게 되었나요?"

"두 달 뒤 폴 포츠(Paul Potts)는 에이전시를 통해 학생들을 만나러 가겠다고 했어. 초청비는 물론 무대 비용, 오케스트라 인건비 등을 모두 자신이 부담하겠다고 했지. 정말 얼마나 감동적인 일인가. 그렇게 해서 강연과 토크 콘서트가 열리게 되었다네. 그는 학생들과의 토크 콘서트에서 다음과 같은 말을 했어. '희망은 찾아 나서야 하는 것도, 선물처럼 주어지는 것도 아닙니다. 늘 우리 주변에 있는 것, 그것이 희망입니다. 흔들리지 말고 자신을 믿고 계속 나가세요!'라고."

"정말 감동적이네요. 부럽습니다. 저도 폴 포츠처럼 그런 재능이 있으면 얼마나 좋겠어요. 폴 포츠의 재능과 오디션 프로라는 기회가 잘 맞아 떨어졌네요. 대부분의 경우 그런 환경이 받쳐주지 않기도 하고,

그와 같은 기회를 활용하지도 못하잖아요."

"재능과 기회 이전에, 수많은 실패에도 좌절하지 않았기 때문에 그런 영광이 있었던 것은 아닐까?"

"꿈이 있어도 안 될 확률이 높기 때문에 시간과 에너지를 낭비하지 않고 현실적인 대안을 선택하는 것 아니겠어요. 사람들은 포기하지 말라고 말하지만, 실패로 인해 꿈이 깨진 사람들은 그게 쉽지 않아요."

네가 바로
보물창고야!

"사람은 누구나 자신이 원하는 것을 이룰 수 있는 능력,
즉 '보물창고'를 가지고 있다네.
인생은 자네 말처럼 운명이 아니라,
보물을 사용하는 실행력에 따라 결정되지."

··· '앨커트래즈의 새 박사'

"아무리 힘든 상황에서도 포기하지 않고 도전하는 의지와 열정은 인간만이 가지고 있는 위대함이지. 희망이라고는 찾아볼 수 없는, 자네보다 훨씬 열악한 환경 속에서도 자신이 하고 싶은 일에 열정을 다한 사람이 있네. '앨커트래즈의 새 박사'지. 1962년에 아카데미상 후보에까지 오른 영화의 실제 주인공이야."

"앨커트래즈는 영화 〈더 록(The Rock)〉으로 유명한 곳 아닙니까?"

"맞아. 미국 샌프란시스코 중심부를 벗어나 해안가로 가면 외롭게 떠 있는 일명 '악마의 섬'이 나오지. 지금은 유명한 관광지로 알려

져 있지만, 앨커트래즈는 1934년에 문을 연 악명 높은 연방교도소였어. 영화로도 흥행했던 그곳의 별명은 '더 록(The Rock)'으로 가장 흉악한 범죄자들의 마지막 종착지였네. 면회는 한 달에 한 번밖에 허용되지 않았고, 감방에서 사망했거나 탈출을 시도했던 죄수가 64명에 이를 정도로 악명이 높았어. 결국, 인권단체들의 항의와 비난 여론으로 1963년 3월에 폐쇄됐지. 그런데 그곳에는 특이한 죄수가 한 명 있었어. '앨커트래즈의 새 박사'로 불리었던 로버트 스트라우드(Robert Stroud)지. 그는 그곳에서 가장 악명 높은 살인범이었어. 간수까지 포함해 두 번의 살인을 저지른 그는, 1916년부터 평생을 독방에서 격리된 채 수감생활을 했지. 그는 우연히 운동장에서 병든 참새 세 마리를 발견해 키우면서 이 분야의 권위자가 되었어. 10여 년간의 연구 기록을 두 권의 책으로 출간하면서 유명해졌지. 그러나 사람들은 그가 흉악한 죄수라는 사실에 놀라움을 금치 못했어. 1962년에는 〈버드맨 오브 앨커트래즈(The Birdman of Alcatraz)〉라는 영화로 만들어져 아카데미상 후보로 오르기도 했지. 초등학교도 못 나온, 그리고 사람을 두 번씩이나 죽인 흉악범이 어떻게 그런 놀랄 만한 일을 해낼 수 있었을까 생각하면 숙연해진다네."

"종신형 죄수로 어떻게 그런 일을 할 수 있을까요? 물론 마음 붙일 곳이 없어 그런 일을 했겠지만, 그 이유만으로 설명하기는 어렵네요. 취미로 시작해 보람을 느끼면서 일종의 사명감을 갖게 된 건가요?"

"아마 그런 것 같아. 그는 우연한 기회에 자신의 달란트를 발견했고, 그 열정에 화답하기 위해 10여 년을 새 연구에 몰두했지. 그는 새를 돌보는 일이 더없이 좋았고, 그 일을 진정으로 사랑했어. 새가 병이 들면 책을 읽으며 치료법을 찾았고, 새를 더 잘 보살피기 위해 실험에 몰두했지."

"감형으로 세상 밖에서 연구할 수는 없었나요?"

"워낙 흉악범이었고 종신형을 받았기 때문에 불가능했어. 더 많은 연구를 위해 세상 밖으로 나오게 하자는 청원이 수차례 있었지만, 모두 거절당했지. 결국, 54년의 수형 생활 끝에 흉악범으로 감옥에서 사망했어. 하지만 그는 새들과 함께할 수 있어서 행복했다네."

"정말 보통 사람으로는 상상하기 힘든 일이네요. 엄청난 죄는 지었지만, 자신이 가진 재능을 다 쏟으며 행복했겠어요."

"나는 '앨커트래즈의 새 박사'를 접하면서 사람의 잠재력에 대해 다시 생각했네. '소명'은 절망 속에서도 초인적인 능력을 발휘하게 하는 열쇠라는 것을 깨닫게 되었지."

"그런데 저는, 제가 겪는 고통과 타인이 안고 있는 고통의 무게를 잘 가늠하지 못하는 것 같아요."

"고통을 가늠하지 못하다니?"

"제가 겪는 고통이나 아픔은 다른 누구보다 더 깊고 크다는 생각이 듭니다. '앨커트래즈의 새 박사' 이야기를 들을 때는 나와 비교할 수 없는 어려운 환경에서 엄청난 일을 해냈다는 생각이 들다가도, 내 입장이 되면 생각이 또 달라집니다. 제 안에 있는 고통만이 실제로 저를 아프게 하니까, 제 괴로움이 제일 클 수밖에 없는 것 같아요. 선배님 말씀대로, 실패 없이 진정한 성공이 없다는 것을 잘 압니다. 그런데도 실패의 칼끝이 내 가슴속을 파고들 때는 순간순간 고통스러워 견디기가 어렵습니다. 실패에 대한 해석 때문인지 실패의 어두운 그림자가 늘 따라다니는 꿈을 꿉니다."

··· 확률이 문제가 되는 것은 주사위뿐이다!

"자네, 사업에 몇 번 실패했나?"

"세 번입니다."

"세 번 도전에 세 번 실패는 100퍼센트 실패지. 하지만 앞으로의 도전을 생각하면 아직 세 번밖에 하지 않은 거네. 한국프로야구는 물론, 미국 메이저리그에서도 방어율 3점대 투수는, 한 게임에서 평균 3점밖에 잃지 않는 아주 우수한 투수지. 그런 투수도 한 게임에서 최소한 세 번 정도는 아픔을 당한다는 의미 아닌가. 타자도 마찬가지야. 3할을 때리면 최고 수준의 타자라고 할 수 있지. 그 선수 역시 열 번 중에 일곱 번은 실패한다는 의미지."

"물론 성공보다는 실패가 많은 게 사실입니다. 하지만 실패의 속을 자세히 들여다보면, 그 안에는 지울 수 없는 문신처럼 수만 번 지나간 바늘의 흔적이 그대로 새겨져 있습니다. 실패가 마치 전가의 보도처럼 잘못 사용되어서는 안 된다고 생각합니다. 실패는 실패대로 하나의 삶이고 인생이지요. 한 번의 실패가 삶의 모든 아픔보다 클 수도 있고, 그 실패로 인해 되돌릴 수 없는 어려움도 있기에 산술적으로 계산하는 건 무리라는 생각이 드네요."

"실패는 실패일 뿐이야. 어떠한 실패도 방향을 바꾸라는 신호일 뿐, 그 이상 그 이하도 아니야. 우리 몸도 과식을 하거나 잠자리에 들기 전에 음식을 많이 먹는 경우 소화장애가 일어나는데, 그것 역시 방향을 바꾸라는 신호야. 몸을 보호하기 위한 수많은 세포들의 반란인 거지."

"몸에 이상이 오히려 몸을 보호하는 건가요?"

"몸을 보호하기 위한 안전장치의 하나지. 과식을 하고 폭식을 해도 소화에 이상이 없는 사람은, 건강한 체질이 아니라 소화기관에 장애가 있는 사람이야. 소화불량은 몸을 위한 매우 중요한 신호야. 과식하면 체하는 것이 좋다는 말은, 우리가 잘못된 길로 가고 있을 때 깨닫게 해주는 '실패'와도 흡사하지. 고통을 유발하는 실패도, 장기적인 안목에서 보면 올바른 방향을 가르쳐주는 경고음인 셈이지. 세상에 몹쓸 병이 두 가지 있네."

"하나는 암일 테고……, 또 하나는 정신병인가요?"

"암하고 한센병이야. 이 두 병에는 공통점이 있어. 무언지 아나?"

"글쎄요……, 치료약이 없는 겁니까?"

"치료약이 없는 것은 아니야. 문제는 '안 아프다'는 거야. 병으로 아픔을 느낄 때는 이미 치료할 시기를 놓친 상황이지. 그런 면에서 소화장애는 위를 보호하고 우리 몸을 보호하는 경보 시스템인 거야. 그처럼 실패도 방향이 틀렸다는 일종의 경보 사이렌인 셈이지. 위장장애가 있을 때 치료를 받아 낫게 하느냐, 아니면 방치함으로써 몸을 망가뜨리느냐는 본인이 선택할 문제이지만. 결국, 실패, 즉 경고음을 어떻게 듣느냐에 따라 성공과 실패가 나누어지지. 승패는 병가지상사야. 늘 있는 일이지. 문제는 고통을 딛고 일어나느냐, 아니면 그대로 엎어져 있느냐야. '넘어짐'에서 일어날 사람도 '나'이고 달려갈 사람도 '나'인데, 일어나지 않고 앞으로 나가지도 않으면 누구를 원망하겠나. 아무리 큰 실패라도 허리끈을 질끈 동여매고 일어나야 살아볼 희망이 생기지 않겠나. 실패의 아픔은 쌀부대에 생긴 구멍과 같아서 즉시 꿰매지 않으면 감당할 수 없이 커지고 말아. 아주 작은 상처라도 약을 바르고 감싸주지 않으면 큰 상처로 남게 되지. 뿌린 대로 거두듯이, 우리 삶은 주사위와 같이 확률은 아니야."

"확률이 아니라니요?"

"큰일이든 작은 일이든 노력 여하에 따라 이룰 수도 있고 그렇지 않을 수도 있지만, 주사위는 사람의 의지와는 상관없이 일정한 확률로 나타난다는 것을 말한 거야."

"자신의 의지와 다르다니요?"

"주사위는 각 숫자가 나올 수 있는 확률이 일정해서 자신의 뜻대로 결과를 바꿀 수 없지만, 우리 인생은 자신의 의지대로 얼마든지 바꿀 수 있잖아. 다시 말해, 인간은 자신이 갈 길을 주체적으로 선택할 수 있고, 이룰 수 있다는 것을 말한 거야. 그것을 '자유'라고 하지. 태어난 목적대로 살아갈 자유 말이야. 넘어져 피가 나도 그 다리를 움켜쥐고 다시 일어나 달릴 사람도 '나'이고, 모든 것을 포기하고 그 자리에 주저앉을 사람도 '나'인 거지. 그리고 신은 우리를 실패하도록 디자인하지 않았어. 몇 번의 실패로 더 이상 도전하지 않고 포기하기 때문에 실패하는 인생으로 막을 내리는 것이지, 실패로 끝나게 돼 있는 사람은 이 세상 어디에도 없어. 대중가수계의 이단아로 주목받아온 임재범 씨는 MBC 〈나는 가수다〉를 통해 그의 독특한 존재감을 선보였지. 자네도 그 가수 잘 알지?"

"저도 임재범 팬입니다. 좋아합니다."

"그는 〈나는 가수다〉를 통해 세상 밖으로 다시 나올 수 있었다며 눈시울을 붉혔지만, 그가 세상 밖으로 나온 것은 그의 순수한 자유의지 덕분이라고 생각하네. 물론 〈나는 가수다〉가 다리를 놓아 주긴 했지만, 그의 진정한 용기가 없었다면 심한 궁핍에도 기피했던 방송을 나오지는 않았을 거야. 미국 여류시인 엘라 휠러 윌콕스(Ella Wheeler Wilcox)의 시를 하나 소개하지."

한 척의 배는 동쪽으로 다른 한 척은 서쪽으로 항해하네
바람은 같은 방향에서 불어오지만
항해를 결정하는 것은
바람이 아니라 돛이라네
운명의 길은 바닷바람 같아서
우리가 인생을 항해할 때
그 목표를 결정하는 것은 평온한 바다도 투쟁도 아닌 의지이다.

… 내 삶을 내가 결정하지 못한 실패

"선배님도 저 같은 실패를 한 적이 있나요?"

"실패는 상대적이니까 같은 실패를 했다고는 말할 순 없겠지. 하지만 나에게도 크고 작은 실패가 있었네. 얼마나 크고 고통스러우냐의 차이가 있을 뿐, 누구나 실패 없는 삶을 살 수는 없어. 나는 첫 실패를 조금 일찍 했네."

"일찍 하다니요?"

"아마 중학교 입학시험에서 떨어진 것이 내가 한 첫 실패였을 거야. 나는 국민학교, 아니 초등학교 6학년을 두 번 다녔어."

"6학년을 두 번 다니다니요?"

"시골에서 서울로 올라와 중학교 입학시험을 4차까지 봤다네."

"어떻게 그게 가능했지요?"

"당시에는 야간이나 미달된 학교는 임의로 추가 모집이 가능했거든."

"송구스런 질문이지만, 그래도 네 번은 너무 심한 것 아니에요? 그리고 꼭 서울로 올라올 이유가 있었나요?"

"꼭 서울서만 학교를 다녀야 했던 것은 아니야. 당시 나는 전교 1등

을 놓친 적이 없는 수석졸업생이었지. 그래 봐야 모두 두 학급이었지만. 요즘 말로 시골학교 대표선수였던 거지. 나는 담임선생님하고 서울로 올라와 여관을 잡아놓고 중학교 입학시험을 치렀어. 2차 시험까지는 소위 일류 학교를 지원했지."

"근데 안 된 이유가 뭐였어요?"

"내가 접하지 못한 문제들이 많이 출제되기도 했지만, 무엇보다도 음악, 미술, 체육에서 점수를 못 받았어. 아니 전혀 답을 못 썼어. 시골에서는 예체능 시간이면 노래 부르고, 그림 그리고, 밖에 나가 뛰어 놀았어. 이론은 거의 공부하지 않았지. 그게 결정적이었어."

"그랬군요. 어린 나이에 상처가 컸겠어요."

"결국, 서울에서 자취를 하면서 초등학교 6학년을 다시 다녔지. 재수를 하기 위해 학교를 다시 들어간 거야. 시골에 있는 가족, 특히 부모님과 떨어져 지내는 외로움과 돈이 없어 제대로 먹지 못하는 배고픔이, 열세 살 초등학교 6학년생에게 가장 힘든 고난이었지. 그런데 공교롭게도 입시 요강이 바뀌는 바람에 중학교를 제비를 뽑아 가게 되었어. 소위 말하는 '뺑뺑이' 1기였어. 참, 기가 막히더군."

"어쨌든 어린 나이에 많이 힘들었겠어요."

"그게 나의 첫 번째 실패라고 볼 수 있지. 지금은 추억으로 남아 있네."

"그리고는 어떠셨어요?"

"그 후로 큰 어려움이 없다가 퇴직할 때 많이 힘들었지. 그룹 계열사 사장으로 있을 때였어. 국가방위산업과 관련된 중요한 신규 사업을 내가 맡았지. 제품당 구입 가격이 굉장히 높았고, 주변 우방국들과도 관련된 일이라 신중에 신중을 기해야 했어. 거의 1년을 분석하고 고민한 끝에 소신대로 일을 처리했는데, 그게 화근이 됐지."

"잘 처리하셨는데 문제가 되다니요?"

"그룹 회장은 A제품을 구입하길 원했는데, 나는 B제품을 선택했 거든."

"그렇게 한 데에는 특별한 이유라도 있었나요?"

"외압을 철저히 차단하고 나와 우리 팀이 심혈을 기울여 내린 결론 이었어. 그 제품을 사용할 사람들의 의견과 가격 대비 성능을 철저히 분석했기 때문에 그 점에 대해서는 한 점 부끄러움이 없었지. 또 국가 차원에서도 B제품을 선택하는 게 낫다고 생각한 거야. 하지만 B제품 을 선택했다는 것은 곧 오너의 뜻을 저버린 불경죄에 해당되었지."

"회장이 원하면 그대로 할 수 있었던 게 아니었나요?"

"물론 그렇게 할 수도 있었지. 그러나 나와 실무자들이 몇 번이고 B 제품 안을 상정했고 국가기관도 우리와 생각이 같다고 했더니, 회장은 마지못해 자신의 뜻을 거둬들였어."

"그래서 나오시게 된 거군요."

"결국, 회장의 눈 밖에 나면서 멀어지게 되었지. 그 일이 있기 전까 지는 일주일에 몇 번씩 나를 찾았는데, 그 후로는 거의 찾질 않더군. 그렇게 6개월쯤 지났을 때 비서실로부터 권고사직 통보를 받았지."

"억울하셨겠어요."

"꼭 그렇지만은 않아. 진급도 빨랐고, 무엇보다 대부분의 일을 소신 껏 할 수 있었기 때문에 일에 대한 후회는 없어. 잘한다고 한 것이 오 해를 사기도 하고, 정직하게 처리한 것이 다른 사람의 눈 밖에 나기도 하는 것이 우리 인생 아닌가? 그런 점은 크게 아쉽지 않아. 문제는 나 스스로 결정을 하지 못했다는 거야."

"스스로 결정을 하지 못하다니요?"

"회사가 나에게 떠나라고 하기 전에 내가 먼저 떠나지 못한 것이 못내 아쉬워. 내가 스스로 결정을 못 하니 남이 내 인생을 결정해버린 거지. 내게 진정한 실패는 회사에서 쫓겨난 것이 아니라, 내 삶을 내가 결정하지 못하고 남이 내 인생을 결정하게 놔둔 것이야. 오너의 애정이 사라진 줄 알면서도 먼저 사표를 던지지 못했어. 나 자신에게 비겁했던 거야. 그것이 두고두고 아픔으로 남았다네."

"그런 일이 있으셨군요. 하지만 대부분의 직장인들이 그렇게 나오지 않나요?"

"자네처럼 억울하게 쫓겨나는 경우도 있고, 구조조정으로 퇴사하기도 하지만, 내 경우는 좀 달라. 남이 내 인생을 결정하게 했다는 죄책감이 지금도 가슴 한편에 남아 나를 괴롭힌다네."

… '내 일'을 만나면 세상이 다시 보여!

"그 후엔 어떻게 하셨어요?"

"사실 퇴사하고 내 일을 하고 싶었는데, 절친한 선배가 강권하는 회사가 있어서 몇 번을 고사하다가 그곳에 취업을 했지. 그런데 오래 있지 못했어."

"특별한 이유라도 있었나요?"

"중견기업의 사장으로 갔었는데, 오너 회장과 마음이 잘 안 맞았어. 누가 옳고 그르고를 떠나 지향하는 방향이 서로 달랐지."

"방향이 다르다니요?"

"나는, 회장이 보지 못하는 부분을 볼 수 있도록 해주는 것이 내 역할이라고 생각했어. 그런데 회장은 자기 방식대로 하길 원했지. 자기와 같은 생각으로 회사를 운영해주길 바랐어. 물론 회사가 잘 돌아가고 있었다면 굳이 변화가 필요 없었겠지. 그런데 회사 내부를 들여다보니 그렇지 않았거든."

"결국, 변화하지 못했던 거군요."

"변화를 꾀한다고 노력은 했지만 잘되지 않았어. 조직의 정점에 있는 회장 자신이 죽자고 해도 될까 말까 한데, 본인이 그러니 있으니 잘될 수가 없었지. 물론, 변화의 필요성을 설득하지 못한 내 책임이 제일 크지만. 나는 내가 변화를 유도할 수 없다면, 고임금의 대표 자리를 지키고 있는 것은 사람의 도리가 아니라고 생각했어. 나는 그렇게 1년 6개월을 있다가 나와서 내 사업을 시작했네. 자네도 알다시피 펜션 사업 말이야."

"그건 잘되었잖아요."

"이제 와서 얘기지만, 잘 안됐어. 고생 끝에 큰 손해를 보고 사업을 접었지. 그 일이 그렇게 큰 고통을 줄지 몰랐어. 내가 했던 어떤 일보다 나를 힘들게 했네. 내게 말로 다할 수 없는 고통을 안겨주었지."

"많이 힘드셨군요."

"첫 사업을 너무 크게 시작했어. 나도 자네 못지않게 성급했지. 자랑 같지만, 이력이 좀 화려한 편이라 사업을 시작하면 많은 사람들이 도와줄 것이라 생각했어. 그래서 첫 사업을 크게 벌였지. 시장조사나 사업타당성 조사도 제대로 하지 않았고, 특히 오제이티 같은 것은 생각도 안 했어. 뭐든 시작하면 잘할 거라고 생각했거든. 모두 허세였지."

"그래도 선배님의 사업에 대한 직관은 뛰어나잖아요."

"그게 그렇지 않아. 업종을 모르면 직관으로 감 잡기가 쉽지 않아.

그리고 실무에서 손을 뗀 지 오래되어서 사업성을 검토하고 분석하는 일을 직접 못하겠더라고. 어쨌든 30년 모은 재산이 일순간에 날아가 버렸어."

"제조회사도 아니고, 펜션이라면 그렇게 손해 볼 일이 없잖아요. 잘 못되더라도 땅이 남잖아요."

"펜션을 운영하다가 안전사고로 사람이 다치기도 하고 죽기도 했어. 그래서 큰돈을 물어주었지. 돈도 돈이지만, 재판까지 가면서 온 가족이 마음고생을 한 건 이루 말로 다 하지 못하네. 또 펜션에 불이 나서 적지 않은 손해를 봤어. 그 외에 고객 관리나 시설물 관리에도 문제가 많았지. 경험 없이 성급하게 시작하다 보니 시행착오가 많았다네. 내가 좋아하지도 않으면서 남이 잘된다고 해서 따라간 것이 패착이었지. 기업체에서 일하는 것과 내 사업은 확연히 다른데, 너무 안이하게 대처했던 것이 실패의 단초가 되었어."

"그럼 어떻게 정리하셨어요?"

"안 좋은 소문으로 손님은 줄어드는데, 빌린 돈의 원금과 이자가 밀리면서 연체가 눈덩이처럼 불어나는 거야. 이자에 이자가 붙는데 감당이 안 되더라고. 그 돈을 메꾸느라 처갓집을 담보로 맡기기도 하고, 친지들을 찾아다니며 돈을 꾸는 등 별짓을 다 했지. 펜션을 팔려고 내놓아도 안 좋은 소문 때문에 누가 입질도 않는 거야. 어쩌다 관심이 있으면 거저먹으려 들고. 자네도 부동산 경기가 어떤지 잘 알잖아. 매입할 때의 반값에도 작자가 나타나질 않는 거야. 나와 아내에게 최악이었지. 나는 그렇다 치더라도 고생을 모르던 아내에게는 일종의 쓰나미나 다름이 없었어. 하여튼 정리가 쉽지 않았네. 거의 막판에는 그냥 던지다시피 했어. 2년 동안 끌다가 가까스로 정리를 했어."

"그럼 얼마를 손해 보신 거예요?"

"집은 물론이고, 조그만 상가 하나와 가지고 있던 동산을 다 털었는데도 금융권에 빚이 좀 남을 정도였어. 다행히 2년 전에 그 빚은 다 갚았네."

"그 후 생활은 어디에서 하셨어요?"

"건설회사를 하는 후배가 미분양 빌라를 한 채 빌려줘서 거기서 살았지. 아내가 일자리를 얻고 아이들도 직장을 다니면서 먹고는 살 수 있었어."

"그럼 컨설팅과 강의는 어떻게 시작하시게 됐어요?"

"나도 자네처럼 몇 년을 방황했는지 몰라. 몇 번이나 죽으려고도 했고. 돈을 날린 것은 둘째 치고, 우선 창피해서 얼굴을 못 들고 다니겠더라고. 힘든 시간을 보내다가 정신을 가다듬었지. 차근차근 다시 생각했어. '늦을수록 돌아가라.'는 말이 생각나더군. 그래서 아예 판을 새로 짰다네."

"어떻게 판을 짰는데요?

"내가 정말 하고 싶은 일을 하는 게 가장 빠르다는 생각을 했어. 나보다 앞서간 선배들도 내가 하고 싶은 일을 하라는 거야. 돈이 없다고 돈에 신경을 쏟으면 될 일도 안 된다고 하더군. 돈이 쫓아와야지 돈을 좇지 말라는 얘기야. 그래서 선택한 것이 지금 하는 일이지."

"구체적으로 지금 어떤 일을 하시고 있는 거예요?"

"경영컨설팅을 하고 책을 쓰기도 해. 또 기업이나 개인 코칭도 하고, 퇴직예정자나 자네같이 퇴직 후에 어려움을 겪는 사람들의 향후 진로를 상담해주기도 하지."

"그런 일들은 사업을 정리하고 바로 시작했나요?"

"아니야. 시작하고는 몇 번이고 포기하려고 했어. 자네도 알다시피 1인 지식기업이 다 그렇잖아. 준비 기간이 길고, 구체적으로 잡히는 게 없다 보니 실망할 때가 한두 번이 아니야. 하지만 재미가 있고 보람이 있는 일이라 계속할 수 있었지. 회사 CEO 출신에다 박사학위가 있어도 일을 그냥 주지 않아. 이제 퇴직자 중에는 CEO 출신이나 박사 학위자도 많아. 자네 길 가다가 '김 박사!' 하고 불러보게. 아마 서너 명은 뒤돌아볼 걸세. 1년에 박사가 거의 만 명씩 나오는데 이제는 쉽지 않아. 기존 스펙이 좋아도 새로운 일을 하려면 그와 관련된 공부를 새로 해야 돼."

"나이도 있고 해서 공부하기 힘들지 않았어요?"

"내가 갈 길을 내가 선택해서 그런지 늦게 시작한 공부였지만 그렇게 어렵진 않았어. 특히, 내가 좋아하는 것을 한다고 생각하니까 고통이나 두려움보다는 즐거움과 보람이 더 컸던 것 같아. 대학입시 때보다 더 열심히 했을 거야. 배우는 재미가 쏠쏠한 게 공부가 그렇게 재미있다는 걸 그때 처음 알았네. 그래서 크게 힘들지 않았어. 필요한 자격증도 그때 몇 개 땄지. 경영지도사와 코치 자격증도 그때 딴 거야. 그렇게 공부할 때가 제일 행복했던 것 같아. 모두 아내와 아이들 덕분이지. 가족의 도움으로 다시 시작할 수 있었던 거야. 아마 그들이 없었으면 불가능했을지도 몰라."

"그래서 선배님이 제 마음을 그렇게 잘 아시는 거군요."

"동병상련이랄까, 다 그런 거지. 자신이 정말 하고 싶은 일, 즉 '내 일'을 만나면 세상이 다시 보이고 삶이 변하게 돼."

"삶이 변하다니요?"

"다른 일과 달리, 내가 하고 싶은 일을 하게 되면 삶에 희망이 생기면서 의욕이 살아나지. 우선, 남과 비교하지 않아서 좋고, 실수나 실패를 해도 툭툭 털고 일어나 가던 길을 다시 갈 수 있어서 좋아. 실패는 길잡이가 되어 더 좋은 방법을 알려주고, 또 나를 나무라거나 핀잔하지 않고 나를 귀하게 여겨주지. 나는 가끔, '내가 했던 사업이 잘됐더라면 지금처럼 내가 하고 싶은 일을 할 수 있었을까?' 하는 질문을 해본다네. 그래서 답이 '아니오.'일 때는 오히려 '안되길 잘했구나!' 하는 생각이 들어. 돈이 많았을 때보다 지금이 더 부자인 것 같아. 또 이 일은 건강만 허락되면 죽기 전까지도 할 수 있어서 좋아. 자네도 얼마든지 자네 길을 갈 수 있어. 누구나 그 길을 선택할 수 있고 목적하는 곳으로 갈 수 있네. 그 일을 할 수 있는 원동력이 뭔지 아나?"

"글쎄요……, 마음의 평안함이나 기쁨인가요?"

"그것과도 연결되지만, 무한한 '잠재력'이 그 열쇠라네."

… 네가 바로 보물창고야!

"저도 그 길을 갈 수 있을까요? 저에게도 그런 잠재력이 있을까요? 저도 지금처럼 살고 싶진 않습니다. 저도 재기하고 싶어요. 오늘 선배님을 뵙기로 했던 것도 제게는 쉬운 일은 아니었습니다. 오늘 이곳에 올 수 있었던 것도, 지금의 상황을 벗어나고자 하는 마음이 간절했기 때문이지요. 선배님이 그렇게 힘드셨는지 몰랐습니다. 선배님의 과거 이야기를 들으니 저도 힘이 나고, 또 힘을 내야겠다는 생각이 드네요."

"너무 서둘지 말게. 다시 시작할 마음만 있으면 되네."

"그런데 선배님, 왜 저는 새로운 일을 생각하다가도 안 된다는 생각이 먼저 드는지 모르겠어요. 마치 무엇이 제 발목을 끌어당기는 것 같아요. 이게 병인가요, 아니면 제 성격 탓인가요?"

"병도 아니고 성격에 문제가 있는 것도 아니네. 실패를 겪은 후에 성공 경험이 없는 사람들에게 흔히 나타나는 일반적 현상이지."

"그럼, 저도 원하는 일을 해낼 수 있을까요? 제게도 그럴 수 있는 잠재력이 있는 건가요? 그 잠재력은 사람에 따라 있고 없고 한 건가요?"

"옛날에 한 청년이 고승을 찾아왔어. 고승은 '무엇을 하러 왔느냐?' 고 청년에게 물었지. 청년은 '깨달음을 얻고자 왔습니다.'라고 대답했어. 그 말을 듣던 고승은 '야, 이 미친놈아!' 하고 버럭 소리를 지르면서 '너는 지금 보물창고를 감춰두고 그것도 모자라 남의 보물마저 빼앗으러 왔느냐!'라고 하면서 청년의 머리를 쥐어박았다네. 당황한 청년이 '아니, 제게 무슨 보물창고가 있다고 그러십니까?' 하고 고승에게 물었어. '그럼, 네놈이 보물창고가 아니면 대체 무엇이란 말이냐!' 하고 그 고승은 말했지. 한참 후에 제자는 '아하!' 하고 무릎을 쳤다고 해. 사람은 누구나 자신이 원하는 것을 이룰 수 있는 능력, 즉 '보물창고'를 가지고 있다네. 한 사람 한 사람이 다 보물창고야. 우리가 그 보물을 얼마나 잘 꺼내 쓰느냐에 따라 삶이 결정되지. 인생은 자네 말처럼 운명이 아니라, 보물을 사용하는 실행력에 따라 결정된다네."

"저도 있는데 제대로 쓰지 않았다는 말씀이군요. 그럼 사람들이 노력을 해도 잘 안되는 이유는 뭘까요?"

"노력한다고 다 잘된다고 말하진 않겠네. 하지만 자신의 보물창고를 열면 잘될 수 있는 확률은 그만큼 높아지지. 누구나 자신이 간절히 원하는 일보다 성취도를 더 높일 수 있는 일은 없다고 생각해. 그런 자기만의 독특한 잠재력을 쓸 수 있는 기회를 '도전'이라 부르고, 그 도전을 이룰 수 있는 원동력을 '의지'라고 말하지. 할 수 있다고 생각하는 믿음 말이야. 그런데 하고 싶은 일이라도 잘 안될 것 같고, 해봐야 소용없을 것 같은 의심이 들 때가 있지. 어떻게 보면 당연한 거야."

"의심하는 것이 당연하다니요?"

"인간의 뇌는 자신이 안 해본 것을 믿지 못하거든. 해보지 않은 것은 믿을 수 없기 때문에 끊임없이 의심을 하지. 내 말이 자네에게 확 와 닿지 않는 것도, 실패 이후 성취 경험이 없기 때문이야. 그리고 뇌의 '현실 우선 정책' 때문에 믿어지지 않는다네."

"처음 들어 보는데, 뇌의 현실 우선 정책이 뭐에요?"

"뇌의 현실 우선 정책은 우리 일상에서 흔히 겪고 있는 일이야. 자네는 어떤 사물을 생각해내려 하거나 누구의 이름을 기억하려고 할 때, 손가락으로 귀를 막아본 적 있지 않나?"

"있습니다. 그게 왜요?"

"우리가 보거나 듣고 있을 때는 다른 것을 상상하는 것이 거의 불가능하기 때문에 그렇게 하는 거야."

"다른 상상이 불가능하다니요?"

"가령, 지나가는 개를 보면서 동시에 하늘을 나는 새를 상상할 수 없고, 바다의 상어를 보는 순간에 하늘로 솟구치는 독수리를 생각할 수 없어. 또, 분노를 느낄 때 애정을 상상하기 어렵고, 포만감을 느낄 때 배고픔을 생각하기 힘들지. 다시 말해, 실제 사물과 상상의 사물을 동시에 보려고 할 때, 뇌는 전형적으로 첫 번째 요구를 수용하고 두 번째 요구는 거부하는 속성이 있다네. 뇌가 이런 현실 우선 정책을 가지고 있지 않다면, 우리는 녹색 신호등을 생각할 경우 빨간 신호등에도 차를 몰고 지나갈 거야. 하지만 이런 뇌의 현실 우선 정책은 실패를 생각할 때는 새로운 도전을 할 수 없게 하고, 자신을 무능하다고 여기는 한 어떤 노력도 소용없게 만들지. 지금 자네가 겪는 어려움도 자네의 인격이나 성격 때문이 아니라, 이런 뇌의 특성 때문이야. 이제 그만 실패에서 빠져나오게. 실패 속에 젖어 있으면 새로운 도전을 할 수 없게 돼. 그래서 우리는 아직 성공하지 못했더라도 성공한 사람처럼, 꿈을 이룬 사람처럼 살아야 하네."

"성공한 사람처럼 살다니요?"

"뇌는 현실과 상상을 구별하지 못하는 특성 때문에 상상 속의 성공을 실제 성공으로 착각하지. 그래서 아직 성공은 하지 않았지만, 이미 성공한 사람으로 살아야 하는 이유가 거기에 있네."

"'상상' 속의 성공을 실제 성공으로 착각한다는 것은 정말 뜻밖인데요. '성공은 하지 않았지만 성공한 사람처럼 살라.'는 말이 제게는 큰 의미로 다가옵니다. 그럼 선배님은 그런 상상을 자주 하시나요?"

"나는 어떤 목표를 세우면, 그 목표를 성취했을 때의 나의 모습을 항상 생각한다네. 그러면 신이 나지."

"실제 도움이 되던가요?"

"확실히 도움이 돼. 실제 현실에서 많은 덕을 보고 있어. 우리 이제 그만 이야기하고 밥이나 먹으러 가세."

"그러시지요."

"여기서 조금 나가면 칼국수와 만둣국 잘하는 집이 있는데, 자네 어떤가?"

"칼국수, 만둣국 다 좋습니다."

두 사람은 만둣국으로 저녁을 하고 주변 카페로 자리를 옮겼다. 아메리카노 두 잔이 나왔다.

"오늘따라 커피 맛이 좋네."

"고맙습니다, 선배님. 오늘 만남이 저에게 많은 도움이 됐습니다."

"고맙기는, 자네가 오늘 나와준 것만 해도 내가 고맙지. 대단한 용기를 냈어."

"오늘 나올 때는 이렇게까지 제게 큰 도움이 될 줄 몰랐습니다. 저도 모르게 큰 변화가 일어났어요. 신경 써 주셔서 정말 고맙습니다. 근데 선배님이 저 같은 사람이나 퇴직자들의 향후 진로를 상담한다고 하셨는데, 구체적으로 어떤 내용인가요?"

"중년의 퇴직자들을 도와주는 프로그램이야. 직장을 그만두고 인생 2막을 시작하는 데 도움을 주는 '내 일' 찾기 프로그램이지. 인생 후반부의 삶을 새로운 시각에서 설계하는 거야."

"어려운 부탁입니다만……. 저기……."

"말해보게. 왜 말을 하다가 멈추나?"

"선배님, 저도 선배님의 도움을 받을 수 있을까요? 아직 마음의 정리가 완전히 된 것은 아니지만, 저도 이 상태에서 벗어나 새 삶을 살고 싶습니다."

"물론이지. 자네를 안 도와주면 누굴 도와주겠나! 그러면 우리 한번 시작해보세. 근데 이 프로그램을 진행하려면 시간이 좀 필요한데, 자네 시간을 낼 수 있겠나?"

"얼마나 걸리는 데 그러시지요?"

"꼭 정해진 건 아니지만, 30시간 정도는 필요해. 하루에 6시간씩 하면 5일이 걸리지. 그렇게 시간을 낼 수 있겠나?"

"제가 세상 밖으로 나갈 수만 있다면, 30시간이 아니라 300시간도 낼 수 있습니다. 솔직히 지금으로써는 지푸라기라도 잡고 싶은 심정입니다."

"그래, 우리 함께 새로운 일을 찾아 떠나보세.

"고맙습니다, 선배님."

"고맙긴, 이런 일 하려고 배운 건데, 뭐."

"그럼 제가 무엇을 준비해야 하지요?"

"교재와 워크북은 내가 준비할 테니, 자네는 몸만 오면 돼. 그럼, 우리 언제부터 시작할까? 이번 주와 다음 주 화요일까지는 내가 일이 있고…… 다음 주 수요일 어떤가? 자네만 괜찮다면 다음 주 수요일부터, 토·일요일 제외하고 5일간 진행하면 좋을 것 같은데."

"예, 좋습니다."

"그럼, 다음 주 수요일에 만나기로 하세. 장소는 길음동 내 사무실로 오게. 그게 서로 편할 거야."

"네, 선배님. 그럼 다음 주에 뵙겠습니다." 찻집을 나와 김재기와 헤어진 강도전은 길을 따라 걸었다. 거의 1년 만의 외출이다. 가슴속에서 뜨거운 것이 올라왔다. 실낱같은 희망이 아련히 다가왔다.

인간은 자신이 한 것에 대한 후회보다는, 하지 않은 것에 대한 후회 때문에 괴로워한다고 한다. 그래서 재미가 있고, 보람이 있으며, 잘할 수 있는 '내 일'은 후회가 남지 않음은 물론, 다른 사람의 눈치를 보지 않아서 좋고 남과 비교하지 않아서 좋다. '내 일'이 있는 그곳은 즐거움과 보람이 있고, 어느 곳보다 생존력이 강하고 안전하다. '내 일'은 누가 지시하고 명령해서 하는 것이 아니라, 가슴이 설레고, 하고 나면 또 하고 싶은 게 '내 일'이다. '내 일'을 찾는 것은 땅속에 묻힌 보물을 찾는 것이며, 몸 안에 잠들어 있는 거인을 깨우는 일이다. 이제 인생 후반을, 후회가 아닌 가치 있는 삶으로 채우기 위해 길을 나서 보자.

2부

무엇을 할 것인가?

중년 퇴직자의 5일간의 생애 설계 프로그램 수업

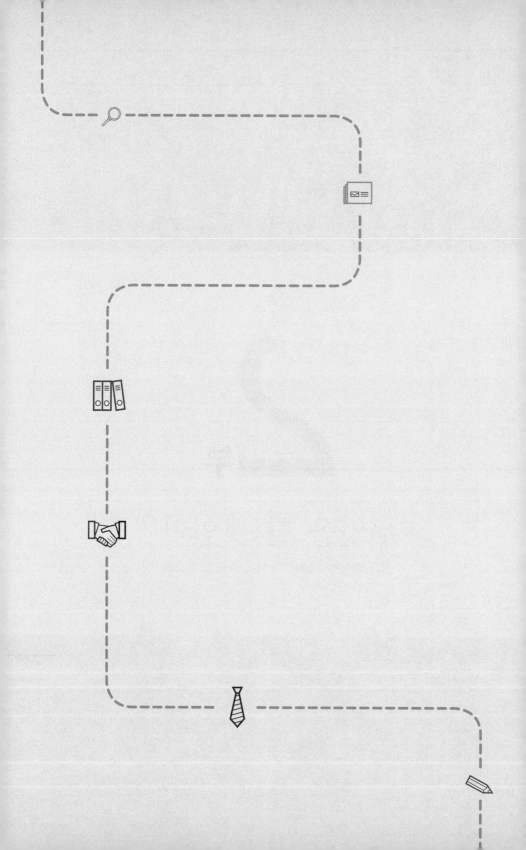

첫째 날:
중년 퇴직자의 현주소와
취업 및 창업 사례

:

"지시와 명령에 익숙한 우리는,
주체적으로 일을 할 기회가 거의 없었기 때문에
잠재적 역량인 자신의 보물창고가 얼마나 대단한지
모르고 있다는 거야."

··· 1단원. 인생 2막 생애 설계

"저 왔습니다."

"어서 들어오게, 이쪽으로 앉게. 맛있는 커피를 만들어줄 테니 조금만 기다리게. 단맛, 쓴맛, 신맛이 한데 어우러져 아주 좋은 맛이 날걸세."

이내 커피잔이 강도전의 손에 와 안겼다.

"그래, 지난 한 주간 어떻게 지냈나? 어느 것에 가장 많은 시간을 보냈지?"

"선배님과 이야기를 나눈 후 거의 1년 만에, 갇혔던 방에서 나와 등

산도 하고 몇 군데 서울 둘레길도 걸었습니다. 혼자 외출은 저에겐 큰 변화였어요. 지나간 여러 일들이 새록새록 생각나더군요. 무엇을 잘 못했는지, 실패를 통해 어떤 교훈을 얻었는지, 정말 새로운 일을 해낼 수 있는지 등등 많은 생각을 했습니다."

"그랬구먼. 그래, 생각해보니 어떻든가?"

"저의 실패가 '운명만은 아닐 수 있다.'는 생각을 했습니다. 제가 '다른 방법으로 사업을 했어도 같은 결과였을까?' 하는 물음에 '아니다.'라는 답이 떠오르더군요. 그래서 이번에는 처음부터 제대로 해야겠다는 마음을 먹었습니다."

"그랬었구먼. 잘했네. 이거 받게."

"이게 뭡니까?"

"교재와 워크북이야."

"이런 것들을 언제 다 만드셨어요?"

"고용노동부 산하기관인 한국고용정보원에서 만든 '사무직 베이비부머 퇴직 설계 프로그램'과, 인생 2막을 설계하는 데 필요한 관련 서적들, 그리고 여러 사례들을 참고해서 만들었어."

"준비를 많이 하셨네요. 정말 이렇게 신세를 져도 되는 건지 모르겠어요."

"신세는 무슨……, 인생 후반을 잘 설계해서 성공적인 삶을 살면 나는 그것으로 족하네. 그럼, 5일 동안 진행되는 '내 일' 찾기 프로그램의 전체적인 윤곽부터 살펴보세. 첫째 날인 오늘은 우리 중년의 현주소를 알아보고, 둘째 날은 각자가 가지고 있는 흥미와 직무 전문성을 살펴볼 거야. 셋째 날은 재능을 찾고, 다양하게 일하는 방식을 알아보며 단기 '내 일'을 찾을 거야. 넷째 날은 장기적인 '내 일'을 찾고, 목표 설정을 위해 직업 가치와 직업 정보를 탐색할 거야. 그리고 마지막 다섯째 날은 내가 찾은 장·단기 '내 일'을 발표할 거야. 이렇게 하면 안개에 가렸던 남은 생애의 방향이 지금보다는 더 명확해질 걸세."

"5일 연속해서 하는 건가요?"

"그렇지 않아. 4일간은 연속으로 하고, 일주일 후 마지막 다섯째 날에 장·단기 '내 일'을 발표할 거야."

"선배님, 왜 계속해서 하지 않고 다섯째 날은 일주일의 간격을 두는 거예요?"

"그 일주일 동안 자네가 해야 할 일이 있어서그래. 하다 보면 알게 돼."

"기대가 됩니다. 열심히 따라가 보겠습니다."

강도전은 그 어느 때보다 진지하게 책상 앞으로 바짝 다가섰다.

… 2-1단원. 부끄럽지 않은 내 인생

"그럼, 우리 중년의 현주소부터 살펴보세. 우리 세대, 즉 중년의 특징이 뭐라고 생각하나?"

"저는 비록 내세울 게 없지만, 우리 세대는 우리나라가 이 정도 자리매김하게 되는 데 많은 영향을 끼친 세대라고 생각합니다. 5·16군사정변이 일어나고 경제개발5개년계획이 진행되면서 시골에서 도시로, 특히 서울로 앞다투어 올라오면서 산업화의 주역들이 되었지요. 한 집안에서 큰 형이 도시로 올라와 자리를 잡게 되면 동생들이 따라 올라왔어요. 또 그때는 너나 할 것 없이 모두 가난했기 때문에 많은 자식을 다 대학에 보낼 수 없었지요. 개천에서 용이 될 수 있는 대표선수만을 뽑아 대학에 보냈잖아요. 그러면 온 가족이 그 한 사람을 위해 모든 것을 희생했지요. 그때 생긴 말이 '공돌이 공순이' 아닙니까. 우리 누나나 여동생들이 열악한 근무 환경 속에서 땀 흘려 일하면서 오빠나 남동생의 대학등록금을 댔지요. 어디 그뿐인가요. 농촌의 부모님은 애지중지하던 재산 목록 1호인 소를 팔았잖아요. 그래서 대학을 '우골탑'이라고 불렀지요. 물론 그 덕택에 국가는 산업화에 박차를 가할 수 있었고요. 그러다 뜻하지 않은 IMF 구제금융 위기로, 원하지 않는 퇴직이 확산되고 평생직장 개념이 사라지면서 생계에 큰 시련을 맞기도 했지요. 선배님은 우리 세대를 어떻게 생각하세요?"

"나도 자네와 같은 생각이야. 우리는 세계에서도 그 유례를 찾을 수 없을 정도로 빠른 시간인, 4년여 만에 IMF의 위기에서 벗어났어. 그리고 1964년 1억 달러 수출의 몹시 가난한 나라에서 2011년 4,600억 달러로, 세계 7위를 차지하는 괄목할 만한 발전을 이루었지. 또 같은 기간 1인당 GDP는, OECD는 7배 증가했는데 우리나라는 35배 증가했어. 이와 같은 눈부신 성장의 이면에는 우리 세대가 있었다고 자부하네."

"그런 지난 시간을 생각하면 어깨가 올라갑니다."

"나도 마찬가지야. 우리가 한창 일할 때는 일요일도 없었고, 법정근로시간은 글씨로만 존재했지. 국민교육헌장의 '나라의 융성이 나의 발전의 근본임을 깨달아'라는 말처럼, 개인의 권리를 내세우기보다는 책임과 의무에 더 충실했던 세대가 우리라고 생각하네. 피터 드러커 (Peter Drucker) 교수는 이런 우리를 두고 다음과 같은 말을 했어. '6·25 전쟁 이후 한국은 순수 농업국가로서 일본 유학을 다녀온 소수를 제외하고는 고등교육을 받은 사람이 거의 없었고, 최빈국으로서 생산성이 가장 낮은 국가였다. 당시 경제 수준이 비슷했던 나라는 가나와 필리핀뿐이었는데, 그 두 나라는 경제적인 어려움에서 벗어날 가능성이 있어도 한국은 불가능하다고 모든 경제학자들과 전문가들이 전망했다. 그런 한국이 도시국가로 변혁하며 세계 최고 수준의 고등교육과 신진 IT 기술 보유 국가로 세계시장에서 강력한 경쟁자로 등장했다. 이런 변화는 일본이 이루었던 기간의 3분의 1도 안 되는 기간에, 서구 국가들과 비교한다면 6분의 1도 채 안 되는 기간 동안 일군 것이다.' 그의 말에서 알 수 있듯이, 우리 세대는 무에서 유를 창조했지. 정말 대단한 세대 아닌가!"

"우리 세대가 지도자의 명령이나 지시에 잘 따라줌으로써 국가나 기업은 의사 결정에 속도를 낼 수 있었지요. 윗사람의 말이라면 조상님 말씀처럼 생각했어요. 물론 지금의 세태와는 잘 맞지 않지만 한마디로 일사불란했지요. 창의성은 다소 부족했을지 몰라도 일에 대한 열의만큼은 대단하지 않았습니까?"

"맞아. 그동안 우리는 허리띠를 동여매고 앞만 보고 달렸지. 지도자의 외침에 따라 온 국민이 한마음 한뜻으로 정신없이 달려왔어. 하지만 그곳에는 '나'는 없었고 오로지 '우리'만이 존재했지. 당시 워커 주한미국대사는 이런 우리의 모습을 '들쥐'로 표현했다네."

"들쥐요?"

"한국 사회는 '나'는 없고 '집단'만이 존재한다는 의미에서 한 말이지. 우리의 최우선 과제였던 경제 발전에 임하는 국민들의 모습을, 마치 대장 쥐를 따라 삼각편대를 형성해서 전진하는 들쥐에 비유한 말이야. 가족의 생계를 위해 집단 속에 묻혔기 때문에 나 개인은 의미가 없었지. 나를 찾는 것은 사치였어. 물론 가족이 있었기에 힘내어 달릴 수 있었지만, 가족 때문에도 자신이 가고 싶은 길을 가지 못했어. 돈이 되는 곳을 제쳐 두고 '자기가 하고 싶은 것'을 한다는 것은 가족을 무시한 이기적인 처사였네. 당시 '행복'을 위해서란 말은 철학자나 시인에게나 해당되었지, 먹고살기 위한 일을 가지고는 사용할 수 없었던 단어였어."

"맞습니다. 국민소득이 2만 달러가 넘고 먹고살 만하니까 비로소 '나'를 돌아보게 된 거지요."

"그렇게 '우리'에서 '나' 중심의 사회로 변하면서 상대적 박탈감과 자아 상실이란 또 다른 문제가 발생하기 시작했지."

"그렇습니다. 바쁘게 달리다 보니 '내가' 없었던 거지요."

"그래, '나'는 깊은 의식 속에만 있었고 현실에는 없던 존재였어. 이제, 퇴직에 임박해서 '우리'보다 '내가' 보이기 시작했네. 소득의 증가에도 불행하다고 생각하는 사람이 많은 것은, 집단에서 자아를 찾지 못한 자아 상실감이 깊어졌기 때문이지. 그렇게 '내가' 보이기 시작할 때에 우리는 퇴직을 맞고 있다네. 게다가 우리 세대의 75퍼센트가 미혼의 자녀와 1명 이상의 자신의 부모나 배우자의 부모를 부양하는 마지막 세대이자 자녀로부터 부양은 기대할 수 없는 첫 세대인 '낀 세대'라는 거야."

"갑자기 슬퍼지는데요."

"사실, '낀 세대'보다 우리를 힘들게 하는 것은 따로 있어."

"그게 무엇인데요?"

"자신이 누구인지 잘 모른다는 거지."

"자신을 모르다니요?"

"지시와 명령에 익숙한 우리는, 주체적으로 일을 할 기회가 거의 없었기 때문에 잠재적 역량인 자신의 보물창고가 얼마나 대단한지 모르고 있다는 거야. 엄청난 잠재력이 있으면서도 퇴직 후에 무엇을 할지 몰라 불안해하거나, 남 잘되는 곳에 기웃거리다 자네나 나처럼 실패하는 경우가 적지 않다네. 정말 안타까운 일이지."

"'결정장애'를 말하는 거군요."

"그렇지. 자신을 잘 모르기 때문에 겪는 아픔이지. 그리고 자신의 정체성에 대해서도 이중 잣대를 가지고 있다네."

"이중 잣대라니요?"

"우리나라 중년들은 자신이 나이보다 어려 보이고 사고가 열려 있는 사람이라고 생각하고 있다는 조사 결과가 나왔어. 한국인간발달학회의 연구에 따르면, 우리나라 중년들은 자신이 실제 연령보다 젊고 남들에 비해 외모가 더 어려 보인다고 생각하는 것으로 나타났지. 우리나라 중년들은 자기 자신을 '꽃중년'으로 보고 있는 거야. 그러나 이들은 중년이라는 개념 자체에 대해서는 매우 부정적으로 묘사했어. '중년을 무엇에 비유할 수 있느냐?'는 질문에 응답자의 절반은 '위기', '서글픔', '내리막', '무기력' 등 부정적인 단어가 떠오른다고 답했지. 반면 '중후함' '성숙' 등 긍정적인 단어에 비유한 사람은 23.2퍼센트에 불과했어. 또 반수 정도가 하고 싶은 일 1위는 '혼자 여행 가기', '운동' 등 개인적 여가였고, 해야 할 일로는 '내 집 마련' 등 경제적 안정과 '성공' 등을 꼽아 현실과 이상과는 큰 차이를 보였다네. 이처럼 중년 남성들이 나이보다 젊게 산다고 생각하면서도 중년에 대해 부정적인 인식을 보이는 이유에 대해 연구팀은, 이들이 일종의 '긍정적 착각'에 빠져 있다고 분석했네."

"'긍정적 착각'의 정체성의 혼란은 어찌 보면 당연하다는 생각이 드네요."

"그렇지. 별개로 느껴지는 두 세대를 동시에 살고 있는 오늘의 중년이 가질 수 있는 현상으로 볼 수 있지. 그동안 중년들은 그들의 뜻대로만 살 수 없는 환경 속에서 살아왔어. 그들은 '먹을 것'과 '집 마련', 그리고 아이들 '양육'에 온몸을 바쳤지. 그것들을 마련하기 위해 자신은 없었고 가족과 회사만 있었어. 그렇게 남들보다 빨리 승진해서 월급을 좀 더 받기 위해 온갖 신경을 쓰며 살아왔지. 그런 시대적인 상황을 무시하면서 자신이 하고 싶은 일을 행동으로 옮길 수 있는 사람은 몇 되지 않았어. 새로운 옷을 입어보고 싶은 욕구가 있었음에도, 현실의 젖은 옷을 벗지 못하고 축축한 채로 하루하루 급급하게 살아왔지. 그것이 중년의 의무이고 책임감이자 비애였어. 하지만 어느 세대 못지않게 성실하고 부끄럽지 않게 살아온 세대지.

··· 2-2단원. 앞으로의 새로운 삶

하지만 중년은 힘든 것을 소리 내어 말하지 못할 정도로, 그런 불쌍하고 동정심을 유발하는 세대만은 아니야. 수명이 늘어난 만큼 남은 생을 재미있고 보람 있게 살아갈 수 있는 축복받은 세대지. 지금의 중년은 다른 세대에 비해 성숙한 자화상을 가지고 있으며, 자기절제력이 높고, 자신의 발전을 위해서는 과감하게 도전을 하기도 하지. 또, 주위 환경이나 변화에 민감하며 기회를 잘 활용하는 강점도 가지고 있어. 그동안의 경험과 성실성, 책임감 등을 생각하면 많은 칭찬을 받아도 지나침이 없는 세대지. 중년의 한 사람으로 자네 자신을 돌아보면 어떤가?"

"저는 별로 내세울 게 없습니다. 하는 일마다 실패하고…… 뭐 하나 제대로 한 게 없잖아요."

"비록 사업에서 실패는 했지만, 지금까지 가족과 회사를 위해 자네가 한 것은 칭찬받을 만하다네. 내가 자네에게 상을 하나 주겠네."

"상을 주다니요? 제가 뭐 잘한 게 있다고 상을 줍니까? 사업에 실패하고 가족에게 아픔만 준 저에게 상을 주다니요? 아내가 알면 펄쩍 뛰겠어요."

"자네가 어때서. 자네의 인격에 문제가 있거나 성실하지 못해 그런 것이 아니잖아. 자, 한 번 생각해보세. 자네가 대학에 합격한 것이나 회사에 들어간 것도 상 받을 일이고, 회사에서 성실하게 일한 것도 칭찬받을 일이야. 또 아빠로서 남편으로서 단란한 가정을 유지하기 위해 열심히 노력한 것도 훌륭한 일이지. 무엇보다 인생 2막에서의 실패를 딛고 새로운 일에 도전하는 것이 상 받을 일 아닌가? 사업의 실패는 야단맞을 일도 아니고, 주눅이 들 일도 아니야."

"그래도 상을 받는다는 게 좀 꺼림칙한데요."

"뭐가 꺼림칙해! 내가 상장으로 쓸 용지는 준비해왔네. 내가 주는 상장에 제목하고, 수상자, 상장 내용, 수여 기관을 적어보게. 수여 기관은 자네가 인정받고 싶은 사람으로 하면 돼."

"네, 알겠습니다."

김재기는, 강도전이 열의를 갖고 성실히 임하는 것에 마음이 흐뭇했다.

"선배님, 다 썼습니다."

"다 썼으면 한번 읽어보게."

"쑥스럽게 제가 어떻게 읽습니까? 양심에 걸려 간신히 썼는데……"

"그럼 내가 한번 읽어보도록 하지."

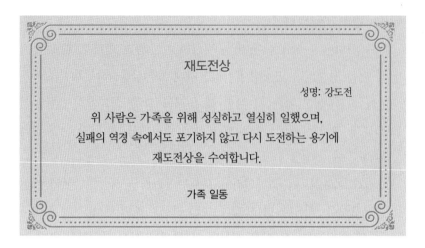

재도전상

성명: 강도전

위 사람은 가족을 위해 성실하고 열심히 일했으며,
실패의 역경 속에서도 포기하지 않고 다시 도전하는 용기에
재도전상을 수여합니다.

가족 일동

김재기가 상장의 내용을 읽는 동안, 강도전의 눈가에 이슬이 맺혔다. '상장'은 교육의 일환이지만, 가족의 고마움을 다시 한 번 가슴에 새기며 강도전이 새롭게 마음을 잡는 데 많은 도움이 되었다.

"느낌이 어떤가?"

"막상 나에게 상을 주려니 쑥스럽고 별로 쓸 게 없었지만, 가족을 생각하는 순간, 제가 앞으로 어떻게 살아야 할지 다시 한 번 생각하게 됐습니다. 마음을 다시 가다듬게 되네요. 이런 기회를 갖게 해주셔서 정말 감사합니다."

"감사하긴, 또 다른 느낌은 없나?"

"무엇보다 앞으로의 인생을 의미 있고 가치 있게 살아야겠다는 생각을 했습니다. 기회가 되면, 제 아내에게 상을 주고 싶네요."

"그거 좋은 생각이네. 자네가 하나 만들어서 집사람에게 갖다 드리게. 아마 제수씨도 굉장히 좋아할걸."

"알겠습니다. 하나 만들어보겠습니다."

"지금까지 이 시대의 중년이 살아온 것에 대해 이야기를 나누었는데, 이제부터는 우리 세대의 새로운 도전에 대해 살펴보기로 하세."

"근데, 선배님. 중년이라고 하면 구체적으로 어느 연령층을 말하는 건가요?"

"중년은 나라나 학자에 따라 조금씩 다른데, 보통은 40세에서 65세까지를 말하지. 일반적으로 청년과 노년 사이를 중년으로 보고 있어. 중년의 대표적인 세대가 베이비붐 세대지. 지금의 중년이 어려운 것은, 수명의 연장으로 일을 계속하기를 원하면서도 앞선 역할 모델이 없어서 스스로 그 길을 개척해야 한다는 거야. 자네, '6075 신중년'이라고 들어봤나?"

"글쎄요, 수명이 늘어나는 데 따른 새로운 개념의 중년을 말하는 건가요?"

"그래. 전통적인 '할아버지, 할머니'라는 호칭으로는 담을 수 없는 더 건강하고, 더 똑똑해진 만 60세에서 75세까지의 '신중년' 세대를 의미하지. 건강검진 결과 신중년은 10년 전보다 7년 정도 젊어졌고, 한국방송통신대학의 2013년 신중년 재학생 수는 6년 만에 3배(2007년의 976명에서 2013년 3,073명)나 증가했어. 또 신중년 10명 중 9명은 자신의 나이를 실제 나이보다 어리다고 생각하고 있는데, 그 정도가 7.3세라네. 그리고 75세까지는 활동기로 보고 있더군."

"아주 젊어졌네요."

"어쨌든 우리 중년에게는 퇴직 이후에도 적지 않은 삶이 남아 있어. 우리나라 직장인의 평균 퇴직 연령이 49세이지만, 평균 수명은 82세니까 퇴직하고도 33년이 남는 셈이지. 이 기간 동안 삶의 질과 생계 문제를 어떻게 해결할 것인지 그것이 숙제로 남는다네. 인생 이모작,

즉 제2의 값진 삶을 사는 것이 우리 세대의 당면 과제야. 이전 세대처럼 정년이 지나면 복덕방에 앉아 화투나 치고 막걸리로 소일하는 그런 세대하고는 아주 다르지."

"막상 그렇게 생각하고 보니 앞으로 살날이 많이 남았네요."

"아직, 자네 인생의 반밖에 지나지 않았어!"

"정말 제대로 된 '내 일'을 찾아야 하겠어요."

"그렇지. 우리 함께 제대로 된 일을 찾아보세."

"열심히 찾겠습니다."

"지금까지 중년의 의미를 이해하면서 2단원을 마쳤네. 어떤가, 소감이?"

"저는 무엇보다도 제게 상장을 주면서 자존감이 조금 회복된 것 같습니다. 그리고 제가 살아갈 날이 아직 많이 남았다는 사실이 새로운 도전으로 다가오네요."

"그렇다면 다행이네. 우리의 현주소를 통해서 내일을 준비하는 게 이 프로그램의 목적이야. 그럼 3단원로 넘어가 보세. 어렵지는 않은가?"

"아닙니다, 아직은."

··· 3-1단원. 사무직 퇴직자의 취업 현황

"3단원에서는 퇴직자의 취업과 창업과 관련된 내용을 살펴볼 거야. 자네, 퇴직자들이 어디에 가장 많은 관심을 쏟고 있다고 생각하나?"

"아무래도 일이겠지요. 아직 충분히 일할 수 있는 나이니 일자리를 찾는 게 중요하겠지요. 주위를 보더라도 재취업에 가장 관심이 많은 것 같아요."

"재취업에 왜 그렇게 관심이 많다고 생각하나?"

"대부분 이른 나이에 퇴직을 했으니, 우선 일을 해야겠다는 생각이 들 겁니다. 게다가 자녀들이 학교를 다니거나 결혼을 안 했으면 더하겠지요. 문제는 일자리지요. 일하고 싶어도 일할 곳이 제한돼 있어 재취업도 쉽지 않을 테니까요."

"그래, 맞아. 실제 사무직 퇴직자를 조사한 결과를 봐도 재취업과 취업할 곳에 대한 관심이 가장 크게 나타나고 있어. 이번 시간에는 이런 문제에 대해 함께 생각하며 답을 찾아보세."

"저도 관심이 가는데요."

"한국고용정보원 자료의 우리나라 50대 임금근로자의 직업 분포를 보면, 관리자 및 사무종사자가 16퍼센트, 전문가 12퍼센트, 서비스 및 판매종사자 18퍼센트, 기능원, 장치 및 기계조작종사자가 28퍼센트, 그리고 농림어업 및 단순 노무종사자가 26퍼센트로 나타나고 있네. 50대의 16퍼센트가 관리직 및 사무직에 종사하는 것은 관리직 및 사무직에 종사하는 전체의 비율보다 8퍼센트가 낮은 수치야. 그리고 50대 임금근로자의 기업 규모 분포를 보면, 30인 미만이 63퍼센트, 30~99인이 19퍼센트, 100~299인이 9퍼센트, 그리고 300인 이상이 9퍼센트를 차지하고 있네. 즉 기업 규모가 작을수록 50대 임금근로자의 비율이 높아지고 있어."

"나이가 들수록 큰 기업보다 작은 규모의 회사로 이동할 수밖에 없을 거예요. 중소기업은, 임금 수준이 높은 전문가를 쓰려면 경제적 상황이나 기타 여건 등을 깊이 고려해야 하지요. 반면, 대기업은 젊고 우수한 인재를 상대적으로 수월하게 뽑을 수 있기 때문에 그런 흐름이 당연한 거지요."

"그래서 퇴직자 중에는 외주창업이나 전문계약직으로 일하는 사람들이 적지 않게 나타나고 있어."

"외주창업이나 전문계약직은 어떻게 일을 하는 건가요?"

"그것에 대해서는 뒤에 또 나오니까 그때 자세히 설명할게. 일단, 사무관리직의 일자리 이동과 관련 현황을 알아보도록 하지. 50대 사무관리직 구직 경험자가 지난 1년간 이용한 구직 경로를 살펴보면 친구나 친지 소개가 36퍼센트, 민간 직업 알선 기관이 20퍼센트, 신문, 잡지, 인터넷이 13퍼센트, 그리고 노동부 고용지원센터와 고령자인재은행을 통한 경우가 10퍼센트를 차지하고 있네. 결과적으로 아는 사람을 통해 일자리를 얻는 경우가 가장 높아. 또 50~59세의 구직 경험자 중에 사무관리직이 지난 1년간 취업을 위해 직업교육을 받은 경우는 4.5퍼센트에 불과해. 다시 말해, 100명 중 95명은 취업을 위해 아무런 교육도 받지 않고 있어."

"저도 취업이나 창업할 때 교육을 받지 않았지만 그래도 그 수치는 너무한 거 아닌가요."

"심각한 수준이지. 그리고 50~59세 사무관리직 취업 경험자가 지난 1년간 취업한 일자리와 주된 경력과는 거의 94퍼센트가 관련이 있어. 그 가운데 76퍼센트는 매우 관련성이 높고, 6퍼센트 정도만이 경력과 전혀 관련이 없는 곳에 취업을 했더구면. 이 수치는 그만큼 자신이 했던 직무에 의존해서 재취업을 한다는 증거지."

"그래도 많은 사람들이 주특기를 찾아갔네요. 긍정적인 것 아닌가요?"

"한편으로는 그렇게도 볼 수 있지만, 직업 선택의 유연성 측면을 고려할 때 바람직한 것은 아니야. 새로운 일에 도전하거나 창의적 마인드를 발휘하는데 인색한 거지. 만족도 수준에 있어서도 자신이 하고 싶은 일과 비교해볼 때 낮은 편이지."

⋯ 3-2단원. 퇴직자의 취업 및 창업 성공 사례

"이번에는 사무직 퇴직자들이 어디에, 어떻게 취업과 창업을 하는지
알아보도록 하지. 취업과 창업은 경력을 활용해서 하거나, 경력과는
전혀 상관없이 다른 분야에서 하기도 하고, 취미나 관심사를 발전시켜
서 하기도 하지. 우선, 경력을 활용하여 취업한 경우를 살펴보도록 하
지. 이 사람은 대기업 부장으로 명예퇴직을 했어. 1967년생으로 한 직
장에서 25년 근무하면서 의약품 개발과 인허가 업무를 주로 했지."

"명예퇴직을 했으면 어느 정도 준비를 하고 나왔겠네요."

"그렇지 않아. 당초에 없던 명예퇴직이어서 별 준비를 못 했다고 하
더군. 그 친구는 퇴직 후 의약품 대리점을 할 계획으로 서울산업통상
진흥원(SBA)의 창업스쿨 4주 과정을 이수하고, 서울산업통상진흥원
강남 장년창업센터에 입주해서 본격적으로 창업을 준비했어. 그러던
중 생애 설계 전문가와의 상담을 통해 준비가 부족한 상태에서 창업
하기보다는 경력을 살려 취업을 하는 게 낫겠다는 조언에 따라 취업
을 했지."

"그 사람은 4.5퍼센트 안에 드는 착실한 사람이네요."

"4.5퍼센트라니?"

"창업이나 취업에 필요한 교육을 받는 사람이 전체의 4.5퍼센트밖에
되지 않는다고 했잖아요."

"그렇지. 나름대로 준비를 많이 했어. 그 외에도 퇴직 후 마음가짐
에 필요한 소양교육을 비롯해 이력서와 자기소개서 쓰기, 면접 요령

등 취업에 필요한 실제적인 교육을 지속해서 받았어."

"그래서 바로 취업을 했나요?"

"그렇지 않아. 회사 다닐 때 알았던 인맥을 통해 일자리를 알아보고, 사람들을 계속 만나면서 구인·구직 사이트를 검색했지. 그 밖에도 다양한 구직 활동을 게을리하지 않았어. 그는 대기업 이력과 급여, 나이 등에 구인회사가 부담을 갖고 있다는 것을 알고 눈높이를 최대한 낮추었지. 그런 노력에 힘입어 지인의 소개로 중소기업 규모의 의약품회사의 임원으로 재취업할 수 있었네."

"대기업에서 중소기업으로 옮겼으면 급여도 급여지만 복리후생 등 기타 여러 조건을 맞추기가 어려웠겠는데요."

"대학생인 두 자녀의 학비 지원이 안 되는 것과 급여가 이전의 70퍼센트 수준인 부분이 아쉬웠지만, 일이 주는 정신적 안정과 새로운 일터를 다시 가질 수 있다는 것에 만족한다고 하더군."

"대기업에서 중소기업으로 옮기면 회사 대표와 마음 맞추기가 쉽지 않았을 텐데요."

"그런 점은 있지만 일 자체가 보람이 있어 지낼 만하다고 해. 그는 더 열심히 하면서 안목을 넓혀 자기 사업을 할 수 있는 준비도 부지런히 하겠다고 하더군."

"준비도 많이 했지만 마음자세도 훌륭하네요. 또 다른 사례가 있습니까?"

"이번에는 경력과 다른 분야에 취업한 경우야. 1962년생으로 35년 동안 군에 있다가 정년으로 제대한 사람이야."

"어떻게 아는 사인가요?"

"나에게 퇴직 후 활동에 대해 상담을 받았던 사람이야. 그는 군에서 연대 주임 원사로 근무하면서 인력이나 시설관리 등, 부사관으로 할 수 있는 일은 거의 다 해봤다고 하더군."

"부사관으로 제대하는 사람들은 전직 준비 기간이 충분했겠어요. 일정한 시간이 주어지잖아요."

"1년을 활용할 수 있는데, 군부대에서 할 일이 생겨 재취업 준비를 6개월밖에 하지 못했다고 해. 군 선배들이 했던 일과 연관되는 일을 찾아보라고 권해서 자신이 군에서 했던 일과 연관된 건물 관리 일을 생각했다고 해."

"그럼, 준비가 수월했겠네요."

"손에 익었던 일이라도 새롭게 준비할 게 있어서 그렇게 수월하지만은 않았다고 해. 그는 취업에 필요한 자격증을 따는 데에 주력했지. 소방안전관리사 2급, 위험물취급관리사, 가스안전관리사 등의 자격증을 취득했어. 자격증 취득 후 군인지원센터를 통해 현 직장에 취업했지. 공백 없이 바로 일을 할 수 있게 돼 자신은 행운아라고 하더군. 현재 150만 원 정도 월급을 받는데 연금과 합하면 비교적 여유 있는 생활을 할 수 있다고 만족해했어."

"그렇군요. 하여튼 준비 없이 잘될 수는 없는 것 같아요."

"물론이지. 콩을 심어야 콩을 얻을 수 있지."

"혹시 취미나 자신이 좋아하는 것으로 취업한 경우는 없나요?"

"컴퓨터 작업을 좋아해 취업한 내 고등학교 후배의 경우를 하나 소개하지. 그는 1971년생으로 은행에서 21년을 근무하다 퇴직했어. 그는 일찍부터 PC에 관심이 많아 독학으로 습득한 PC 활용 능력을 업무에 활용했지. 사내 PC경연대회에서 상을 타면서 컴퓨터에 더욱 관심을 두게 되었고 프로그래밍도 그때부터 배우기 시작했어."

"그 정도면 개인회사를 차려도 되지 않을까요?"

"그는 자기 사업을 하지 않고, 사내 감사 정보 시스템을 구축한 것이 인연이 되어 알게 된 회사에 취업했어. 그를 받아들인 회사로서는 은행을 통해 영업을 하고 교육을 해야 하는데 그가 적격이었던 거지. 취미를 취업으로 연결시켰으므로 있을 수 있는 애로를 뛰어넘어 취업에 우위를 차지하게 된 거야."

"일할 기회를 얻은 것도 잘된 일이지만, 그보다 자기가 좋아하는 일을 해서 좋겠어요."

"아주 만족해해. 취업이지만, 자신의 전문적인 일을 통해 재미와 보람도 얻을 수 있으니 가장 이상적으로 재취업을 한 거지."

"창업 사례는 없나요?"

"창업은 설명할 것 없이 자네가 더 잘 알잖아."

"그래도, 저는 실패만 했잖아요. 잘된 사례가 있으면 한번 듣고 싶어요."

"그러면 창업에 대한 구체적인 내용은 뒤에서 얘기하기로 하고 먼저 사례를 하나 소개하지. 1973년생으로 보험회사와 제약회사에서 모두 19년을 일하다가 창업을 하려고 퇴직한 사람이야. 그는 창업을 염두에 두고 퇴직 1년 전부터 다양한 교육을 받았어. 특히, 영상 제작에 관심이 많아 그 분야를 집중적으로 파고들었지."

"그 사업은 투자 규모가 크지 않나요?

"꼭 그렇지는 않은 것 같아. 그는 지원받을 수 있는 교육은 물론 창업에 필요하다면 어디든 쫓아다녔지. 정보 검색을 습관화하고 자신에게 필요한 것은 빠뜨리지 않고 챙기는 치밀함을 보였어. 그는 민간단체인 소호진흥협회를 비롯해 각 대학 창업지원단과 서울산업통상진흥원(SBA), 그리고 생산성본부의 창업교육을 빼놓지 않고 받으러 다녔어. 결국, 영상 제작 부문에서 창업진흥원 예비창업자로 선정되어 5,000만 원을 지원받았어."

"대단하네요."

"준비를 철저히 한 덕분이지. 그는 지원받은 돈과 본인 돈 5,000만 원을 합해, 1억 원으로 법인으로 창업을 했어. 그 돈으로 장비를 마련하고 영상기사를 채용해서 사업을 시작했지."

"그럼, 사무실은 어떻게 마련했나요? 그 사업은 별도의 사무실이나 작업 장소가 필요할 것 같은데요."

"사무실은 비즈 플라자와 대학 창업보육센터를 이용하면서 최소 비용만 지출한다고 해. 그러면서 지금은 개인 영상과 TV 영상, 스마트폰 영상을 촬영한다고 하더군."

"수입은 어떻게 좀 됩니까?"

"월 400~500만 원은 가져간다고그래. 창업 후에도 관련 사업에 대한 공부를 게을리하지 않고 있더군. 앞날이 아주 밝은 친구야. 그리고 1인 지식기업으로 창업한 고등학교 선배가 있어. 대전 괴정동에 사무실을 얻어 코칭을 하고 있지. 그 선배는 1952년생으로 3년 전 초등학교에서 정년퇴직을 하고 코칭을 배워서 작년에 사무실을 차렸어."

"비교적 늦은 나이에 창업을 하신 용기가 대단하네요."

"점포창업이 아니니까 큰돈은 안 들었어. 보증금 1,000만 원에 월세 55만 원이니까 그렇게 큰 부담은 안 된다고 하더라고. 일반 회사생활을 하지 않고 평생 교사를 해서 그런지, 자신의 이름으로 된 사업자등록증을 받아보는 게 소원이었다고 해."

"그래도 어떻게 그런 생각을 하셨대요. 그렇게 하려면 준비도 만만치 않았을 텐데."

"퇴직 전부터 코칭에 관심이 많았더라고. 틈틈이 강의도 듣고 책도 읽으면서 꾸준히 준비를 했어. 퇴직 후에는 대학원에서 리더십과 코칭 MBA 과정을 공부하면서, (사)한국코치협회의 인증 코치인 KAC(Korea Associate Coach)와 KPC(Korea Professional Coach) 자격증도 취득했지. 지금은 주로 중고생과 학부모를 상대로 라이프코칭을 하면서 강의도 하고 있어. 출장 코칭이 많아 사무실이 작아도 문제가 안 된다고 해."

"수입은 어느 정도 된대요?"

"자세히는 모르겠는데, 사무실 경비하고 자기 용돈 정도는 충당하는 것 같아. 근데 돈보다 학생이나 학부모에게 도움을 줄 수 있다는 게 큰 보람이라고 해. 창업에 대한 얘기는 뒤에서 다시 하기로 하세."

"그러시지요."

"오늘은 3단원까지만 하지. 그러면 오늘 나눈 내용을 다시 복습하는 의미에서 자네가 생각나는 대로 한번 말해보게."

"네. 그런데 생각이 잘 날지 모르겠네요. 1단원에서는 이번 프로그램에 대한 전반적인 내용을 살펴봤고, 2단원에서는 중년의 현주소를 알아봤습니다. 아! 참, 상장도 받았네요. 그리고 3단원에서는 퇴직자의 취업 현황과 창업 사례도 알아봤습니다."

"잘 기억하고 있구먼. 집중해주니 고맙네."

"고맙기는요. 제가 감사하지요. 그러면 내일은 어떤 내용을 배우게 되나요?"

"내일은 '내 일'을 찾는 새로운 시각을 살펴보고, 나의 흥미를 탐색하고 직무 전문성을 정리할 거야."

"아, 네."

"오늘, 첫날 과정을 마친 소감이 어떤가?"

"이런 프로그램은 처음이라 다른 교육과 달리 서먹한 점은 있지만, 이런 기회를 좀 더 일찍 가졌더라면 하는 아쉬움이 있네요. 그랬으면, 체계적인 준비로 지금 같은 시행착오는 겪지 않았을 거라는 생각이 듭니다."

"물론 퇴직 후에 바로 생애 설계를 했더라면 좀 더 나았을지 몰라. 하지만 지금도 늦지 않았네. 자네가 했던 재취업과 창업 실패 경험은 고스란히 앞으로 '내 일'을 찾고 그 일을 실행하는 데 귀하게 쓰일 테니까. 우리의 삶은 버릴 게 하나도 없어. 문제는 어떤 시각을 갖고 자신을 바라보느냐야. 앞으로 할 일에 대한 계획을 잘 세우면 얼마든지 보람찬 인생 2막을 보낼 수 있네."

"선배님, 저도 열심히 할 테니 많이 도와주세요. 선배님만 믿습니다."

"날 믿는 게 아니라 자네 자신을 믿는 거야. 자넨 얼마든지 잘할 수 있어. 자, 그러면 오늘은 여기까지 하고 나가서 저녁이나 하세."

두 사람은 사무실을 나와 식사를 하면서 그동안 못 나눈 이야기를 나누었다.

일의 개념 확장과
자기 이해

⋮

"일은 으레 돈, 지위, 사회적 인정 등을 제공하
는 것으로 생각하지만, 이제는 할 거리, 소속감,
관계, 봉사, 헌신, 정체성 회복, 자아실현 등 욕
구 충족이라는 새로운 역할을 포함하고 있지."

··· 4단원. 일의 개념에 대한 새로운 해석

"저 왔습니다, 선배님."

"어서 들어오게. 오늘은 시원한 헤이즐넛 한 잔 어떤가?"

"헤이즐넛, 좋지요."

"가끔은 평소와 다른 향의 커피를 마시는 것도 좋아."

"와아~ 헤이즐넛 향이 좋네요. 헤이즐넛은 냉커피로 마실 때 더 좋
은 것 같습니다."

헤이즐넛 향이 김재기의 사무실을 한껏 감쌌다.

"그래, 나와 함께 만난다고 하니 제수씨는 뭐라고 하던가?"

"굉장히 좋아하지요. 거의 1년 동안 서로 말을 하지 않다가, 선배님 만난 후로 같이 밥도 먹고 이야기도 나누니 아주 좋아합니다. 집사람은 제가 그냥 그렇게 살다가 죽는 줄 알았대요. 돈은 못 벌어도 좋으니 지금처럼만 지내자고 해요. 정말 제가 바보였어요. 너무 미련했지요. 툭툭 털고 새로 시작하면 되는데, 조그만 방에서 나오지 못하고 헤매고 있었으니 제가 얼마나 어리석은 사람입니까."

"아내와 좋아졌다니 다행이구먼. 아내와 사이가 좋아야 부담 없이 일에 집중할 수 있어. 그건 그렇고, 어제 어디까지 했지?"

"우리 중년의 현주소를 이해하고 퇴직자의 취업 및 창업 사례를 알아봤습니다."

"잘 기억하고 있구먼. 복습을 했나 보네."

"예, 집에 가서 조금 봤습니다."

"자네같이 열의를 가지면 결과는 좋을 수밖에 없지. 기업의 퇴직예정자들을 상대로 워크숍을 해보면, 각 개인의 간절함에 따라 퇴직 후의 결과가 많이 다르다네."

"어떻게 다른데요?"

"자신이 원하는 '내 일'을 찾기 위해 열심히 한 사람과 슬렁슬렁하게 한 사람은, 퇴직 후에 할 일을 찾는 데 많은 차이가 나. 퇴직 프로그램을 성실하게 마친 사람은 '내 일'을 찾고서도 실행하는 데 주저함이 없어. 그러니 좋은 결과가 나올 수밖에."

"그렇군요. 저도 열심히 찾도록 하겠습니다."

"자네는 잘할 거라 믿네. 자, 시작해보세. 오늘은 '내 일'을 찾는 새로운 시각을 가지고 자신을 이해하는 시간을 가질 거야."

"자신을 이해하다니요?"

"자네가 갖고 있는 흥미와 직무 전문성을 통해 자신을 좀 더 구체적으로 이해하게 될 거야."

"예, 알겠습니다."

"어제 3단원까지 했지?"

"예, 맞습니다."

"오늘 시작하는 4단원은 '내 일'을 찾는 새로운 시각으로 일의 개념을 해석하고, 퇴직 후 '내 일'을 찾기 위해 알아야 할 것들을 확인하는 내용이야. 우선, 퇴직 후 발생하는 변화를 보기 위해 중년이 퇴직을 어떻게 생각하는지 알아보도록 하지."

"자네는 퇴직을 어떻게 생각하나?"

"퇴직은 끝남과 동시에 시작이라고 생각합니다. 이유야 어쨌든 큰 전환점이지요. 굳이 좋고 나쁠 것은 없지만, 퇴직은 불확실성을 갖고 새로운 그 무엇을 준비해야 하는 불안한 출발점이라고 생각해요."

"선배님은 퇴직을 어떻게 생각하세요?"

"퇴직을, 마치 평생 같이한 아내와 사별하는 것으로 여기는 사람들이 많은데, 실제 퇴직을 하면 할 일이 많아. 자기가 하고 싶은 일을 찾고 그 일을 하기 위해 준비하는 데만, 최소 1~2년에서 5년 혹은 10년이 걸리기도 하거든. 그러나 퇴직 후 다른 사람이 가는 길을 어깨너머로 보면서 무엇을 할 줄 몰라 속만 태우고 있다면, 걱정과 염려로 귀중한 시간을 그냥 흘려보내게 되지. 퇴직은 그동안 가던 길이 끝나고 새로운 길이 시작되는 전환점이야. 퇴직이야말로 종속적인 삶에서 벗어나 진짜 자기 삶을 찾아가는 거지. 마치 버스 운전사가 '종점입니다.'라고 말하면 미련 없이 내려서 어디든지 내 의지대로 갈 수 있는 것이 퇴직이 아닌가 해. 물론, 그러기 위해서는 운전을 배워야 하겠지. 운전을 배우는 동안은 돈과 시간, 에너지가 소진되지만, 배우고 나면 내가 가고 싶은 곳은 어디든지 갈 수 있지. 그게 싫으면 걸어서 돌아다니든가, 아니면 남이 데려다주는 데만 가는 거지. 자네는 어떤 것을 선택하겠나?"

"힘들어도 운전을 배워서 제가 가고 싶은 곳을 가보고 싶어요."

"나도 그러길 바라네. 자, 그러면 중년에 대한 연구 자료들을 살펴보세. 서울대학교 노화고령사회연구소의 연구 결과를 보면, 베이비붐 세대가 은퇴 후 가장 염려하는 것은 '어떻게 생산적이고 의미 있는 삶을 살 수 있을까?'(26퍼센트)였고, 그다음으로 '경제적 필요 때문에 일을 해야만 하는 상황'이었네. 또 삼성증권 은퇴설계연구소 조사는, 퇴직 후 가장 큰 고민으로 '생활비(51퍼센트)'와 '할 일이 없는 것(22퍼센트)'을 꼽았어. 이와 함께 베이비부머의 64퍼센트는 노후에 일자리를 희망했고, 특히 남성들은 81퍼센트나 일하기를 원하고 있더군. 일자리를 희망하는 이유로는 소득이 59퍼센트. 건강·자기발전·여가활동·사회공헌 등이 41퍼센트를 차지하고 있네."

"결국, 퇴직자의 고민은 돈과 삶의 의미, 이 두 가지로 귀결되네요."

"그렇게 정리할 수 있지."

"결국, 그들의 고민은 '일의 상실'에서 시작되는군요. 일이 없으면 금전적 어려움에 처하게 되고, 자아 상실로 무료하고 허탈한 삶을 살 수밖에 없으니까요."

"퇴직자들은 일을 회복함으로써 상실된 자신을 다시 찾으려고 하지. 그들은 주로 재취업을 고려하지만, 재취업은 한계가 있어. 재취업에 성공해도 결국 그만두어야 하거든. 그래서 재취업은 문제의 발생 시기를 연장하는 것에 불과하다는 단점을 가지고 있지."

"그러면 더욱 근본적인 해결 방법이 있나요?"

"이런 부분을 정리하기 위해 '일의 개념'을 다시 정의해보는 거야. 자네는 일의 의미를 어떻게 생각하나?"

"글쎄요…… '생계'라는 단어가 문득 떠오르는데요. 아이들을 가르치고 가족들과 함께 먹고사는 것이 가장 중요하게 생각돼서 그런 것 같습니다. 또 일은 자아실현의 기회라는 생각도 듭니다."

"그렇구먼. 지금부터 일의 개념을 확대함으로써 취업 외에도 퇴직후 할 수 있는 대안으로 어떤 것이 있는지 알아보도록 하지."

"취업이나 창업 외에 별다른 것이 있나요?"

"그렇지 않아. 자네가 생각하는 것보다 훨씬 다양해. 그리고 일의 개념, 즉 일은 직업, 돈과 연결해서 생각하는 기존 개념을 확대해석할 필요가 있어."

"일의 개념을 확대해석하다니요?"

"우리가 퇴직 후 할 수 있는 일은 꼭 직업을 통해서만 가능한 것은 아니야. 일은 으레 돈, 지위, 사회적 인정 등을 제공하는 것으로 생각하지만, 이제는 할 거리, 소속감, 관계, 봉사, 헌신, 정체성 회복, 자아실현 등 욕구 충족이라는 새로운 역할을 포함하고 있지. 지금까지 가졌던 '일=직업'이란 좁은 개념을, '일=활동'이라는 확장된 개념으로 바꿀 필요가 있어. 퇴직 후에는 '확장된' 일의 개념을 가지고 할 일을 찾는 것이 바람직해."

"퇴직자가 일의 의미를 어떻게 생각하느냐에 따라 '내 일'을 찾는 데도 많은 차이가 있겠는데요."

"그렇지. 그래서 퇴직 후 '내 일'을 찾기 위해 우선적으로 일의 개념을 확장하는 게 무엇보다 중요하다네. '퇴직'은 지출을 통제하고 재취업에 대한 부담에 억눌리게 하며, 지루함 속에 초라한 자기 모습을 바라보게 하는 그런 자아 상실의 원흉이 아니야. 오히려 내가 아닌 남으로 살아가는 삶에서 드디어 내가 주인이 될 소중한 기회지. 힘든 노동에서 해방되어 자율적으로 내 삶을 주도할 수 있고, 시간의 제약 없이 하고 싶은 것을 할 수 있으며, 가족과 함께함으로써 삶의 질을 높일 수 있는 선물인 거지. 퇴직은 재앙이 아니라 '축복의 통로'로 얼마든지 바뀔 수 있어. 『서드 에이지, 마흔 이후 30년』의 저자 윌리엄 새들러(William Sadler) 교수는 인생 2막을 '복권에 당첨된 시기'라고 규정했네."

"'축복의 통로', '복권에 당첨된 시기'라는 말을 들으니 기분이 좋네요."

"그런데 일의 개념을 확장하는데 몇 가지 방해 요소들이 있어. 자네는 퇴직 후 일을 선택하는 데 방해하는 요소가 무엇이라고 생각하나?"

"돈의 액수나 체면 또는 능력 부족 등이 아닐까요?"

"맞아. 돈이나 사회적 체면, 주변에서 나를 보는 시각, 자신감이나 자존감의 저하, 능력 또는 역량 부족, 배우자의 반대 등이 자신이 하고 싶은 일에 방해 요소로 작용하지."

"그럼, 자기 일을 찾는 데 다른 효과적인 방법이 있나요?"

"자기 일을 찾는 데 효과적인 방법 중의 하나가 바로 '자기 이해'야."

"자기 이해요? 자신을 어떻게 이해하지요?"

"자신이 갖고 있는 흥미나 직무 전문성, 재능 등을 찾음으로써 자신을 이해할 수 있네."

"자신이 재미있어하고, 잘하는 것을 말하는 거군요?"

"그런 셈이지. 자신이 갖고 있는 그런 점들을 구체적으로 분석해봄으로써 자신에 대해 더욱 잘 알게 되지. 또, '내 일'을 찾기 위해 '다양하게 일하는 방식'을 알아봄으로써 일의 선택의 폭을 넓힐 수 있어. 다시 말해, '자기 이해'와 '다양하게 일하는 방식'을 가지고 '내 일'을 찾는 거야."

"'자기 이해'는 그렇다 하더라도, 일하는 방식이라야 몇 개 되지 않잖아요."

"퇴직 후에 할 수 있는 일의 방식은, 재취업이나 창업뿐만 아니라 귀농, 전문계약직, 1인 지식기업, 창직 등 아주 다양해. 창업만 해도 점포 창업 외에 기업창업, 전문가창업, 외주창업 등 여러 분야가 있어."

"그런 게 있었군요. 전문계약직이나 창직은 좀 생소한데요."

"뒤로 가면 그것에 대해서도 자세히 다루게 될 걸세. 이렇게 다양한 일들을 살펴보고, 자신의 가치관에 맞춰 할 일을 결정하면, 그것이 바로 '내 일'이 되는 거지."

"야, 이거 간단한 게 아닌데요."

"그렇지 않아. 하나하나 살펴보면 돼. 금방 이해할 수 있어."

… 5단원. 자기 이해를 위한 '흥미' 탐색

"지금까지 4단원을 진행했네. 4단원에서 '내 일'을 찾는 시각을 정리 했다면, 5단원에서는 '내 일'을 찾기 위해 자신을 어떻게 이해해야 할지 살펴보겠네. '내 일'을 효과적으로 찾기 위해서는 먼저 자신에 대한 이해가 필요해. 자네는 처음 입사했을 때 어떤 이유로 회사를 선택했었나?"

"그 당시 저는, 이것저것 가릴 상황이 아니었어요. 대학생 때 결혼해서 아이도 있었고, 부모님으로부터 경제적인 도움을 받고 있었기 때문에 어떻게든 수입이 필요했지요."

"그랬었구먼. 직업을 선택할 때 대개 세 가지 기준으로 선택하지. 우선, 자네처럼 '어쩔 수 없어서' 직업을 선택하는 경우가 있네. 자신이 선택했다기보다는 생계유지를 위해 자신을 선택해주는 곳에 호구지책으로 일터를 잡는 경우지. 두 번째는 '필요에 의해서' 직업을 선택하는 경우야. 자신의 적성에 맞는 일은 아니지만, 주변 환경을 고려하거나 자신의 목표를 달성하기 위해 직업을 선택하는 경우지. 가령, 자신은 철학을 공부하고 싶지만 의사가 되기를 원하시는 부모님의 바람 때문에 의사를 직업으로 선택하거나, 적성에 맞지 않지만 창업자금을 마련하기 위해 연봉이 높은 일을 선택하는 경우 등이 이에 해당하지. 세 번째는 '자신이 좋아서' 선택하는 경우야. 자신의 흥미나 적성에 맞아서 자신이 하고 싶은 직업을 선택하는 경우지. 인생의 전반부는 가장으로써 '어쩔 수 없어서' '필요에 의해서' 직업을 선택했다면, 인생 후반부는 자신이 진정으로 하고 싶은 일을 할 수 있는 기회로서 직업을 선택하는 것이 바람직하네. 그러기 위해서는 먼저 자신에 대한 이해가 필요해. 자신의 '흥미, 직무 전문성, 재능' 등 이렇게 세 개 영역을 통해 '내 일'을 찾아보세. 자네, '흥미'를 어떻게 정의할 수 있을까?"

"좋아하고 재미도 있으면서 관심이 있는 게 '흥미' 아닐까요?"

"그렇지. 어떤 활동을 할 때 마음속에서 즐거움이 우러나오고 만족도가 높으면 흥미가 있는 거지. 자신이 어디에 흥미를 느끼는지 잘 아는 사람도 있지만, 그렇지 않은 사람들도 많아. 그럴 때는 자신의 흥미 유형을 진단해봐야 하네. 물론 절대적이진 않아. 부담 없이 참고로 하면 돼. 흥미 유형을 알아보는 방법으로 '홀랜드(Holland)' 흥미 유형 진단법이 있어. 인터넷에 찾아보면, 무료로 진단할 수 있어. 홀랜드 진단법은 6개의 흥미 유형, 즉 현실형, 탐구형, 예술형, 사회형, 진취형, 관습형의 특성을 나타내고 있어. 자네, 해본 적 있나?"

"예, 회사에 있을 때 해봤는데 지금은 잘 생각이 안 나는데요."

"그럼 워크북에 있는 6개 유형별 특성을 보고 자네의 흥미 유형을 골라봐."

▷ 홀랜드 유형별 흥미의 특징

유형	성격 특성	선호 활동	적성
현실형 (R)	질서 정연, 체계적·남성적임. 생각보다 행동 선호. 구체적이고 현실적임. 감정 표현이 어색함.	기계 작동에 소질 있음. 기술을 좋아함. 교육적 치료 활동을 선호하지 않음.	기계적 능력은 있으나 대인관계 능력이 부족. 보수적 경향.
탐구형 (I)	지적 호기심 많음. 탐구적·과학적 성향. 자료 분석 선호.	창조적 탐구 선호. 사회적 활동 꺼림. 반복 작업 싫어함.	학구적·지적 자부심 높음. 지도력과 설득력 부족.
예술형 (A)	상상력 풍부. 개성 강하고 협동적이지 않음. 자유로운 환경 선호.	변화와 다양성 선호. 비구조화된 조직 선호. 예술과 관련된 여가 활동 선호.	사무적 재능과 기술에 약함. 체계적이고 구조적 활동에 관심이 적음.
사회형 (S)	타인을 이해하고 도와주며, 치료·봉사 선호. 어울리기 좋아함. 다소 이상적임.	질서 정연하고 체계적 활동에 흥미 부족. 집단적으로 일하고 책임감 나누는 것 선호.	기계적 능력 부족. 사람들을 지도·훈육·설득하는 것 선호.
진취형 (E)	지배적이고 통솔력 있음. 낙관적이고 외향적임. 논쟁·협상 능함.	과학적이고 지적인 작업 선호하지 않음. 위험 감수하는 일 기꺼이 함.	언어 능력은 있으나 과학적 능력 부족. 조직 관리에 관심.
관습형 (C)	참을성 있고 보수적임. 정확하고 세밀하며 빈틈이 없음. 원칙 선호.	비즈니스 능력 뛰어남. 자료를 기록·정리·조직하는 것 선호.	정확성이 있으나 탐구적 독창성 부족. 사무·컴퓨터 활동에 관심.

"다 골랐습니다."

"자네는 어떤 유형으로 나오나?"

"사회형과 탐구형이 저와 좀 맞는 것 같은데요."

"자네의 흥미 유형은 평소 자네의 성격 특성을 잘 보여준다고 생각하나?"

"70~80퍼센트는 맞는 것 같은데요."

"어떤 점이 그런 것 같나?"

"저는 다른 사람에게 친절하고 이해심이 많은 편이며 봉사하는 일을 좋아합니다. 또 사람들을 훈육하고 설득하는 것을 좋아하는 대신, 기계적인 능력이 부족한 것을 봐서 사회형이 맞는 것 같습니다."

"탐구형은?"

"과학적이고 수학적인 성향은 떨어지지만, 책 읽기나 분석하는 것을 좋아하고, 모호하거나 추상적인 문제를 해결하는 것을 좋아합니다. 그리고 여럿이 함께하는 것보다 혼자서 주어진 일을 하는 것이 편해서 탐구형이 맞는 것 같아요. 선배님은 어떤 유형이세요?"

"나는 자네와 조금 다른 것 같네. 나는 현실형이면서 관습형인 것 같아. 체계적인 것을 좋아하고 도구를 조작하거나 기계 작동에 소질이 있거든. 모호하고 추상적인 문제보다 구체적이고 현실적인 것을 좋아하는 것으로 볼 때 현실형이 맞는 것 같아. 또 정해진 원칙에 따라 정리하고 조직하는 것을 좋아하고, 창조적인 일보다 규칙적이고 세밀한 서류 작업을 좋아하는 것을 봐서 관습형도 맞는 것 같아."

"저와는 다르네요."

"흥미 유형이 딱 떨어지진 않아. 겹치는 부분도 있으니 참고로만 해도 돼. 그렇게 흥미 유형을 통해 자네의 흥미 성향을 파악했다면, 이제부터는 구체적으로 관심 있는 '흥미의 주제'가 무엇인지 알아보는 거야."

"흥미 유형을 알았으면 자신의 흥미를 찾은 게 아닌가요?"

"우리가 흥미 유형을 찾은 것은, 그것을 바탕으로 구체적으로 어느 것에 흥미가 있는지 알기 위한 전초작업일 뿐이야. 이제부터는 흥미의 주제를 찾아보세. 흥미의 주제를 파악하기 위해서 세 가지 영역으로 나눌 거야. 첫째, '취미' 영역을 생각해보게. '취미' 영역에는 나만의 취미나 관심사가 무엇인지, 참여하고 있는 온·오프라인 동호회가 있다면 5개 정도 적어보게. 둘째, '독서·공부' 영역을 생각해보게. 직업과 관련된 것이 아니라 순전히 개인적인 관심으로 최근에 읽은 세 권의 책 제목, 즐겨보는 잡지나 신문의 관심 기사, 자주 가는 인터넷 사이트와 주로 찾는 정보를 적어보게. 셋째, '지속적 관심' 영역이야. 꼭 해보고 싶거나 배우고 싶었던 것, 이 세상에 있으면 좋겠다고 생각하는 것, 대학에 다시 간다면 하고 싶은 전공이 무엇인지 적어보게. 그리고 중요한 것은 자신의 흥미 유형과 흥미의 주제를 고려하여 '내 일'을 찾을 때 수입이나 현실성은 잠시 뒤로 미뤄두는 거네."

"알겠습니다."

"다 찾았나?"

"예."

"그러면, 자네의 '취미' 영역에서 찾은 것은 무엇인가?"

"독서, 여행하기, 생각하기, 음식 만들기, 친교 모임하기 이렇게 5개 찾았습니다."

"'독서·공부' 영역은 어떻게 되지?"

"자주 찾는 인터넷 사이트나 카페 등의 정보는 거의 없고, 가장 최근에 읽은 책들은 양병무 박사의 『행복한 로마 읽기』, 달라이 라마 (Dalai Lama)의 『당신은 행복한가』, 조현삼 목사의 『관계 행복』 이렇게 세 권입니다."

"그러면, '지속적 관심' 영역은?"

"꼭 배우고 싶은 것은, 피아노를 배우고 싶고요. 또 이 세상이 평화스럽고 행복했으면 좋겠어요. 그리고 대학에 다시 간다면 영문학을 공부하고 싶어요."

"그러면 자네가 적은 흥미의 주제 중에서 가장 강도가 높은 것, 가장 하고 싶은 것 5개를 골라봐. 그리고 도전해볼 만한 일을 찾을 때는 수입이나 현실성은 잠시 뒤로 하고 자네의 흥미를 잘 활용하는 활동, 일을 찾는 데 초점을 두게."

"5개를 선정했습니다."

"어떤 것이 있는지 얘기해보게."

"예, 저는 가능하다면 글을 한번 써보고 싶습니다. 그리고 강의하기, 독서, 제3세계 여행, 영어 배우기 등입니다. 그런데 이렇게 제 생각대로 써도 됩니까?"

"편하게 쓰면 돼. 그렇게 하는 거야. 아주 잘했어. 지금까지 흥미의 주제를 가지고 자신을 이해하는 시간을 가졌네. 다음 단원에서는 '직무 전문성'에 대해 알아보도록 하세."

▷ 나의 흥미의 주제

구분	기준	흥미 및 관심
취미	·나만의 취미나 관심사 ·순수한 의도의 동호회(온·오프라인 모두)	·독서 ·여행하기 ·생각하기 ·음식 만들기 ·친교 모임하기
독서 및 공부	·가장 최근에 읽은 책 세 권 ·즐겨보는 잡지 및 신문기사 ·자주 가는 인터넷 사이트와 찾는 정보(카페, 블로그, SNS)	·양병무 박사의 『행복한 로마 읽기』 ·달라이 라마의 『당신은 행복한가』 ·조현삼 목사의 『관계 행복』
지속적 관심	·꼭 해보고·배우고 싶었던 것 ·이 세상에 있으면 좋겠다고 생각한 것 ·대학에 다시 간다면 하고 싶은 전공	·피아노 연주 ·평화와 행복 ·영문학

＊흥미의 주제 중에서 가장 강도가 높은 것, 가장 하고 싶은 것 5개
글쓰기, 강의하기, 독서, 제3세계 여행하기, 영어 배우기

··· 6-1단원. 자기 이해를 위한 '직무 전문성' 알아보기

"이제 6단원에서는 '직무 전문성'의 중요성을 알아보고, 경력 분석을 통해 직무 전문성을 찾고 정리하는 시간을 갖겠네. 퇴직 후에 일을 찾을 때 '좋아하고 잘하는 일을 하라!'는 말을 많이 들었을 거야. 여기서 '잘한다'는 말에는 두 가지 의미가 있네. 하나는 태어날 때부터 잘하는 것이고, 다른 하나는 많이 해봤기 때문에 잘하는 거야. '많이 해봤기 때문에 잘한다.'라는 것은 직장에서의 직무 경험을 통해 많이 해봤기 때문에 잘할 수 있는 역량을 말해."

"아! 직무 전문성은 쉽게 말해 직무역량을 말하는 거군요. 그런데 사무직은 생산직과는 달리, 아주 일부를 제외하고는 자기만이 가지고

있는 노하우라고 내세우기가 좀 그럴 텐데요."

"맞아. 그런 점이 없지 않지. 보통 퇴직자들에게 자신이 가진 직무 전문성을 말해보라고 하면, 대개 다음 세 가지 반응을 보여. '첫째, 회사 일을 정말 열심히 해왔지만 돌이켜 보면 다른 사람들 앞에 내세울 것이 없다. 둘째, 설사 내가 일을 조금 잘한다고 해도 그 일은 누구나 할 수 있는 일이다. 셋째, 여러 가지 일을 두루 했지만 딱 부러지게 나의 전문성이라고 내세울 만한 것이 없다.'라고 하지. '내 일' 찾기에서 말하는 직무 전문성은 그런 특별한 노하우를 말하는 게 아니야."

"그럼, 직무 전문성은 해당 분야의 전문가만 가지고 있는 특성을 말하는 게 아닌가요?"

"아니야. 퇴직자의 '내 일' 찾기에서 말하는 직무 전문성은, 명인이나 장인들처럼 스페셜리스트만이 갖고 있는 독특한 기술이나 노하우를 말하는 것이 아니라, 현업에서 축적된 노하우 등을 의미해. 직무 전문성은 노하우, 경험, 인맥, 숙련, 현장, 통찰 등의 단어로 표현할 수 있지. 즉, 현장에서 오랜 기간 축적된 '좋은 무엇'을 의미하는 거야. 이런 시니어들의 축적된 자산이 사용되지 않고 그대로 사장되는 것은 국가적으로나 사회적으로 아주 큰 손실이지. 중년의 퇴직자들이 '가치' 있는 무엇인가를 가지고 있는 것은 확실하지만, 그것에 대한 자신감을 갖지 못하는 것은 직무 전문성을 오해하고 있기 때문이야."

"왜 그런 오해를 하는 건가요?"

"박사학위가 없어서, 경영컨설턴트가 아니어서, 경영지도사나 기술사 같은 전문 자격증이 없어서, 유명한 대기업 출신이 아니어서 등등의 이유로 전문성이 없다고 생각하는 거지. 그리고 '전문성'은 크게 두 가지로 나눠 볼 수 있네. '이론 중심 전문성'과 '현장 중심 전문성'으로. '이론 중심 전문성'은 보통 대학교 교수, 연구소 연구원, 경영컨설턴트들이 일반 직장인들보다 뛰어나지."

"그러면 '현장 중심 전문성'은 현장에서 필요로 하는 기술을 말하는 건가요?"

"현장 중심 전문성은 무엇인가를 실제로 할 수 있는 지식이나 노하우로 현장에서 쌓아올린 전문성을 말하는 거야. 이 영역은 이론 전문가들보다 현장 경험이 많은 사람들이 훨씬 탁월하지. 문제는 많은 퇴직자들이 자신들이 가진 경험과 노하우의 가치에 대해 제대로 인식하지 못한다는 거야. 내가 아는 후배 중에 은행원 출신이 있는데, 그는 은행에서 퇴직 후 대학생 진로 및 취업교육 분야에서 '내 일'을 찾았지. 그는 은행에서 다양한 업무를 하고 지점장으로 퇴사했지만 특별하게 내세울 전문성이 없다고 생각했어. 퇴직 후에 일을 찾던 중, 취업 준비를 하는 학생들에게 관심을 갖게 되었지. 그들 중에 은행을 포함한 금융권 취업 준비를 하는 학생들이 많은데도 정작 은행에서 어떤 일을 하는지, 어떤 인재를 원하는지, 제대로 알려주는 취업 지원 컨설턴트나 교육 프로그램이 없다는 사실을 알게 된 거야. 본인이 은행에서 대부분 해본 일이고 학생들에게 자신 있게 알려줄 수 있는 내용들이었어. 그래서 그는 은행의 직무 소개, 은행에서 채용하는 인재의 조건, 은행 입사 준비 요령 등을 주요 내용으로 교육 프로그램을 만들어 수도권의 중위권 대학들에게 공급하고 있지. 또 은행의 채용 시즌이 되면, 은행에 지원하는 학생들의 입사지원서와 자기소개서 작성 요령과 면접 준비 방법에 대한 교육과 코칭을 병행하고 있다네."

"정말 직무 전문성을 잘 살렸네요."

"직장에서의 경험과 노하우가 가치 있는 자원인 셈이지. 중년의 경험과 노하우가 누구에게 얼마나 필요한지에 따라 그 가치가 결정된다네. 지금 자신의 주관적 판단으로 '전문성이 없고, 다른 사람들도 다 할 줄 아는 일이며, 특별하게 내세울 것이 없다.'며 자신의 소중한 경험과 노하우를 그냥 버릴 것이 아니야. 먼저, 나의 구체적인 경험과 노하우를 찾고, 그것을 가장 잘 활용될 수 있는 곳을 찾을 때 '가치'가 극대화되지. 직무 전문성은 지금까지 일을 통해 축적한 전문지식, 전문 기술, 자격증, 노하우, 통찰력, 비즈니스 인맥, 외국어 등의 총합으로, 직업 시장에서 나만의 경쟁력으로 내보일 수 있는 것을 말하는 거야. 예를 들어, 이런 것들이지. 직장에서 교육을 설계하고 운영했던 경험, 국세청 세무감사 대응을 많이 해서 쌓은 노하우, 수입 업무를 하면서 쌓은 비즈니스 인맥 등도 소중한 직무 전문성이지. 자네도 회사에서 적지 않은 전문성을 쌓았을 텐데, 생각나는 대로 한 번 얘기해보게."

"글쎄요. 해마다 사업계획서를 작성했고 공장 설립 타당성을 조사했지요. 그리고 해외사업팀장을 하면서 해외에 공장 설립을 위한 사업 타당성을 검토했으니, 그것도 전문성이라고 말할 수 있겠네요."

"당연하지. 자네는 아주 전문적인 직무 전문성을 갖고 있는 거야."

"선배님, 직무 전문성도 찾는 노하우가 있나요?"

"노하우라기보다 기본적인 절차가 있네. 직무 전문성을 찾으려면 우선 과거 주요 직무 이력을 정리해보는 거야."

"직무 전문성은 오래전에 했던 직무도 전문성에 포함되나요?"

"직무에 따라 다르겠지만, 직무 전문성은 보통 최근 15년, 길어도 20년 이내에 수행했던 직무를 통해서 찾는 게 유용해. 20년 이상 지난 직무들은 대부분 기술과 제도 등의 변화로 지금은 거의 활용하기 어렵거든. 없어지는 직종이 있듯이 필요치 않은 직무들은 제외하는 거지."

"그럼, '직무 전문성'을 찾는데 구체적인 방법이 있나요?"

"아래 한국고용정보원에서 만든 질문과 사례를 참고하면 직문 전문성을 찾는 데 많은 도움이 될 거야."

"어떤 질문인데요?"

"첫째, 업무 수행을 통해 내가 습득한 전문 지식과 기술, 노하우, 통찰력은 무엇인가? 둘째, 업무 수행 과정에서 내가 작성한 표준, 매뉴얼, 가이드, 지침은 무엇인가? 셋째, 업무 수행 과정에서 내가 취득한 자격증은 무엇인가? 넷째, 업무 수행 과정을 통해 내가 축적한 비즈니스 인맥(가입 단체 및 협회 포함)은 누구인가? 다섯째, 업무상 내가 습득한 외국어는 무엇인가? 등등의 질문을 통해 찾는 거야."

"어, 쉽지 않겠는데요."

"그렇지 않아. 자네가 처음 들어서 생소할 뿐이지. 내가 사례를 들어 설명해볼게. 기업에서 인사 업무를 담당했던 사람의 사례야. 주요 담당 직무로는 승진 및 상벌 관리, 전사 인사제도 개선, 평가 프로세스 개선, TFT 참여, 승진자 교육 설계 및 운영, 인력 파견업체 관리 업무 등이 있지. 이 사람의 업무를 통해 축적된 지식, 기술, 노하우라고 하면, 인사제도 체계 수립에 대한 노하우가 있을 수 있고, 성과평가 프로세스 구축에 대한 노하우와 승진자 교육 프로그램 설계 및 운영에 대한 노하우가 있을 수 있어. 업무 수행 중 취득한 '인적자원관리사' 자격증도 이 사람의 전문성이지. 그리고 파견업체들을 관리하면서 쌓은 비즈니스 인맥도 무시할 수 없는 전문성이야."

"그렇게 정리하니까 직무 전문성이 이해가 쉽네요."

"자네, 이것 받게."

"이게 뭡니까?"

"직무 전문성 실습지야. 효과적인 실습을 위해 자네가 퇴직 전에 근무했던 회사 부서에서 했던 일로만 실습을 하기로 하세. 실습지 맨 위에 뭐라고 쓰여 있나?"

"부서, 담당 직무, 질문, 전문성 항목이 있는데요."

"그럼, 부서 항목에는 자네가 퇴직 전에 근무했던 회사의 부서 이름을 적도록 하게. 담당 직무 항목에는 해당 부서에서 수행했던 직무 중에서 핵심적인 직무를 5개 내외로 간단히 기술하게."

"예, 알겠습니다. 그런데 전문성 항목에는 무엇을 쓰는 거지요?"

"그것은 담당 직무 5개 항목을 다 쓴 후에, 각 질문에 따라 작성하면 돼."

"예, 알겠습니다."

"실습지에 다 기록했나?"

"예, 제가 했던 핵심적인 직무 5개는 영업, 사업계획서 작성, 국내 신규공장 타당성 분석, 해외사업타당성 분석, 마케팅 전략·기획입니다."

"잘했네. 그러면 직무 경험을 통해 축적한 직무 전문성을 찾아보세. 앞에서 말한 것처럼 구체적인 질문을 자신에게 하면서 하나씩 찾아보게. 첫 번째 질문이 뭐였지?"

"첫 번째 질문은 '수행했던 업무 내용을 통해 내가 습득한 전문 지식과 기술, 노하우, 통찰력은 무엇인가?'였습니다."

"그럼 그런 것에 뭐가 있겠나? 저는 B2B 영업을 오래 했으니까 '기업 영업 방법 및 효과적인 거래처 관리 방법'에 대한 노하우는 좀 있습니다. 또 건설자재 업종이었으니까 '건설자재 시장 동향 조사방법'에 대해서도 약간의 지식을 갖고 있고요. 그다음은 잘 생각나지 않는데요."

"그럼 후임자가 '나'만큼의 성과를 올리는 데 필요한 지식, 기술, 노하우, 통찰력은 무엇인지 생각해보게. 그리고 후임자를 가르칠 수 있는 업무 영역에는 어떤 것이 있는지도 생각해보게."

"사업타당성 분석 방법이나 신규 사업전략 같은 것은 제가 가르칠 수 있겠는데요."

"그래, 그런 것을 말하는 거야."

"그럼 두 번째 질문은 어떤 것이 있었지?"

"두 번째는 잘 기억이 안 나는데요."

"두 번째 질문은 '업무 수행 과정에서 내가 작성한 표준, 매뉴얼, 가이드 및 지침 등은 무엇인가?'였어. 가령, 생명보험회사 법무팀에서 근무했던 사람이 '지점 텔레용 매뉴얼', '소송 업무 매뉴얼', '고객 클레임 처리 절차 및 기준'을 만들었던 사례를 들 수 있지. 자네가 가지고 있는 전문성도 적지 않을걸."

"'연간 매출 계획 수립 절차', '사업타당성 분석 매뉴얼', '대형 건설사 관리 지침' 등이 생각나네요."

"그래, 아주 훌륭해. 비록 일부만 참여했던 작업이라도 상관없어. 또 세 번째 질문은 뭐였지?

"'업무 수행 과정에서 내가 취득한 자격증은 무엇인가?'였습니다."

"있으면 그것을 찾아 기록하면 되네. 자네는 어떤 자격증을 가지고 있나?"

"저는 '마케팅 실무 2급' 자격증이 있습니다."

"그래, 좋아. 네 번째 질문은 '업무상 가입한 협회나 단체 또는 구축한 비즈니스 인맥은 누구인가?'였어. 자네는 어떤 인맥이 있나?"

"건자재협회가 있었고, 그밖에는 특별히 없는데요."

"그럼 그것을 적으면 되네. 그리고 직무 전문성을 찾기 위한 마지막 질문으로 '업무 수행 과정에서 내가 습득한 외국어는 무엇인가?'가 있는데, 자네는 어떤 '외국어' 자격증을 가지고 있나?"

"외국어 자격증은 없습니다."

"그러면 됐네. 지금까지 근무했던 부서별 담당 직무를 정리했고, 전문성을 찾는 방법을 살펴보았네. 이제 질문 항목에 따라 작성해보게. 첫 질문인 부서별 도출한 직무 전문성 중에서 가장 자신 있는 지식, 기술, 노하우에는 직무 전문성 10가지를 적게. 그리고 나머지 4개 질문도 다 작성하게."

"예, 알겠습니다."

"충분한 시간을 줄 테니 서둘지 않아도 돼."

"다 적었습니다."

"그럼, 말해보게."

"예. 첫 번째 질문인 가장 자신 있는 지식, 기술, 노하우 등 직무 전문성 10가지는 '사업계획서 작성, 신규 사업타당성 분석, 중국 시장 사업타당성 분석, CS센터 운영 노하우, 직원 영업 교육 설계 및 운영, 견적서 작성 및 가격 협상 노하우, 신제품에 대한 상업화 절차, 마케팅 전략, 영업 전략 및 기획, 신규 사업을 위한 TFT 운영 노하우'입니다."

"이렇게 써 놓고 보니 대단하네."

"뭘요, 거의 다 잊어먹었을 텐데요."

"두 번째 질문인 업무 수행 과정에서 작성한 표준, 매뉴얼, 가이드 및 지침 등은 무엇인가?"

"연간 매출 계획 수립 절차, 사업타당성 분석 매뉴얼, 대형 건설사 관리 지침입니다."

"세 번째 업무 수행 과정에서 취득한 자격증은?"

"마케팅실무 2급 자격증입니다."

"네 번째 업무상 가입한 협회, 단체 또는 구축한 비즈니스 인맥은?"

"건자재협회밖에 없는데요."

"좋아. 다섯 번째 업무 수행 과정에서 습득한 외국어는?"

"없습니다."

"잘했네. 해놓고 보니 어떤가?"

"그럴듯한데요."

"이런 것이 자네의 직무 전문성이야. 퇴직 후 큰 무기가 될 걸세. 이런 절차를 통해 자신의 직무 전문성이 무엇인지 알 수 있다네. 여기까지 직무 전문성을 정리했네. 이렇게 해서 6단원의 직무 전문성이 끝났네."

"정신없이 달려왔네요. 아직은 뭐가 뭔지 잘 모르겠지만 하나하나 배우다 보니 다시 희망이 생기네요."

"다행이네. 그러면 내가 오늘 공부한 내용을 다시 정리해보겠네. 오늘 첫 시간인 4단원에서는 '내 일'을 찾는 새로운 시각으로 일의 개념을 확장했고, 퇴직을 '기회'로 만들며 퇴직 후 '내 일'을 찾기 위해 알아야 할 것들을 살펴보았네. 자네, 5단원에서는 무엇을 배웠는지 생각나나?"

"흥미 유형에 대해 공부한 것 같은데요."

"집중력이 대단하구먼. 그래, 흥미를 탐색했지. 자기 이해의 중요성과 함께 흥미 유형을 파악해서 흥미의 주제를 찾는 시간을 가졌어. 6단원에서는 '내 일' 찾기에서 직무 전문성의 중요성을 알아봤고, 직무 경험 분석을 통해 각 영역별로 직무 전문성을 정리했지. 혹시 오늘 배운 것 중에 기억에 남거나 새롭게 깨달은 점이 있나?"

"저의 흥미 유형을 생각해낸 것이 기분이 좋고요. 6단원에서, 이미 잊힌 줄로 알았던 저의 직무 전문성을 다시 찾은 것이 무엇보다 뿌듯

하고 기쁩니다. '나도 이런 능력이 있었나?' 하는 생각으로 가슴이 울렁거립니다. 잃어버린 큰 보물을 찾은 기분이에요. 나도 모르게 자신감이 생기는데요."

"나도 기분이 좋아. 오늘은 그만하지. 자, 나가세. 내가 괜찮은 음식점을 예약해놨거든."

"예, 알겠습니다."

▷ 나의 직무 전문성

부서	담당 직무	질문	직무 경험을 통한 직무 전문성
영업	·영업 ·사업계획서 작성 ·국내 신규 공장 타당성 분석 ·해외사업타당성 분석 ·마케팅 전략·기획	전문 지식, 기술, 노하우, 통찰력은? (10가지)	·사업계획서 작성 ·신규 사업타당성 분석 ·중국 시장 사업타당성 분석 ·CS센터 운영 노하우 ·직원 영업교육 설계 및 운영 ·견적서 작성 및 가격 협상 매뉴얼 ·신제품에 대한 상업화 절차 ·마케팅 전략 ·영업 전략 및 기획 ·신규 사업을 위한 TFT 운영 노하우
		표준, 매뉴얼, 가이드, 지침은?	·연간 매출 계획 수립 절차 ·사업타당성 분석 매뉴얼 및 대형 건설사 관리 지침
		업무 수행 과정에서 취득한 자격증은?	·마케팅 실무 2급
		가입한 협회, 단체 또 는 비즈니스 인맥은?	·건자재협회
		업무 수행 과정에서 습득한 외국어는?	·없음

··· **퇴직은 재앙이 아니라 축복의 통로**

김재기와 강도전은 사무실을 나와 5분 거리에 있는 식당으로 향했다.

"어서 오세요."

"안녕하세요, 사장님."

"아, 교수님. 어서 오세요. 2층으로 올라가시죠. 조용한 방으로 준비했습니다. 김 실장, 교수님 좀 모셔요."

두 사람은 2층에 있는 조용한 방으로 안내되었다.

"김 실장님, 오랜만이에요. 잘 지내셨지요?"

"교수님 덕분에 잘 지내고 있습니다."

"잘 지낸다니 좋네요. 우리, 등심 좀 주세요."

"예, 알겠습니다."

"선배님, 이렇게 얻어만 먹어도 되는지 모르겠어요."

"그런 소리 하지 말게. 나는 몇 년씩 친구나 후배가 사주는 밥을 염치 불구하고 얻어먹었어. 으레 그들이 살 줄 알고 부담 없이 잘 먹었지. 눈치가 없어서가 아니라 재기할 미래가 있었기 때문에 별 거리낌 없이 얻어먹었어. 또 그럴 만한 사이였고. 그러니 자네는 나랑 만나서 먹는 것에는 신경 쓰지 말게. 자네가 잘되면 그보다 더한 것을 사주면 될 것 아닌가. 그리고 먹어야 얼마 안 되잖아. 오늘은 좀 비싼 편이지만 대부분 저렴하게 먹으니 얼마 되지 않아."

얼마 지나지 않아 기본 찬이 들어오고, 이어 사장이 직접 고기를 들고 들어왔다.

"교수님, 왜 이렇게 오랜만에 오셨어요?"

"시간이 그렇게 되네요. 그건 그렇고 요즘 장사는 좀 어때요?"

"다른 사람들은 힘들다고 하는데, 저희는 단골들이 많이 찾아주셔서 매출이 꾸준히 올라가고 있습니다. 교수님 말씀대로 식탁에 화면을 설치한 뒤로 고기 주문이 더 늘었어요."

"아, 그렇군요. 다행이네요."

"주문하신 등심에다가 살치살하고 갈빗살을 좀 더 준비했습니다. 이것은 제가 드리는 서비스입니다. 숙성이 잘돼서 맛이 좋을 겁니다. 많이 드십시오."

식당 사장은 짧게 이야기를 끝내고 이내 자리를 피해주었다.

"식탁에 화면을 설치하다니, 그게 무슨 말입니까?"

강도전은 음식점에 들어오면서 손님 테이블에 있는 화면을 보고 신기하게 생각하고 있던 차였다.

"세계 유행을 선도하는 뉴욕, 런던, 파리 등에서는 요즘 '감응식 터치스크린' 테이블로 무장한 식당들이 인기야. 터치스크린은 그릇에는 반응하지 않고 사람의 손가락에만 응답하지."

"완전히 인공지능이네요."

"그렇다고 볼 수 있지. 우선, 터치스크린은 고객이 원하는 정보를 그 자리에서 제공해주지. 요리 과정을 영상으로 보여주고 음식에 대한 자세한 설명을 제공하기도 해. 손님은 그 자리에서 손가락 하나로 마음에 드는 음식을 주문하면 돼. 와이파이로 연결된 메뉴판과 주문 시스템이 종업원의 도움 없이 주문을 가능하게 하지. 터치스크린을 보니 느낌이 어떤가?"

"저는 우리나라에 이런 것이 있다는 것이 놀라운데요."

"이런 것이 다 차별화 전략의 일환이지."

김재기는 잘 구워진 고기를 입에 넣으며 말했다.

"그런데 선배님, 식당 사장님하고는 잘 아는 사인 것 같아요. 한두 번 만난 사이가 아닌 것 같네요. 이렇게 비싼 집에 단골일 리는 없을 테고……."

"어, 내가 대학 MBA 과정에서 마케팅 전략을 강의했는데, 그때 이 집 사장이 나에게 강의를 들었어. 그리고 경영 개선을 위한 서비스 차별화를 위해 이곳 사장에서 사원까지 교육을 한 적이 있지. 그래서 직원들도 알게 된 거야."

"경영 개선은 어떤 것을 하셨는데요?"

"점포 운영에 필요한 업무 매뉴얼을 만들어 주었지. 그때 터치스크린을 소개했더니 바로 실행에 옮겨 설치한 거야. 이 집 사장님, 일에 대한 열정이 대단해. 전국에 직영점을 10곳이나 두고 있어."

"그 정도면 프랜차이즈 사업을 해도 괜찮을 것 같은데요."

"그렇지 않아도 사장은 프랜차이즈 사업을 하려고 했지."

"근데 왜 안 했대요?"

"내가 말렸어. 전국에 최소 20개 이상의 직영점을 운영해본 후, 해도 그때 가서 하라고 했지."

"그건 왜 그렇지요?"

"자네도 장사를 해봤지만, 장사만큼 경우의 수가 많고 불확실한 게 또 어디 있나. 수익성 높은 비즈니스 모델을 근간으로 확실한 인지도를 구축한 다음에 해야지, 분명한 브랜드 자산 없이 하면 프랜차이즈 본사나 가맹점주 모두 어려움을 당할 가능성이 높아. 몇백 개의 가맹점을 개설하고도 얼마 못 가는 이유도 확실한 비즈니스 모델이 없는 상태에서 서둘러 프랜차이즈 사업을 시작했기 때문이지. 내가 사장에게 아직은 시기상조라고 잘 설명했더니 바로 계획을 바꿨어. 이 식당은 요즘 사장부터 솔선수범해서 공부하느라고 정신이 없어. 우리와 비숫한 연배인데도 무슨 말을 하면 스폰지처럼 잘 받아들여. 순수하고 사업에 대한 집념이 아주 강한 분이야. 그 후로는 나에게 수시로 전화를 해서 자문을 구하기도 하지."

"음식으로 성공했네요."

"저분도 무수히 많은 실패를 했어. 나나 자네가 겪은 실패보다 더 많은 실패를 겪었을 거야. 왼손에 하얀 장갑 낀 것 봤나?"

"예, 봤습니다. 그렇지 않아도 좀 의아하다고 생각했어요."

"다친 손을 가리기 위한 거야."

"어떤 사고가 있었나 보지요."

"사고가 아니라 죽으려고 교통사고를 냈어. 자기가 죽으면 보험금으로 식구들이나 먹고살게 하려고. 그런데 죽지는 않고 손 하나만 잃었지."

"그런 일이 있었군요."

"이 일을 하다 보면, 어려움을 당하는 사람을 만나기도 하고 또 잘 된 사람들도 만나지. 퇴직 후에 '내 일'을 찾아 아름다운 인생 후반을 보내지 못하고 어려움을 겪는 사람들이 있는 반면, 인생 후반을 잘 준비해서 성공적으로 살아가는 사람들도 많아. 퇴직 후 보람 있는 시간을 보내는 사람들을 보면, 역시 퇴직은 재앙이 아니라 축복의 통로라는 것이 실감이 나."

"저에게도 축복의 통로가 되었으면 좋겠어요."

"당연히 그래야지. 어서 먹게. 고기 타겠네. 이제부터는 체력 싸움이야, 몸이 건강해야 '내 일'을 찾아 잘해낼 수 있어. 먹을 수 있을 때 잘 먹어 두게. 다 보약이 될 테니까."

"잘 먹겠습니다, 선배님."

두 사람은 식사를 하며 미처 못한 이야기를 나누었다.

재능과 일하는 방법을 통해 단기 '내 일' 찾기

"재능은 꺼내 쓰지 않으면 알 수 없는 특징이 있어.
인생 2막에서 '내 일'을 찾는 데는
기존에 알고 있는 재능도 중요하지만,
미처 발견 못 한 숨겨진 재능을 찾는 게 더 중요하다네."

··· 7-1단원. 자기 이해를 위한 '재능' 찾기

"선배님, 저 왔습니다."

"어서 들어오게. 이리 앉게. 비를 맞았구먼."

"다 와서 비가 내려 괜찮습니다."

"그래, 어제 배운 것 좀 봤나?"

"다시 한 번 쭉 훑어봤습니다. 잠을 자는데 낮에 배웠던 것들이 머릿속을 계속 맴돌더군요."

"관심이 많구먼. 자네는 원하는 일을 잘 찾을 걸세. 자, 차 한 잔 들게. 오늘은 찬바람도 불고 해서 대추차를 끓였네. 아내가 마련해주었지. 집사람이 나와 함께 점심을 먹고 조금 전에 들어갔어."

"정말 형수님 뵌 지도 오래됐네요. 3년이 넘은 것 같아요."

"그렇게나 됐나? 하여튼 나이가 들수록 시간이 빠르게 지나간다니까. 자네 집사람도 나와서 같이 저녁이나 한번 하세. 그럼, 어제 한 것을 다시 살펴볼까?"

"그러시지요."

"어제는 '내 일'을 찾는 새로운 시각을 가지고 흥미를 탐색했고, 직무 전문성을 찾아 정리했어. 오늘은 자기 이해의 한 요소인 '재능'을 찾아보고, 이어서 다양하게 일하는 방법을 알아본 후에 단기 '내 일'을 찾을 거야."

"오늘도 기대가 되는데요."

"자네가 적극적이니 나도 힘이 나네. 우리 중년이 퇴직 후에 '내 일'을 찾는 방법은 크게 3가지로 나눠 볼 수 있어. 첫째, 과거 경력을 활용해서 일을 찾는 거야. 그런데 문제는 과거 경력을 활용해도 그 직업에서 평생 머무를 수는 없다는 거야. 둘째, 과거 경력을 활용할 수 없기 때문에 어쩔 수 없이 새로운 일을 찾는 경우야. 가령, 몸담았던 업종이 쇠퇴하거나 나이 제한 등으로 재진입이 어려울 경우 어쩔 수 없이 새로운 일을 찾아야 하지. 셋째, 자발적으로 새로운 일에 도전하는 거야. 과거에 가족 부양과 자녀 교육을 위해 어쩔 수 없이 일을 했다면 앞으로는 자신이 하고 싶은 일에 도전하는 거지. 지금은 창업이나 창직 등 자신이 원하면 얼마든지 도전할 수 있는 일의 종류가 아주 다양해졌어. 그런 의미에서 오늘 진행할 재능 찾기는 매우 중요해."

"제 생각에도 재능이 무엇인지 아는 것이 '내 일'을 찾는 데 중요하다는 생각이 들어요."

"어떤 이유에서 그렇게 생각하지?"

"재능은 타고나는 것 아닙니까? 재능은 자신만의 타고난 역량이기 때문에, 재능과 관련된 일을 하면 창의적인 방법을 찾기가 쉽고, 같은 일을 해도 다른 사람보다 일을 쉽게 잘할 수 있잖아요. 자신의 재능을 정확하게 알아서 그와 관련된 일을 한다면 그만큼 성공할 확률도 높을 거라고 생각합니다."

"그럼, 재능을 정의한다면 어떻게 말할 수 있겠나?"

"한 마디로 어떤 일을 남들보다 잘하는 것이라고 생각해요."

"그래, 재능은 자네 말처럼 '무엇인가를 잘할 수 있는 가능성이나 능력'을 말하지. '잘하고 좋아하는 일을 하라!'는 말에서 '잘한다'는 말에 두 가지 의미가 있다고 했는데, 첫 번째 것 기억하나?"

"오래 해봐서 잘할 수 있는 직무 전문성을 말씀하시는 건가요?"

"그래, 직무 전문성이지. 그리고 다른 하나가 재능이야. 재능은 선천적으로 타고나는 능력이며 성인이 된 후에도 잘 바뀌지 않는 특성이 있지. 재능은 항상 밖으로 나타나는 것만 있는 것은 아니야."

"대부분 자신이 무엇을 잘하는지 알잖아요. 재능을 잘 살리지 못해서 그렇지."

"꼭 그렇지도 않아. 어릴 적은 물론, 성인이 되어서도 숨은 재능이 발현되지 않는 경우도 많아. 근대 회화의 아버지로 불리는 프랑스의 화가 폴 세잔(Paul Cézanne)은 법대를 다니며 자신이 그림에 재능이 있는지 몰랐지. 절친한 친구인 에밀 졸라의 권유로 학교를 옮겨 그림을 그리기 시작하면서 그림에 흥미가 있고, 재능이 있는지를 알게 됐어. 폴 세잔은 미술학교에 떨어져서 한때 그림을 중단한 적이 있지만, 결국 재능을 발휘해 피카소에게 영향을 주면서 근대회화의 아버지로 불

리는 20세기의 거장이 되었지. 늦게 재능을 발견하기는 윈스턴 처칠
(Winston Churchill)도 마찬가지야. 그에게 문학적 재능이 있으리라곤 누
구도 생각지 않았어. 그가 2차 세계대전을 테마로 6년간 집필해온『제
2차 세계대전』은 그에게 노벨문학상이라는 영광을 안겨주며 그의 문
학적 재능으로 세계를 놀라게 했지. 그런 처칠도 학창 시절에는 품행
이 나쁜 말썽꾸러기에다 성적은 하위권에 머물렀던 별 볼 일 없는 학
생이었어. 그런 것을 생각하면, 어떻게 그런 정치적 재능과 문학적 소
질이 있었는지 놀라지 않을 수 없어."

"정말 늦게 재능이 꽃을 피웠네요."

"이처럼 재능은 꺼내 쓰지 않으면 알 수 없다는 특징이 있어. 인생
2막에서 '내 일'을 찾는 데는 기존에 알고 있는 재능도 중요하지만, 이
런 숨겨진 재능을 찾는 게 더 중요하다네. 재능을 활용해 일을 하면,
일에 대한 만족감은 물론이고 효율도 높고 자존감도 높아지지. 가령
'가르치기' 재능을 보면 꼭 대학교수나 교사만 가지고 있는 것이 아니
야. 지식, 기술, 정보 등을 제대로 전달할 수 있는 사람이면 '가르치
는' 재능이 있는 거지. 직장에서도 '가르치기' 활동을 많이 하잖아. 가
르치기 재능은 직장 후배들에게 직무역량 향상 교육을 하거나 1:1로
멘토링하는 것 등을 포함하지. 또, 고객이나 협력업체 직원들에게 자
사의 제품이나 서비스에 대해 설명하거나 질문에 답변하는 것도 '가르
치기'에 해당돼. 따라서 교사와 같이 전문적으로 가르치는 사람이 아
니더라도 '가르치기' 재능은 많은 사람들이 가지고 있다고 할 수 있어.
어제 자네의 흥미의 주제 5가지 선정한 것 기억하나?"

"예, 기억합니다."

"그중에 하나가 '강의하기'였지?"

"예, 맞습니다."

"강의도 가르치기의 일종이야. 만일 자네가 강의하는 데 소질이 있으면 그것이 재능과 연결되는 거야. 그럼, '강의하기'는 흥미도 있으면서 재능도 있는 셈이지. 그렇게 '내 일'을 찾는 거야."

"그러면 재능은 어떻게 찾는 건가요, 특별한 방법이 있나요?"

"'재능카드'를 이용해서 자신의 재능을 찾는 거야."

… 7-2단원. 재능카드 56장

"재능카드는 직접 만드는 건가요?"

"아니, 이미 만들어 놓은 것을 구입한 거야. 이거 받게, 재능카드야. 재능카드 한 세트는 총 56장으로, '재능카드' 51장과 '느낌카드' 5장으로 구성되어 있어. 재능카드 한 장은 각 카드별로 상단에 재능 이름과 아래쪽에 재능에 대한 설명으로 이루어져 있네. 가령 '가르치기' 재능카드에는 '후배, 동료, 학생, 고객들에게 필요한 기술과 정보를 제공하기, 설명하기, 지도하기'라고 쓰여 있지. 확인해보게."

"그렇네요."

"그러면 내가 자네에게 준 재능카드 51장의 이름과 밑에 있는 설명을 생각하면서 천천히 한 번 읽어보게."

"네. 알겠습니다."

1. 글쓰기: 보고서, 편지, 기사, 광고 문구, 이야기, 소설 또는 교육용 교재 작성하기.

2. 코칭하기: 개인의 성찰과 통찰을 촉진하기, 학생, 직장인 또는 고객에

게 조언하고 지침 제공하기.

3. 멘토링하기: 후배 또는 역량 향상이 필요한 사람들에게 지도와 조언을 통해 실력과 잠재력을 재발시켜 성장하도록 돕기.

4. 학습하기: 새로운 지식이나 기술을 배우고 연습하기. 기존 지식이나 기술을 더욱 높은 단계로 발전시키기.

5. 가르치기: 후배, 동료, 학생, 고객들에게 필요한 기술과 정보를 제공하기, 설명하기, 지도하기.

6. 동기유발 시키기: 사람들에게 참여를 독려하고, 에너지를 끌어내고, 최고의 성과를 올리도록 자극하기.

7. 의사소통하기: 말이나 글을 통해 사람들과 1:1 대면, 그룹 상황, 인터넷, SNS 등을 통해 정보, 생각, 느낌 주고받기.

8. 실행에 옮기기: 목표 달성을 위한 계획을 끝까지 실행으로 옮겨 책임지고 완수하기.

9. 연결고리 역할 수행하기: 개인 또는 집단 사이의 연결고리 역할로써 협업을 돕거나 정보 전달하기.

10. 공감하기: 경청하기, 상대방 감정 수용하기, 세심하게 배려하기, 진정시키기, 말하게 만들기.

11. 혁신하기: 기존의 조직, 제품, 서비스, 방법, 제도 등을 획기적으로 개선하기.

12. 설계하기: 새롭고 혁신적인 방법, 프로그램, 제품 또는 환경을 고안하고 체계화시키기.

13. 판매하기: 판매, 영업 및 마케팅을 통해 고객에게 상품 및 서비스의 가치를 이해시켜 팔기.

14. 모니터링하기: 데이터, 사람 및 사물의 동향에 대한 기록을 유지하고 관리하기.

15. 정보 탐색용 인터뷰하기: 사람들에게 예리한 질문을 통해 핵심 내용을 이끌어내기.

16. 분류하기: 데이터, 사람, 사물을 범주화 및 체계화하기.

17. 미적으로 표현하기: 예술, 문학, 자연, 과학, 일상의 경험 등 삶의 모든

영역에서 아름다움을 느끼고 표현하기.

18. 관찰하기: 사물, 현상, 사람 등을 주의 깊게 들여다보고 조직적으로 파악하기.

19. 응용하기: 기존 이론, 지식, 방법, 도구 등을 새로운 상황이나 다른 분야에 적용하여 활용하기.

20. 경영·관리하기: 업무의 우선순위를 정하고, 구조화시키고 일정을 수립하여 가장 효과적으로 목표를 달성하기.

21. 협상하기: 개인 또는 조직의 권리 또는 이익을 위해 설득하고 흥정하기.

22. 즉흥적으로 대처하기: 특별한 준비 없이도 효과적으로 생각하고, 말하고, 행동하기.

23. 조사하기: 어떤 상황, 사건, 주제, 문제의 원인, 과정 및 결과에 대한 사실적 데이터 수집하고 정리하기.

24. 융합하기: 다양한 아이디어와 정보를 통합하기. 다양한 구성 요소들을 일관성 있는 전체로 조합하기.

25. 직관적으로 인식하기: 복잡한 상황에 대한 통찰력이나 미래에 대한 예지력을 느끼고 보여주기.

26. 정보 탐색을 위한 읽기: 글로 표현된 자료들을 읽으면서 효율적 및 철저하게 조사하기.

27. 아이디어 구상하기: 새로운 아이디어를 얻기 위해 깊게 생각하고, 상상하고, 꿈꾸고, 브레인스토밍하기.

28. 팀워크·협동작업하기: 목표를 달성하기 위하여 다른 사람들과 효과적이고도 마찰 없이 일을 함께하기.

29. 중재·조정하기: 갈등을 관리하고 차이를 조율하고 조정하기.

30. 개념화하기: 개념이나 아이디어를 상상하고 마음속으로 개발하기.

31. 변화에 적응하기: 업무 전환, 근무 환경 및 우선순위 변화에 대해 쉽고 빠르게 대응하기.

32. 기록 관리하기: 최신의 정확한 기록을 관리하기. 데이터와 정보를 기록하고, 분류하고, 분석하고, 정리하기.

33. 문제 해결하기: 다양한 상황이나 주제에 대하여 증상을 분석하고 원인을 찾아내서 해결책 찾기.

34. 어려운 일에 도전하기: 다양한 힘든 장애물을 극복하면서 최선의 노력을 다하여 목표를 성취하기.

35. 사람들 만나기: 새로운 사람들을 만나서 자신의 편으로 끌어들이기. 폭넓은 인간관계 맺기.

36. 기획하기: 성공을 위한 목표를 정의하고 달성을 위한 활동, 필요 자원, 일정 등을 계획하기.

37. 변화 주도하기: 현재의 상황을 변화시키기 위해서 영향력 발휘하기. 새로운 방향을 도입하기 위한 리더십 발휘하기.

38. 교정 및 편집하기: 다른 사람의 글의 표현, 문법, 단어 등을 검토하기. 보다 좋은 표현으로 수정하기.

39. 분석하기: 복잡한 것을 단순한 구성 요소로 분해하기. 논리적으로 문제점 찾아내기.

40. 가능성 찾기: 특정 문제에 대해 구체적인 해결책을 다양하게 찾기. 특정 상황에 대한 다양한 가능성을 구체적으로 생각하기.

41. 전략 수립하기: 성공적인 목표 달성을 위한 효과적인 장기 전략을 기획하고 개발하기.

42. 기계 다루기: 기계나 장비를 조립, 정비, 수리 또는 조작하기.

43. 사람들을 즐겁게 하기: 청중들을 노래, 춤, 연기, 악기 연주 등으로 즐겁게 만들기. 청중에게 시범 보이기 및 연설하기.

44. 여러 가지 일 동시에 처리하기: 다양한 업무와 프로젝트들을 동시에 효과적으로 관리 및 운영하기.

45. 손으로 만들기: 다양한 물건이나 용품 등을 직접 손으로 만들거나 수리하기.

46. 이미지로 표현하기: 그림 그리기, 사진 찍기, 스케치하기, 삽화 그리기.

47. 모호성에 대처하기: 명확하지 않거나 확실하지 않은 사안들에 대해 편안함을 느끼고 효과적으로 대응하기.

48. 행사 진행하기: 행사 진행을 위한 기획, 계획 수립, 자원 조달 및 진행하기.

49. 숫자 다루기: 계산 및 정량적 문제에 대해 쉽게 계산하고, 조직하고, 이해하고, 해결하기.

50. 온라인 정보 조사: 인터넷과 검색 엔진을 활용하여 다양한 정보와 데이터를 수집하고 정리하기.

51. 시범·평가하기: 품질, 타당성, 숙련 정도 등을 측정하고 확실하게 점검하기.

"이상 재능카드가 51개입니다."

"읽느라 수고했네. 느낌이 어떤가?"

"각자의 재능을 이렇게 구체적으로 표현해놓으니 자신의 재능을 적용하기가 쉬울 것 같아요. 그런데 이 51장의 재능카드에 없는 재능은 어떻게 합니까?"

"이곳에 없는 내용이 있으면 자기가 만들면 돼. 가령, 다른 사람의 생각을 대신 글로 써줄 수 있는 재능이 있는 사람은 '대필하기'라는 재능을 써넣으면 돼. 결국, 자신의 재능을 발견해서 '내 일'을 찾는 게 목적이니까, 지금 내가 준 재능카드에는 없지만, 자신에게 맞는 재능이 있으면 그대로 적용하면 돼. 그러면 카드 중에 '느낌카드'를 먼저 배열하도록 하게."

"느낌카드는 어떤 거지요?"

"내가 준 카드 중에 '매우 그렇다', '그렇다', '보통이다', '그렇지 않다', '전혀 그렇지 않다'의 내용이 있는 5개의 카드가 느낌 정도를 나타내는 카드야. 먼저, 느낌이 강한 순서대로 왼쪽에서 오른쪽으로 나열하게. '매우 그렇다'가 가장 왼쪽에 '전혀 그렇지 않다'가 가장 오른쪽에 오도록 배열하게. 다했나?"

"다 배열했습니다."

"그러면 재능카드를 느낌카드에 위치시키는 방법을 설명할게. 지금부터 재능카드 한 장씩의 재능 이름과 재능 설명을 보면서 내용과 관련된 경험을 떠올리는 거야. 반드시 직장에서 수행했던 업무뿐만 아니라 취미 생활, 자원봉사, 종교 활동 등 모든 활동이 포함돼. 특히, 중년의 경우 주로 직장 생활과 관련된 경험만 떠올리는 경향이 있는데, 이런 경험만을 떠올리면 너무 직무 경험과 관련 있는 재능들만을 찾을 가능성이 커. 퇴직 이후 '내 일' 찾기에서 새로운 일에 도전해야할 상황도 있기 때문에 개인적인 경험뿐만 아니라 다양한 재능을 찾는 것이 중요해. 재능을 찾을 때 어떤 일을 잘했는지 못했는지 숙련도는 무시하고, 단지 어떤 활동을 했을 때의 '느낌'에만 집중하도록 해. 그리고 그 느낌의 강도에 따라 재능카드를 느낌카드의 수준에 따라 놓는 거야. 그리고 '매우 그렇다' 느낌카드에 재능카드를 최소 7장 이상 뽑아야 해."

"그건 왜 그렇게 하는 거지요?"

"가중치가 높은 재능을 찾아 '내 일'을 찾는 데 도움을 주고자 하는 거야."

"선배님, 재능을 활용할 때 느낌에 대한 어떤 기준은 없습니까? 가령 어떤 기분이 들 때 이것이 재능으로 간주할 수 '있다, 없다'의 기준 말이에요."

"일정한 기준이 있어. 그럼, 재능으로 활용할 수 있는 느낌을 5가지 정도로 찾아볼 수 있어. 재능을 활용하는 활동을 할 때 첫 번째는 '즐겁다, 기분이 좋아진다.'는 느낌이야. 과거에 해보지 않았고 잘한다는 보장은 없지만, 왠지 마음이 끌리는 활동이 재능일 확률이 높아.

두 번째는 '재미있고, 시간이 빠르게 지나간다.'는 느낌을 받는 활동이야. 세 번째는 어떤 일을, 지금은 잘하지 못하지만 '빨리 배우고 더 많은 것을 배우고 싶다.'는 느낌이야. 네 번째 느낌은 어떤 활동을 끝내고 '자신이 남들의 솜씨를 지켜보기보다 다른 사람이 자신의 솜씨를 지켜본다.'는 느낌이야. 다섯 번째는 어떤 활동을 끝내고 난 후 '또 해보고 싶다.'는 느낌이야. 재능을 활용할 때, 이 5가지 느낌이 모두 해당되는 것이 아니라 한 가지 이상의 느낌만 들어도 그 분야에 재능이 있다고 보는 거야."

"그럼, 재능카드를 활용할 때 다른 고려 사항은 없나요?"

"몇 가지 주의사항이 있네. 앞서도 잠깐 말했지만 실습을 할 때 일과 관련된 경험만을 주로 떠올리는 경향이 있는데, 직장과 관련 없는 경험을 떠올리는 것이 중요해. 예를 들어, 취미 활동, 봉사 활동, 주말에 개인적으로 했던 일 등 기회를 최대한 떠올리면서 진행하는 것이 중요해. 그리고 다시 말하지만 '매우 그렇다' 느낌에 최소 7장 이상 뽑아야 해. 그럼, 재능카드 배열 작업을 시작해보게."

"예, 알겠습니다."

"차분하게 재능카드를 한 장씩 보면서 과거의 기억을 최대로 떠올려봐. 그리고 그 느낌 정도에 따라 재능카드를 놓아봐."

"겹치는 것도 있고, 어떤 것은 경계가 모호한 것도 있네요. 다했습니다."

"'매우 그렇다'가 몇 장이지?"

"6장인데요."

"그러면 다른 것에 있는 카드를 가져다가 '매우 그렇다'에 7장 이상이 되게 해."

"했습니다."

"그러면 '매우 그렇다'와 '그렇다'의 느낌에 분류한 재능카드만 남기고, 나머지 카드들은 모두 한쪽으로 모아 정리하게. 나머지 재능카드는 사용하지 않을 테니 섞어도 돼."

"그러면 지금 뽑은 재능카드가 제가 가진 재능인가요?"

"아니야. 실습을 위해 뽑은 재능카드들이 정말 자신의 재능인지를 확인해야 돼. 내가 준 워크북에 있는 '재능 목록 작성하기'를 찾아보게."

"찾았습니다."

"위에 뭐라고 쓰여 있나?"

"재능 목록 실습지 위에 '재능, 경험, 느낌, 주위 반응' 항목으로 구성되어 있습니다."

"그럼 내가 '가르치기' 재능 사례를 가지고 작성 방법을 설명할게. '경험' 목록에는 서울벤처정보대학원대학교 창업프로세스 강의, 노사발전재단 인천지원센터 동기부여 강의, ㈜외식업중앙회 경영개선 강의 등과 같이 집합식 교육 내용은 물론, 소상공인 컨설팅과 중소기업 대표 마케팅 개인지도와 같이, 컨설팅을 하거나 1:1로 가르친 경험도 적었어. 그리고 가르칠 때의 '느낌' 목록에는 자기만의 표현으로 적으면 돼. 사례에는 강의를 준비할 때 '하나라도 더 가르쳐주고 싶다.', 강의할 때 '열정이 생긴다.', 끝났을 때 '보람과 만족감이 충만하다.'는 기분을 적었네. 그리고 이런 활동을 했을 때 '주위 반응'은 '강의평이 좋다.' '졸거나 잡담하는 사람이 없다.' '컨설팅의 귀재'와 같은 반응을 적었네."

"그런데 저는 누구를 가리키거나 한 적이 별로 없어서……"

"정식 강의는 없을지 몰라도 후배나 동료, 고객들에게 필요한 기술

과 정보를 제공하거나 설명한 적은 있을 거야. 또 관계회사나 하청회
사에 가서 지도한 것도 괜찮아. 그런 것을 적으면 돼."

"이거 모든 재능을 다하는 겁니까?"

"자네가 뽑은 '매우 그렇다'와 '그렇다'에 있는 재능들을 갖고 적으
면 돼."

"'경험' 목록은 몇 개를 적어야 하는 게 있습니까?"

"가능한 3개 이상을 적어봐. 내용을 적을 때 너무 자세하게 적을 필
요는 없고 키워드를 중심으로 적어도 돼. '느낌' 부분은 위에서 말한 5
가지 느낌을 참고로 고상하지 않아도 되니까 당시의 느낌을 살려서 표
현하면 돼. '주위 반응'은 업무 실적에 대한 성과평가가 아니니까 편하
게 적으면 돼. 이제 할 수 있겠어?"

"예, 이제 어느 정도 할 수 있겠어요."

▷ 재능 목록 작성하기

NO (10개 이상)	재능 (매우 그렇 다, 그렇다)	경험 (3개 이상)	느낌 (자신의 느낌)	주위 반응 (동료, 후배, 친구, 고객)
1	가르치기	· 노사발전재단 인 천지원센터 동기 부여 강의 · (사)외식업중앙회 경영 개선 강의 · 소상공인 컨설팅 · 중소기업 대표 마 케팅 개인 지도	· 하나라도 더 가르 쳐주고 싶다(강의 를 준비할 때) · 열정이 생긴다(강 의할 때) · 보람과 만족감이 충만하다(강의가 끝났을 때)	· 강의평이 좋다. · 졸거나 잡담하는 사람이 없다. · 컨설팅의 귀재
2~				

"재능을 찾고 재능에 대한 목록을 작성했으면, 이제 재능만을 활용해 할 일을 찾아볼 거야. 만일 재능카드 찾기를 통해 가르치기, 글쓰기, 멘토링하기, 코칭하기, 전략 수립하기 등 5개의 재능을 찾았다면, 이 5가지 재능을 가지고 어떤 잘할 수 있는 일이 있을까?"

"글쎄요……, 전문작가나 컨설턴트, 혹은 강의하기 등 이런 것이 생각나는데요."

"그래, '할 일'은 구체적인 직업명이 아니라 '00하는 일' 수준이어도 괜찮아. 가능한 많은 아이디어를 생각하는 것이 중요해. 그리고 5가지 재능 모두를 사용해서 잘할 수 있는 일을 찾을 수도 있지만, 재능들의 조합을 통해서도 잘할 수 있는 일을 찾을 수 있어."

"재능들을 조합하다니요?"

"앞에서 사용한 5개의 재능 중 '가르치기'와 '멘토링하기' 2개의 재능만을 조합해서 할 일을 찾을 수 있지. 자네라면 어떤 일을 잘할 수 있겠나?"

"개인 멘토링이오."

"'개인 멘토링'도 할 수 있고, '전문강사'나 '프로그램 운영하기' 등을 할 수 있을 거야."

"아, 그렇겠네요."

"또 '전략 수립하기', '코칭하기', '가르치기' 세 개의 재능을 조합하면 '전략 컨설턴트', '전문 코칭 강사', '코칭 전략 프로그램 개발' 등의 일도 할 수 있을 거야. 그러면 '전략 수립하기'와 '글쓰기'를 조합해본다면 어떤가?"

"'전기문 전문작가', '대필작가', '블로거', '칼럼니스트' 등의 일을 잘할 수 있을 것 같은데요."

"그래, 그렇게 하는 거야. 재능을 활용해서 '내 일'을 찾을 때는 현실적 타당성이나 가능성은 일단 무시하고 아이디어를 생각해내는 데 집중하는 게 중요하다네. '돈을 벌 수 있을까?' '현실적으로 가능할까?' '지금 할 수 있을까?'와 같은 생각은 모두 내려놓고 하는 거야. 그러면 재능 찾기를 통해 찾은 '내 일' 후보들을 구체적인 직업으로 전환해보게."

"예, 알겠습니다."

"재능을 통해 '할 일'을 정리했나?"

"예, 저는 작가, 강사, 컨설턴트, 코치, 멘토, 상담가, 봉사자 이렇게 7개를 찾았습니다."

"수고했네. 지금까지 나만의 독특한 재능을 찾는 작업을 진행했네. 그리고 재능만을 활용했을 때 어떤 일을 할 수 있는지 후보들을 찾아보았지. 물론 재능만 있다고 해서 그 일을 잘할 수 있는 것은 아니야. 구체적인 직업으로 전환하기 위해서는 개인적인 노력이 필요하지. 추가적으로 필요한 지식과 기술을 배우기도 하고 관련 경험도 쌓아야 해. 그러나 재능을 활용하면 재능이 없는 사람보다 훨씬 더 빠르게 배울 수 있지. 즉, 구체적인 직업으로 전환하는 데 필요한 노력과 시간을 줄이 수 있는 장점이 있어. 또 재능을 활용하는 일은 노력하는 과정에서도 재미나 보람을 느낄 수 있지. 수고했네. 그러면 잠깐 쉬었다가 8단원으로 넘어가세."

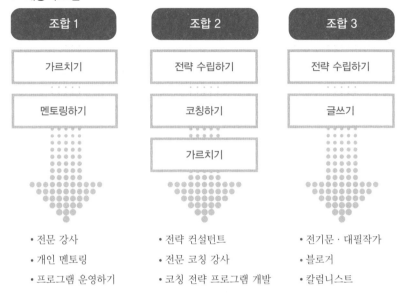

조합 1	조합 2	조합 3
가르치기	전략 수립하기	전략 수립하기
멘토링하기	코칭하기	글쓰기
	가르치기	
• 전문 강사	• 전략 컨설턴트	• 전기문 · 대필작가
• 개인 멘토링	• 전문 코칭 강사	• 블로거
• 프로그램 운영하기	• 코칭 전략 프로그램 개발	• 칼럼니스트

… 8-1단원. '내 일'을 찾는 3가지 방법

"이번 8단원에서는 '내 일' 찾기에서 다양하게 일하는 방식과 그 중요성에 대해 살펴보도록 하세. '내 일'을 찾기 위해서는 두 가지 요소를 알아야 해. 하나는 자기 이해이고, 다른 하나는 다양하게 일하는 방식이야. 지금까지 앞의 단원에서 자기 이해 요소로서 '흥미, 직무 전문성, 재능'을 찾는 작업을 진행했네. 이번 단원에서는 '내 일'을 찾기 위한 두 번째 요소인 '다양하게 일하는 방식'을 알아보겠네. 새로운 단원을 들어가기에 앞서, 사람들이 '내 일'을 찾는 일반적인 방법을 생각해보도록 하세. 자네는 '내 일'을 찾는데 어떤 방법이 있다고 생각하나?"

"우선, 어떤 사업이 잘되는지 알아볼 것 같아요. 아니면 전문가들이 추천하는 일을 선택하든지요."

"그것도 하나의 방법이 될 수 있지. 보통 '내 일'을 찾을 때는 3가지 방법을 주로 선택한다네. 첫 번째 방법은 가능한 여러 대안을 탐색한 후 비교 기준에 따라 합리적으로 할 일을 선택하는 방법이지. 둘째는 주변에서 흔하게 찾을 수 있는 대안 중에서 선택하는 방법이야. 가장 대표적인 사례가 프랜차이즈 창업이지. 그리고 세 번째 방법이 좀 전에 자네가 말한 전문가가 추천하는 유망 직업을 선택하는 경우야. 그 예로 고령화에 따른 사회복지사, 요양보호사, 직업상담사 등이 있는데, 유망 직업과 실제 직업으로서의 수익성이나 지속가능성은 별개일 경우가 많아. 유망 직업이란 전문가들의 예측일 뿐이거든."

"전문가가 추천한다고 하면 왜 그렇게 사람들이 몰리는 거예요?"

"뭐가 좀 잘된다 싶으면 따라 하고 싶은 게 사람의 본능이지. 주위에서 '누가 무엇을 해서 크게 돈을 벌었다.' 또는 '크게 성공했다.'라는 소문을 듣게 되면, 자기도 모르게 그쪽으로 고개가 돌아가면서 자연스럽게 '나도 한 번 해볼까' 하는 마음을 갖게 되지."

"저도 그랬었지만, 남 잘된다고 따라 했다가 안 되는 경우가 많잖아요."

"먼저 진입한 사람들이 이미 그 자리를 메우고 있는데도 신규 경쟁자들이 계속 몰리면서 수익성이 악화되기 때문에, 재미를 보지 못하는 거지. 게다가 자본력을 가진 대형 업체가 시장에 진입이라도 하면, 개인들은 낭패를 보게 되고 시장에서 퇴출의 길을 걷게 되는 경우가 다반사야. 위에 언급한 3가지 방법 중에 가능한 대안을 찾아 합리적 기준을 갖고 선택하는 방법이 가장 바람직하다고 볼 수 있지. 위의 둘째나 셋째 방법은 권할 만한 것이 못 돼. 그리고 '내 일'을 하기 위해 자격증을 취득할 때는 '할 일'을 먼저 결정하고 난 후에 자격증을 취득하는 것이 효과적이야. 일정한 계획 없이 자격증을 먼저 취득하면 수고만 하고 써먹지 못할 때가 많아. 말 그대로 '장롱 면허증'이 될 확률이 높지."

"그건 그래요. 자격증도 유행인 것 같아요. 뭐가 좀 유망하다 싶으면 자신의 관심 분야와 상관없이 일단 따놓고 보잖아요. 시간 낭비, 돈 낭비, 정력 낭비인 셈이죠."

"그건 자네 말이 맞아. 할 일을 찾은 후에 취득하는 게 바람직하지. 지금까지 할 일을 찾을 때 주로 사용하는 3가지 방법을 살펴봤는데, 이제는 '자기 이해'를 창의적으로 융합해서 '내 일' 후보를 찾아보세."

··· 8-2단원. 자기 이해의 창의적 융합을 통한 '내 일' 후보 찾기

"앞 단원에서 찾은 자신의 '흥미, 직무 전문성, 재능'을 창의적으로 융합하면 다양한 '내 일'의 후보들을 찾는 데 많은 도움이 된다네. 그럼 자기 이해를 바탕으로 융합해보세. 첫째, '직무 전문성'과 '재능'의 융합이야. 재취업을 포함해서 지금 당장 해도 잘할 수 있는 일을 찾을 수 있지. 퇴직자들이 쌓아온 경험과 지식 및 노하우에, 재능 즉 잘할 수 있는 가능성까지 합하면 지금 당장 해도 잘할 수 있는 일을 찾을 수 있어. 둘째, '직무 전문성'과 '흥미'를 융합하는 거야. 재취업을 포함해서 단기적 또는 중기적으로 새롭게 시도할 수 있는 분야를 찾는 거지. 보유하고 있는 경험과 노하우 등 직무 전문성에 자신이 가지고 있는 흥미를 합하면, 재취업은 물론 새로운 분야에 시도할 수 있어. 새롭게 필요한 지식과 기술을 배우고 어느 정도 경험을 쌓는다면 충분히 새롭게 시도할 만한 일들을 찾을 수 있지. 그리고 셋째, '흥미'와

'재능'을 조합하면 장기적으로 새롭게 도전할 분야를 찾을 수 있어. 아직 필요한 지식이나 기술, 경험은 부족하지만, 시간을 갖고 준비하면 얼마든지 하고 싶은 일을 찾을 수 있네."

"이렇게 말로만 들어서는 어떻게 융합해야 할지 잘 모르겠는데요."

"내가 사례를 하나 보여주지. 20년 이상을 교육 전문 대기업의 인사부서에서 근무하다 인사부장으로 퇴직한 50세 남자의 사례야. 인사부서에서 인재 채용, 평가, 개발 등과 관련된 업무 경험을 가지고 있고, 외부 컨설팅업체와 인사 시스템 전체를 혁신하는 컨설팅 프로젝트도 수행한 경험도 있어. 또한, 업무 효율성 향상 및 경영관리 형식 과제들을 수행했고, 이에 따라 비효율적인 업무 영역들을 외주화하고 외주업체들을 관리했던 경험도 가지고 있어. 아래 보이는 표(50세의 과거 대기업 인사부장의 '내 일' 찾기 사례)는 과거 대기업 인사부장이 자신의 흥미, 직무 전문성, 재능의 창의적 융합을 통해서 앞으로 할 일 후보들을 찾아낸 내용이야."

"일들이 다양하네요."

"지금 당장은 전문계약직, 외주창업, 1인 지식기업 등의 용어가 낯설게 느껴지겠지만, 잠시 후면 자세히 알게 될 거야. 지금은 사례에서 얼마나 많은 다양한 '내 일' 후보들을 찾았는지에 대해서만 살펴보게."

"예, 알겠습니다."

"사례를 보면 인사부장은 28개의 아이디어를 찾았는데, 이 모든 아이디어 중에서 현실적으로 불가능한 것들도 있을 수 있어. 중요한 것은 생각보다 많은 '내 일' 아이디어를 찾을 수 있다는 거야. 그리고 '다양하게 일하는 방식'을 잘 활용하는 거지. 다시 말해, 다양한 '내 일' 아이디어를 찾아내기 위해서는 구체적인 자신의 '흥미, 직무 전문성,

재능'을 찾아야 하고, 이와 함께 '다양하게 일하는 방식'을 알아야 해."

▷ 50세의 과거 대기업 인사부장의 '내 일' 찾기 사례

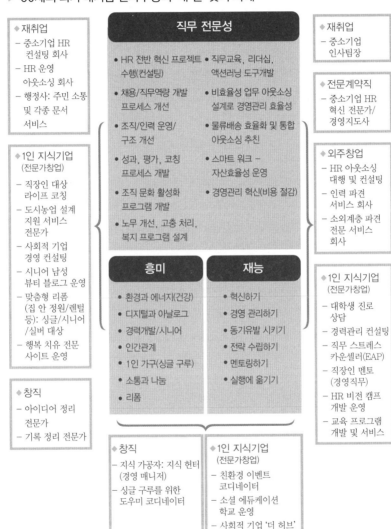

◆재취업
- 중소기업 HR 컨설팅 회사
- HR 운영 아웃소싱 회사
- 행정사: 주민 소통 및 각종 문서 서비스

◆1인 지식기업 (전문가창업)
- 직장인 대상 라이프 코칭
- 도시농업 설계 지원 서비스 전문가
- 사회적 기업 경영 컨설팅
- 시니어 남성 뷰티 블로그 운영
- 맞춤형 리폼 (집 안 정원/렌털 등): 싱글/시니어 /실버 대상
- 행복 치유 전문 사이트 운영

◆창직
- 아이디어 정리 전문가
- 기록 정리 전문가

직무 전문성

- HR 전반 혁신 프로젝트 수행(컨설팅)
- 채용/직무역량 개발 프로세스 개선
- 조직/인력 운영/ 구조 개선
- 성과, 평가, 코칭 프로세스 개발
- 조직 문화 활성화 프로그램 개발
- 노무 개선, 고충 처리, 복지 프로그램 설계

- 직무교육, 리더십, 액션러닝 도구개발
- 비효율성 업무 아웃소싱 설계로 경영관리 효율성
- 물류배송 효율화 및 통합 아웃소싱 추친
- 스마트 워크 – 자산효율성 운영
- 경영관리 혁신(비용 절감)

흥미

- 환경과 에너지(건강)
- 디지털과 아날로그
- 경력개발/시니어
- 인간관계
- 1인 가구(싱글 구루)
- 소통과 나눔
- 리폼

재능

- 혁신하기
- 경영 관리하기
- 동기유발 시키기
- 전략 수립하기
- 멘토링하기
- 실행에 옮기기

◆재취업
- 중소기업 인사팀장

◆전문계약직
- 중소기업 HR 혁신 전문가/ 경영지도사

◆외주창업
- HR 아웃소싱 대행 및 컨설팅
- 인력 파견 서비스 회사
- 소외계층 파견 전문 서비스 회사

◆1인 지식기업 (전문가창업)
- 대학생 진로 상담
- 경력관리 컨설팅
- 직무 스트레스 카운셀러(EAP)
- 직장인 멘토 (경영직무)
- HR 비전 캠프 개발 운영
- 교육 프로그램 개발 및 서비스

◆창직
- 지식 가공자: 지식 헌터 (경영 매니저)
- 싱글 구루를 위한 도우미 코디네이터

◆1인 지식기업 (전문가창업)
- 친환경 이벤트 코디네이터
- 소셜 에듀케이션 학교 운영
- 사회적 기업 '더 허브'
- 직장인 희망/행복 코칭

출처: 한국고용정보원의 사무직 베이비부머 퇴직 설계 프로그램

🔍 점포창업

"그러면 이제 다양하게 일하는 방식을 알아보세. 가장 먼저 귀촌과 완전 은퇴를 생각할 수 있네. '귀촌'은 농촌이 좋아서 시골에 정착해서 사는 것이고, '은퇴'는 완전히 일에서 손을 놓는 거야. 이 두 가지는 '내 일' 찾기와 크게 관련이 없으니까 그냥 넘어가도록 하세."

"귀촌은 직업과 상관없이 시골에 내려가 정착해서 사는 거군요. 저는 귀농과 헷갈렸어요."

"귀촌과 귀농은 다른 거야. 귀농에 대해서는 잠시 후에 알아보도록 하세. 그럼 먼저 창업을 살펴보지. 창업에는 기업창업, 점포창업, 외주창업, 전문가창업 등이 있는데, 기업창업과 점포창업이 보통 말하는 일반적인 창업이지. 외주창업은 아웃소싱을 전문적으로 하는 것이고, 전문가창업은 전문가들이 모여서 일을 하는 방식으로, 앞의 두 창업의 종류와는 그 성격이 달라. 외주창업과 전문가창업은 뒤에서 다룰 거야."

"예, 알겠습니다."

"기업창업은 일반적으로 주식회사로 창업하는 것을 말해. 기업창업은 점포창업보다 더 많은 자본과 전문성이 요구되지. 반면에 점포창업은 자영업자들이 많이 하는 형태로, 보통 프랜차이즈 가맹점 창업과 독자 창업으로 나눌 수 있어. 점포창업은 자네가 나보다 더 전문가일 테니 자네 사례를 통해 좀 더 알아보도록 하세."

생각하고 싶지 않은 창업 얘기가 나오자 갑자기 강도전의 이마에서 땀이 흐르기 시작했다. 바둑에서 경기가 끝나고 복기할 때의 패자의 얼굴처럼 금방 얼굴이 빨갛게 달아올랐다.

"자네가 식당을 해서 실패한 가장 큰 원인이 뭐였나?"

"준비가 안 된 상태에서 남이 잘된다고 하니까 그냥 따라간 게 가장 큰 패인이었지요."

"그건 내가 펜션 할 때와 비슷하구먼. 식당 창업에 대해서는 앞서 이야기를 나눴으니 그다음 사업에 대해 이야기를 나눠보세. 식당을 정리한 후에 휴대폰 판매점을 했다고 했나?"

"예, 맞습니다."

"그건 왜 안된 건가, 두 번의 실패로 많은 준비를 했을 텐데."

"휴대폰 판매점을 하기 전에, 그동안의 실패를 만회하기 위해 오제이티도 열심히 했고, 점포를 얻을 때는 발품도 팔면서 전과 다르게 꼼꼼하게 한다고 했지요."

"그러면 잘됐을 텐데……."

"오제이티할 때 미처 알지 못했던 부분이 있었어요."

"어떤 문제가 있었나?"

"휴대폰 판매점의 고객이 누군지, 그들이 무엇을 원하는지, 제가 흥미를 느끼며 잘할 수 있는 일인지 깊게 생각을 하지 않았습니다. 결국, 오제이티를 제대로 안 한 거지요."

"아니, 오제이티를 하면서 그런 것은 확인했을 것 아닌가?"

"오제이티할 때와 제가 직접 장사를 할 때와는 또 다른 게 있더라고요. 막상 장사를 시작하고 보니 고객 대부분이 젊은 층이었어요. 고객 입장에서 아버지뻘인 저에게 기기에 대해 이것저것 묻는 게 부담스럽다는 것을 나중에 알게 됐지요. 선배님도 아시다시피 핸드폰 사러 갈 때 조건이 복잡하잖아요."

"맞아. 나도 설명을 들어도 잘 모르겠더라고. 손님 입장에서는 물어볼 것도 많은데 나이 많은 사람과 길게 얘기를 한다는 게 쉽지 않았겠구먼. 이제 이해가 가네."

"또 저 자신이 기기 만지는 데 소질이 없었기 때문에 그것도 문제였고요. 제가 앞 단원에서 흥미 유형 탐색할 때 기계 다루는 능력이 부족한 사회형이었잖아요."

"그건 오제이티할 때 파악했을 것 아닌가?"

"다 제가 성급했던 겁니다. 오제이티는 현장 경험을 쌓고 업무를 습득하면서 사업이 자신의 적성에 맞는지를 판단하기 위한 것인데, 저는 처음부터 휴대폰 사업을 하겠다는 결정을 하고 오제이티를 하니까 문제가 문제로 보이지 않았어요. 문제가 될 것도 사소하게 생각하며 애써 외면했던 거지요. 객관적으로 볼 수 있는 눈을 닫은 채 오제이티를 했기 때문에, 제대로 된 인식 시스템이 작동하지 않았던 겁니다. 그렇게 시작하고 보니 핸드폰 개통 업무에도 잘 적응하지 못했고, 또 본사인 통신사와의 거래 조건 때문에도 많은 어려움이 있었습니다. 젊은 판매점주들은 잘 적응해나가는데 저는 그 모든 것이 큰 부담스러웠어요. 어쨌든 그 사업도 내가 좋아서 한 것이 아니라 남이 잘된다고 하니까 따라간 거지요. 무엇을 하겠다는 생각이 한번 마음을 차지하고 나면, 객관적인 시각을 갖기가 어려워요. 그래서 업종을 정하기 전에 자신이 어떤 업종의 일을 잘하고, 흥미가 있으며, 보람을 느끼는지 잘 파악하고 시작하는 것이 중요하다는 것을 배웠습니다. 그래서 이 프로그램이 저에게 더 소중한 거지요."

"이 프로그램의 어느 면이 그런가?"

"객관적으로 나를 볼 수 있는 기회를 제공한다는 점입니다. 제가 갖고 있는 흥미, 직무에서 배운 것, 재능 등을 찾고 조합하다 보니 좀 더 객관적인 시각으로 저를 볼 수 있게 된 겁니다. 그런 점들이 소중하지요."

"그렇구먼. 창업은 실제 현장에서 충분히 경험해보고 시작해야 할 것 같아. 창업에 대한 이야기는 이쯤에서 마무리하고 다른 일하는 방식을 알아보세. 이번에는 귀농을 살펴보세."

"예, 그러시지요."

"혹시 자네 지인 중에 귀농한 사람 있나?

🔍 귀농, 외주창업, 재취업

"저희 삼촌이 퇴직 후 시골에 내려가서 농사를 짓고 있는데 안 해본 일이라 고생이 심하던데요. 저더러는 아무리 힘들어도 시골로는 오지 말라고 하더라고요. 귀농도 전문적인 지식이 필요한가 봐요."

"귀농은 '창업'이나 마찬가지야. 새로운 비즈니스지. 귀촌처럼 거주를 목적으로 시골로 내려가는 것이 아니야. 귀농은 많은 준비가 필요해. 특히, 시간을 할애해서 직접 경험해보고 시작하는 것이 귀농의 첫 번째 조건이야."

"지금은 농사 교육 프로그램이 체계적으로 잘돼 있어 굳이 많은 시간을 들여 오제이티를 할 필요가 있는지 모르겠어요."

"그렇지 않아. 농사야말로 오제이티가 절대적이지. 농사일을 배우려면 최소 4계절, 즉 1년은 기본이야. 씨앗을 파종해서 거둬들이는 데는 몇 개월 걸리지 않지만, 장마나 가뭄, 태풍이나 병충해 등에 대처하는 방법을 익히려면 현장에서 일정 기간 몸소 배워야 해. 과실수의 경우는 1년도 모자랄 걸세. 인삼 농사는 기본이 5, 6년 아닌가. 농사

일을 이론으로도 배울 수 있지만, 몸소 겪어봐야 유사시에 잘 대처할 수 있거든. 또 현지인들과 사이가 좋아야 해. 그분들의 도움을 받을 일이 많아. 품앗이하거나 농기계를 빌려 쓰기도 하고, 농산물을 함께 출하해서 공동판매하는 경우가 적지 않거든. 그리고 귀농에서 신경 써야 할 부분은 '판로'야. 판로 문제를 해결하지 않고는 귀농으로 좋은 결과를 낼 수 없어. 공동판매에만 의존할 게 아니라 다양한 판매망을 마련해야 해. 농협이나 마을 단위로 판매하지 않을 때는 개인이 판로를 개척해야 하지. 대부분의 귀농자들이 판로 개척을 호소하고 있는데 그게 만만치 않은 부분이야. 귀농하더라도 처음부터 가족 모두가 농촌으로 내려가는 것은 바람직하지 않아. 가능하면 퇴직자 혼자 시작해서 가능성을 타진한 후에 가족이 합류하는 것이 좋아. 원하지 않는 농촌 생활로 가족 간에 갈등과 불화가 생길 수 있거든. 이런 애로가 있어도 점포창업이나 기업창업 못지않게 각광 받는 게 귀농이야. 준비를 잘하면 귀농으로 얼마든지 좋은 결과를 낼 수 있지. 요즘은 30대, 40대의 젊은 사람들이 귀농에 많은 관심을 보이고 있어. 나도 뜻이 있는 퇴직자들에게 귀농을 적극적으로 권하고 있네."

"농사에도 신경 쓸 것이 많네요."

"어느 것 하나 신경 안 쓰고 되는 게 있나. 다음은 외주창업을 알아보세. 자네는 외주창업이 무엇을 하는 것이라고 생각하나?"

"하청받아서 하는 것 아닌가요?"

"이를테면, 그런 일이야. 외주창업은 지금까지 다녔던 회사에서 아웃소싱하는 영역의 일부 아이템을 기반으로 창업하는 것을 말해. 많은 기업들이 교육, 복지, 인사, 소모품, IT, 운영 등의 영역에서 아웃소싱을 하고 있지. 아웃소싱의 장점은 처음부터 비즈니스 계약을 기반으로 시작할 수 있다는 데 있어. 회사 내부의 아웃소싱 담당자, 아웃소싱 프로세스, 업무 기준 등을 잘 알 수 있기 때문이지. 특히, 통신회사와 주유소처럼 대리점 형태로 운영되는 비즈니스의 외주창업은 앞으로 할 일 찾기에서 좋은 대안이 될 수 있지."

"청소나 교육 등은 거의 외주에 맡기는 것 같아요."

"그렇지. 과거에는 청소나 경비의 외주창업이 많았는데, 지금은 고도의 기술이나 유지비가 높은 일을 담당하는 외주회사도 많이 생기고 있어. 요즘 기업들은 전략적 부분이나 핵심역량을 제외하고 거의 대부분 기능을 외주에 맡기는 추세야. 그래서 외주창업은 전략적으로 접근할 필요가 있지."

"외주창업은 직무 전문성과 많이 연결될 것 같아요. 특히, 기업의 재직자 훈련이나 채용 등은 외부에 맡기는 추세인 것 같은데 그런 일을 해본 사람에겐 적격인 것 같아요."

"자네 말대로 직무 전문성과 연결되는 부분이 많다고 볼 수 있어. 다음은 '재취업'에 대한 얘기를 나눠보세. 퇴직 이후에 가장 많이 생각하는 것이 재취업인데, 대부분 재취업하면 '동일 업종 동일 직무'를 생각하지. 지금까지 자신이 해왔던 분야로만 취업 방향을 생각하고 있는 거야. 하지만 재취업은 앞서 말한 '동일 업종 동일 직무' 외에도 '동일 업종 다른 직무', '다른 업종 동일 직무', '다른 업종 다른 직무' 등 그 방식이 다양해. 재취업에서는 '다른 업종 다른 직무'의 재취업이 무엇보다 중요하지."

"그건 왜 그렇지요?"

"'동일 업종 동일 직무'의 경우 업종이나 업태가 성숙기나 쇠퇴기에 있어 수요 인원이 줄어들 수 있고, 새로운 기술의 발현으로 과거의 직무 전문성이 더 이상 필요치 않을 때가 적지 않거든. 이때는 생소한 업종이나 직무라도 일을 하겠다는 열의와 도전정신이 필요하지."

"아, 그럴 수 있겠군요."

"그럼, 우선 '동일 업종 동일 직무'로 재취업하는 경우와 방법부터 살펴보세. 이 방법이 재취업의 가장 일반적인 형태야. 최근까지 근무했던 업종과 동일한 직무로 재취업하는 거지."

"주로 경쟁회사로 갈 수 있지만, 경기가 안 좋으면 재취업은 거의 힘들다고 봐야겠네요."

"그런 점이 있지. 자네 말처럼 몸담았던 업종이 주로 현재 수준을 유지하고 있거나 성장하고 있는 업종이어야 가능하지. 예를 들어, 근무했던 기업의 경쟁회사, 근무했던 회사의 1·2차 협력회사, 협력회사의 경쟁회사, 동일 업종의 중소기업, 대기업 출신이라면 중견 또는 중소기업, 수도권 근무자의 경우 지방 기업 등으로 재취업 방향을 생각할 수 있지."

"했던 일을 회사만 옮겨서 다시 하는 거네요."

"그런 셈이지. 다음은 '동일 업종 다른 직무'로 재취업하는 경우야."

"이것은 동일 업종 동일 직무보다 다소 어렵겠는데요."

"왜 그렇게 생각하지?"

"주특기가 바뀌어야 하고 다른 직무역량이 있어야 하잖아요."

"그렇긴 해. '동일 업종 다른 직무'로의 재취업은, 자네 말처럼 최근까지 근무했던 업종이지만 일하는 방식이나 내용을 바꾸어서 재취업하는 거지. 상대적으로 자신의 분야에서 높은 전문성과 경험을 가지고 있는 사람들이 생각할 수 있는 방법이야. 이런 일로는 지금까지 몸담았던 업종의 중견·중소기업이나, 근무했던 회사의 경쟁회사, 1·2차

협력업체 등을 상대로 자문, 코칭, 교육 및 컨설팅을 하는 회사로의 취업도 고려할 수 있지."

"그래도 업종을 알기 때문에 가능한 일이네요."

"그렇다고 볼 수 있지. 다음은 '다른 업종 동일 직무'로 재취업하는 경우야. 가령 새롭게 생긴 업종에서 같은 직무로 이직하는 경우야. 주로 영업, 인사, 재무·회계, 구매 등 어느 기업이나 공통적으로 수행해야 하는 직무를 했던 사람들이 고려할 수 있는 취업 방향이지. 특히, 다른 업종을 선택할 때는 비즈니스 방식이 유사한 업종을 눈여겨볼 필요가 있어. 가령 대리점 방식으로 일하는 업종은 전국을 지역으로 분할하고 지역별 대리점 및 영업점 망을 구축한 다음 현장 영업 사원들을 통해 매출을 올리는 사업 방식인데, 이런 업종으로는 생명보험 회사, 자동차 판매, 학습지, 상조회사, 방문판매 등이 있지. '다른 업종 동일 직무' 업종에 취업을 고려하는 경우 고객을 공유하는 업종을 생각해볼 수 있네. 가령, 병원 고객을 공유하는 업종은 제약, 의료장비, 병원 관련 소모품 공급업 등이 있지."

"직무에 전문성이 없으면 어렵겠는데요."

"꼭 그렇지 않아. 해당 직무를 어느 정도 해본 사람은 오래지 않아 금방 적응할 수 있어. 마지막으로 '다른 업종 다른 직무'로 재취업하는 방법이 있네. 이 방식은 일하는 방식과 내용을 모두 바꾸어 취업하는 것이야. 여기서 주의할 점은 자신의 전문성과 경험이 시너지를 가장 잘 낼 수 있는 직무를 찾아내는 거야. 특히 새롭게 등장하는 업종을 자세히 찾아보는 것이 효과적이지."

"'다른 업종 다른 직무'로 취업한 사례가 좀 있습니까?"

"친구가 전자회사 퇴직 후 현장 경험을 살려 대학교 산학협력교수로 재취업했고, 아는 후배는 물류 업체 근무 후 물류 IT 컨설팅 회사로 전직했지. 또 등산 모임에 있는 한 회원은 국방기술품질원에서 정년퇴직 후 중소 제조기업 기술자문으로 재취업했어. 이뿐 아니라 건자재 회사에서 전략·기획 일을 맡던 사람이 상담을 공부해서 고등학교에서 진로상담을 하는 사람도 있어. 특히 다른 업종, 다른 직무로 재취업을 하는 경우 '열린 자세'를 갖는 것이 중요해."

"또 다른 자기 노력이 있어야 하겠네요."

"그렇지."

🔍 전문계약직, 1인 지식기업

"그럼, 전문계약직에 대해 알아보세."

"선배님, 전문계약직은 재취업과 같은 것 아닌가요?"

"그렇지 않아. 전문계약직은 재취업과 비슷하지만 일하는 방식이 달라. 주로 중견기업이나 중소기업 또는 벤처기업 등에서 신사업 추진, 프로젝트 진행, 임원의 임시 결원 등 경영 관련 중대 상황이나 위기 상황 또는 단기 경영 문제를 해결하고자 할 때 주로 활용하는 방법이야. 이런 경우 기업은 임원급 수준의 인재를 채용하기 어렵고 지속적으로 수행해야 하는 직무들이 아니기 때문에, 채용 대신 활용하는 것이 전문계약직이지. 보통 컨설턴트들이 이런 기업 경영 상황에서 도움을 주지만 컨설턴트들은 문제를 분석하고 대안을 제시하는 단계까지만 담당하지. 반면에 전문계약직은 책임을 지고 실행 업무까지 한다는 데 그 차이점이 있네. 우선 대기업이나 중견기업에서 10년 이상의 경험과 전문성을 갖춘 전문가들이 생각해볼 수 있는 직업이야. 보통 기업과 6개월에서 1년 혹은 2년 등 일정한 기간 계약을 맺고 일을 하며, 개인적으로 전문가 지향, 성과 지향, 독립 지향적인 사람들에게 잘 맞을 수 있어. 최근 미국, 영국, 유럽 등지에서 빠르게 확산되고 있는 중장년의 새로운 일하는 방식이야."

"전문계약직은, 특히 중소기업 등 규모가 작은 기업에 많은 도움이 되겠는데요."

"그렇지. 중소기업의 경우 정규직 임원급을 채용하는 것이 아니기 때문에 인건비 부담이 상대적으로 적다고 볼 수 있지. 전문계약직은 개인과 기업 모두 윈-윈 할 수 있는 방식이야."

"그거 괜찮은 직업이네요."

"왜, 구미가 당기나?"

"매력이 있는 직업 같아서요."

"또 퇴직 후 일하는 방식으로 1인 지식기업이 있네. 최근 들어 1인 기업, 1인 창조기업 등 1인 기업에 대한 관심이 높아지고 있지. 많은 미래학자들이 공통적으로 '앞으로 대부분의 일자리는 1인 기업에서 만들어진다.'고 말하고 있어. 특히, 중장년층이 인생 2막에서 새로운 일을 찾을 때 꼭 생각해봐야 하는 직업이지."

"지금 선배님이 1인 지식기업 아닙니까?"

"그렇지. 프리랜서로 일하는 1인 지식기업인이면서 자영업자지. 1인 지식기업이라 해서 반드시 혼자 해야만 하는 것은 아니야. 우리나라 '1인 창조기업 육성에 관한 법률'을 보면, 창의성과 전문성을 갖춘 1인 이 상시 근로자 없이 사업을 영위하는 기업은 물론 공동창업자, 공동 대표, 공동사업자 등의 형태로 공동으로 사업을 영위하는 자가 5인 미만일 경우도 '1인 창조기업'으로 인정하고 있다네."

"선배님, 1인 지식기업과 1인 창조기업의 차이가 뭐예요?"

"1인 지식기업은 '지식이나 정보'를 기반으로 1인 기업을 하는 것이고, 1인 창조기업은 제조업이나 지식서비스업 등 그 범위가 1인 지식기업보다 넓은 것을 말해. 여기에서 특히 '지식서비스업'에 집중하자는 것이 1인 지식기업이야."

"1인 지식기업은 어떻게 만들어요?"

"1인 지식기업을 만드는 방법에는 크게 세 가지가 있네. 첫째, 자신의 '직무 전문성'을 활용하는 방법이 있고, 둘째, '취미나 생활 노하우'를 활용하는 방법이 있어. 그리고 세 번째는 '관심 주제'에 대한 정보 제공을 하는 방법이 있네."

"만일 제가 글쓰기나 강의, 컨설팅을 하게 되면 저도 1인 지식기업이 되는 거네요."

"그렇지. 자네와 직접적으로 연관되는 것이 많으니 잘 들어보게. 첫째, '전문성'을 활용하는 방법이야. 대부분의 경력자들은 하나의 업종이나 직무에 오랫동안 근무하면서 나름의 경험, 전문성, 노하우를 가지고 있지. 이 강점들을 상품과 서비스의 형태로 바꾸어서 기업, 개인, 또는 단체 등에 파는 거야."

"구체적으로 어떤 상품과 서비스를 파는 겁니까?"

"1인 지식기업이 팔 수 있는 것은 크게 두 가지로 나눌 수 있네. 하나는 '지식상품'이고 다른 하나는 '지식서비스'야."

"2가지의 차이점이 무언가요?"

"지식상품은 지식을 개인과 분리시킬 수 있는 형태이고, 지식서비스는 개인이 몸을 직접 움직여야만 가능한 방식이야. 1인 지식기업의 지식상품은 주로 온라인 교육 프로그램, DVD 프로그램, 오디오 프로그램, 책·e-Book·보고서, 매뉴얼·가이드, 도구·템플릿 등의 형태를 말하는 거야. 그 밖에, 사람들이 주로 온라인에서 유료 또는 무료로 듣는 강의들이 대표적인 지식상품들이야. 많은 경우 1인 지식기업이라 하면 책을 떠올리는 데, 책이 아니어도 다양한 지식상품을 만들어 낼 수 있네. 대표적 사례가 '시장조사보고서', '사업타당성보고서', '시장전망보고서' 등이야. 내 후배 중에 헬스 케어 분야에서 25년 넘게 영업 전문가로 일했던 친구가 있네. 이 후배는 연말이면 각종 경제연구소에서 발표하는 다음 해의 경제 전망 관련된 정보와 수치들을 수집하지. 이 데이터들과 자신의 현장 경험을 바탕으로 헬스 케어 시장에 대한 다음 연도 '헬스케어시장전망보고서'를 발간했어. 그리고 작성한 보고서를 필요한 국내 헬스 케어 관련 사업을 하거나 관심 있는 기업들에게 판매하고 있지. 지식상품의 또 다른 형태는 '매뉴얼·가이드'야. 현장에서 실무를 담당하는 사람들이 가장 어려워하는 것 중의 하나가 담당 직무에 대한 구체적이고 실무 중심적인 직무 매뉴얼이나 가이드가 없다는 거야. 내 친구는 외식업체들이 필요로 하는 업무 매뉴얼과 고객 트렌드 조사 방법 매뉴얼을 만들어서 판매하고 있지."

"지식상품이 생각보다 다양하네요. 그럼, 지식서비스에는 어떤 것들이 있나요?"

"1인 지식기업의 대표적인 지식서비스 아이템은 강의나 강연이야. 내가 알고 있는 직무 전문성, 경험, 노하우를 강의나 강연으로 개발해서 필요한 사람들에게 전달하는 거지. 다만, 자신의 지식서비스 품질이 전문가 수준까지 끌어올려야 한다는 부담은 있네."

"선배님은 지금 지식상품과 지식서비스를 다 판매하고 있는 거네요."

"그렇지, 책도 쓰고 강의나 컨설팅을 하니까 대표적인 1인 지식기업이라고 할 수 있지. 또 지식서비스는 관심 있는 사람들을 대상으로 멤

버십을 운영할 수 있어. 1년 연회비를 받고 정기적으로 필요한 강의, 정보, 노하우를 제공하는 방법이지. 지식서비스는 1:1로 진행할 수도 있고 그룹으로 진행할 수도 있어. 코칭이나 컨설팅을 멀리 떨어진 사람에게 전화 또는 전화 세미나로 진행할 수도 있지. 그리고 관련 '체험 프로그램'을 만들어서 제공할 수도 있네."

"전문성을 이용해서 할 수 있는 일이 참 다양하네요."

"그렇지. 지금까지 1인 지식기업을 만드는 첫 번째 방법으로 직무 전문성을 활용하는 방법을 얘기했고, 두 번째 방법은 뭐가 있다고 했지?"

"생활 노하우를 이용하는 방법을 말씀하신 것 같은데요."

"그렇지. 두 번째는 '취미나 생활 노하우'를 활용하는 방법이야. 직무 관련 전문성이 아니더라도 취미나 생활 속 노하우를 활용하여 1인 지식기업을 할 수 있네. 취미를 살려 다른 사람들을 가르칠 수 있는 수준에 올라간 사람들이 있어. 예를 들어, 낚시를 처음 배우는 사람이 있다고 하면, 이런 사람들에게 큰 물고기를 잡는 노하우를 자세하게 알려주는 것도 한 방법이지. 알려주는 방법으로는 블로그, 동영상 강의, 매뉴얼 등이 있어. 참가자에게 취미가 무엇인지 묻고 그 취미에서 보다 높은 수준으로 실력을 향상시키기 위해 누군가 필요한 정보나 방법 등을 가르쳐준다면 돈을 내지 않겠어?"

"낼 것 같은데요."

"또 취미 외에 생활 노하우를 활용하는 방법이 있어. 생활 속에서 나만이 쌓은 노하우를 기반으로 1인 지식기업을 할 수 있어. 예를 들어, '책 빨리 읽기'처럼 자신의 생활 속에서 더욱 좋게, 빠르게, 싸게, 쉽게 할 수 있는 노하우를 알려주는 거야. 1인 지식기업을 활용하는 대표적인 사람들이 바로 '파워 블로거'들이야. 자신들의 취미나 생활 속에서의 강점을 블로그를 통해서 사람들에게 알리는 거지. 그렇게 알리다 보면 강의 요청도 들어오고 책도 출간하고, 또 블로그 간접광고를 통해 수익도 얻을 수 있지."

"파워 블로거들도 1인 지식기업이군요."

"당연하지. 그리고 1인 지식기업을 만드는 세 번째 방법이 '관심 주제'에 대한 정보를 제공하는 방법이야."

"관심 주제를 어떻게 활용하는 건가요?"

"평소 관심 있는 주제에 대한 정보를 모아 제공하는 방법이야. 가령, 우리나라에서 주식 투자로 성공한 사람들 20명을 인터뷰한 후, 그 것을 철저하게 분석해 '주식 투자 성공 비법 10가지'로 정리해서 책을 내는 거지. 일종의 지식상품이지. 자네가 그 분야에 관심이 있다면 그 책을 사보지 않겠나? 이렇게 직무 관련 전문성이 없고, 또 남들을 가르칠 만한 취미나 생활 속에서의 강점이 없어도 1인 지식기업을 할 수 있다네. 이 방법으로 세계적으로 크게 성공한 사람이 있는데 자네 누군지 아나? 자네도 잘 아는 사람인데."

"글쎄요."

"스티븐 코비(Stephen Covey)야. 스티븐 코비도 7가지 습관을 모두 자신이 직접 경험해서 정리한 것은 아니야. 역사상 뛰어났던 인물이나 성공했다고 인정받는 사람들의 전기를 읽거나 그들을 직접 만나 인터뷰한 정보를 7가지로 정리한 거지. 이 『성공하는 사람들의 7가지 습관』은 전 세계에서 38개 언어로 번역되었고, 총 1,500만 부 이상이 판매되었어. 또 그는 강연이나 리더십 프로그램으로 활용해 자기계발에 있어 세계적인 유명인사가 되었지. 즉, 관심 있는 주제에 대해 자료를 모아 깊이 연구하면 얼마든지 그 분야의 1인 지식기업이 될 수 있다네."

"관심이 많이 가는데요."

"1인 지식기업은 장점도 많아."

"어떤 좋은 점들이 있을까요?"

"우선, 창업 비용이 거의 들지 않아. 컴퓨터 한 대만 있으면 웬만한 일은 다 할 수 있거든. 나머지는 개인적인 노력이지. 둘째, 1인 지식기업은 내 역량에 따라 회사 다닐 때보다 더 많은 수익을 창출할 수도 있어. 가장 중요한 점은 세 번째야."

"그게 무언데요?"

"셋째, 자신이 정말 좋아하는 일을 할 기회를 만들 수 있다는 거야. 전문성을 활용하든, 취미나 생활 노하우나 관심 주제를 활용하든, 자신이 좋아하는 일을 할 수 있다는 점이야. 넷째, 인생 2막에서 일과 삶의 균형을 유지할 수 있다는 거야. 직장 생활에서는 하는 일과 시간을 내 맘대로 통제할 수 없었지만, 1인 지식기업은 일하는 내용, 방식, 시간을 얼마든지 자신이 조정할 수 있지. 그리고 여건이 허락하면 나이와 관계없이 할 수 있잖아. 1인 지식기업은, 무엇보다 자기 삶에 주인이 된다는 게 가장 좋은 것 같아."

"듣고 보니 저도 관심이 많이 가는데요. 정신이 바짝 듭니다."

"만일 자네가 1인 지식기업을 한다면 아주 고무적이지."

"어쨌든 힘이 납니다."

🔍 전문가창업, 창직, 사회공헌

"다음으로 '전문가창업'을 알아보세."

"전문가창업은 1인 지식기업과 비슷한 것 아닌가요?"

"그런 면도 있지. 전문가창업은 1인 지식기업이나 각 분야의 전문가들이 모여 함께 일을 하는 방식이야. 함께 공동 브랜드를 사용하고 상품이나 서비스의 판매를 위해 협업하는 모델이지. 창업이라고 하지만 내용상 '협업 공동체'에 가까운 형태야. 사실 1인 기업이 강력한 개인 브랜드를 구축하기가 쉽지 않고, 하더라도 많은 시간이 걸리기 때문에 전문가창업을 고려하는 것도 바람직해. 전문가창업은 1인 지식기업으로도 할 수 있고, 요즘 유행하는 사회적 기업이나 협동조합을 활용해서도 할 수 있어."

"전문가창업의 사례가 있으면 말씀해주세요."

"가령, 기업의 각종 분쟁 해결을 위한 교육 및 컨설팅 회사를 만들수 있지. 분쟁 해결을 위해서는 다양한 분야의 전문가들, 즉 회계사, 변호사, 국내 분쟁 전문가, 해외 분쟁 전문가 등이 필요해. 이런 전문가들이 협업 공동체를 만들어 분쟁 해결을 위한 교육이나 컨설팅을 개인이나 기업, 단체 등에 제공하는 거지. 전문가창업은 같은 일을 하는 사람들보다는 전문성이 다른 사람들끼리 함께하는 것이 바람직해. 주특기가 다르면 다양한 욕구를 충족할 수 있고 그만큼 사업 영역이 넓어질 수 있지."

"다양성은 부족하지만, 직무 전문성이 같은 사람들이 모여야 깊이를 더 할 수 있는 것 아닌가요?"

"그런 점이 있을 수 있겠지만, 직무 전문성이 비슷한 사람들이 팀을 만들면 자칫 파벌과 잘못된 경쟁의식으로 일의 완성도를 높이기가 어려울 수 있어. 이 밖에도 전문가창업은 수요처의 요구나 일의 종류에 따라 새로운 전문가 집단을 형성할 수도 있지."

"그런 문제가 있을 수 있겠군요."

"또 다른 일하는 방식으로 '창직(創職)'이 있네."

"창직은 말 그대로 새로운 일을 만들어내는 건가요?

"맞아, 기존에 없던 일을 만드는 거야. 글자 그대로 자신이 하고 싶은 일을 스스로 창조하는 거지. 기존에 없던 직업을 만든다는 의미에서 발명에 가깝다고 볼 수 있어. 자네 혹시 '생각 정리 전문가'라고 들어본 적 있나?"

"그런 직업도 있습니까?"

"'생각 정리 전문가' 또는 '생각 디자이너'는 '생각을 정리함으로써 일의 우선순위를 정하고 성공을 위한 전략을 수립한 후, 정리 도구를 이용해 문제 해결을 돕는 사람'이라고 자신의 블로그에 밝히고 있더군."

"그 사람은 어떻게 그런 생각을 했데요?"

"내가 아는 '생각 정리 전문가'는 과거의 직업이 보험회사 지점장이었어. 일반적으로 보험회사들은 아침마다 영업 회의를 하는데, 영업을 위한 아이디어는 많이 나와도 구체적인 영업 계획이나 영업 활동으로 이어지지 않는다는 거야. 그래서 나온 아이디어를 실행할 수 있는 구체적인 무언가가 필요했던 거지. 교육이나 컨설팅 분야를 조사해봤지만 비슷한 프로그램을 발견할 수 없었데. 그래서 자신이 만들어보겠다고 결심을 한 거야. 그 이후 관련 자료를 찾아 정리하고 자신만의 아이디어를 추가해서 '생각 정리 프로그램'을 만들었어. 지금은 주로 대중을 상대로 강의와 컨설팅을 하고 있지. 이처럼 주위에서 사람들이 불편해하는 부분을 관심을 가지고 세밀하게 관찰하면 나만의 직업을 만들 수 있다네."

"또 다른 방법으로 창직을 하는 것은 없습니까?"

"융합을 통한 방법도 있네. 생각 정리 전문가처럼 반짝이는 아이디어를 기반으로 만들 수도 있지만, 기존에 나와 있는 직업들의 융합을 통해서도 만들 수 있어. 여기 택시 이미지와 꽃집 사진을 한 번 보게."

"이 사진만 봐서는 무엇을 하는지 모르겠는데요."

"남편은 택시 운전을 하고 아내는 꽃집을 운영하고 있지. 택시 운전이라는 직업과 꽃집이라는 직업을 융합하면 어떤 새로운 직업이 나올 것 같나?"

"택시로 꽃 배달을 하는 겁니까?"

"그 직업은 이미 있네."

"그럼 꽃으로 장식한 택시를 말하는 겁니까?"

"'꽃택시'라면, 꽃으로 실내 장식을 한 점만 기존 택시와 다르고 본질적으로 택시 운전이라는 직업과 차이점이 없잖아?"

"그렇다면 다른 것이 언뜻 떠오르지 않는데요."

"택시와 꽃집이 만나 '화분 임대업'이라는 직업이 나왔다네."

"화분 임대업이요?"

"주로 개인 서비스를 하는 자영업자를 상대로 화분을 정기적으로 임대하거나 관리를 해주고 수수료를 받는 형식이지. 실제 개인 서비스 자영업, 가령 미용실이나 커피숍 또는 레스토랑 등은 실내 인테리어에 고민이 많거든. 화분 등의 식물로 인테리어를 하고 싶지만, 화분 관리에 자신이 없어 망설이는 업소가 많아. 이런 문제를 해결해주는 것이 바로 화분 임대업이야. 정기적으로 새로운 화분으로 교체해주거나 화분을 관리해주는 직업이지."

"창직은 고도의 관찰과 관심, 집중력이 필요하겠네요."

"그것이 창의력 아니겠는가. 창직은 우리 주변에서 얼마든지 찾을 수 있으면서도, 관심 있게 보지 않으면 좀처럼 찾기 힘든 직업이지. 그 밖에 IT 기술 융합이나 교육 서비스, 개인·사회 서비스, 문화 기반,

예술 기반, 디자인 응용 등의 분야에 새로 생기는 직업이 하나둘이 아니야. 얼마 전에 '미래형 신직업군'을 소개하는 서울산업통상진흥원을 다녀왔어. 그곳은 창직을 원하는 사람들을 수시로 모집해서 관심 있는 분야를 소개하고, 원하는 사람에게 거의 무료로 배울 수 있는 프로그램을 제공하고 있더군."

"저도 한 번 가볼 걸 그랬어요. 보신 것 중에 좀 새롭거나 특이한 게 있었나요?"

"다 새롭고 신기했어. 50여 가지 중에 '전문 업사이클러(upcycler)', '스마트 영상작가'에 대해 잠깐 이야기를 들었지."

"어떤 내용인데요."

"'전문 업사이클러'는 버려지는 물건을 친환경 디자인을 통해 고부가가치 제품으로 재탄생시키는 전문가야. '전문 업사이클러'는 업사이클링 분야에 취업이나 창업을 희망하거나 디자인·재사용·DYI 경험을 가진 사람, 창의적이고 새로운 시도를 즐기는 사람, 업사이클링 산업에 매력을 느끼고 전문성을 키우고자 하는 사람이면 누구든지 도전할 수 있어."

"그럼 그렇게 해서 어떤 일을 하는 건가요?"

"공공기관·일반기업의 환경·사회공헌 분야나 업사이클링 제품·서비스 기업 신규 창업을 할 수 있고, 일반기업의 업사이클링 브랜드 디자이너로 참여하거나 업사이클링 아티스트로 활동하기도 하며, 기업에서 콜라보레이션을 할 수 있다고 해."

"그런 것이 있었네요. 근데 소질이 있어도 그런 일을 하려면 좀 배워야 하지 않을까요?"

"서울산업통상진흥원에서 총 180시간, 15주에 걸쳐 강의와 실습을 제공하고 있어. 원하면 누구든지 배울 수 있을 거야."

"아! 그렇군요. 그리고 스마트 영상작가는 뭐하는 겁니까?"

"'스마트 영상작가'는 아날로그 감성으로 가족, 단체, 기업의 역사를 디지털 영상으로 기록하는 전문가야. 개인으로도 활동하지만 몇 사람이 함께 일을 수행하고 있지. '스마트 영상작가'는 주로 방송, 영화, 광고, 홍보 등 영상 관련 퇴직자들이 주로 하고 있더라고. 이분들은 총 121시간, 14주에 걸쳐 배우고 독립영상 제작사나 평생교육기관 강사, 아니면 1인 창업이나 협동조합 형태로 활동하고 있어."

"아, 그렇군요. 정말 좋은 정보를 얻었네요."

"이제 다양하게 일하는 방식의 마지막으로 '사회공헌'이 있네. 사회공헌은 봉사나 재능기부 등이 있어. 봉사와 헌신을 하더라도 철저한 준비를 하지 않으면, 오래 하지 못하고 보람을 느끼지 못하는 경우가 많아. 사회공헌에서 중요한 점은 봉사나 재능기부를 받는 사람이 필요로 하는 것을 제공할 수 있어야 한다는 거야. 즉, 내가 잘하는 것이 아니라 상대가 원하는 것을 제공하는 것이 중요하지."

… 8-4단원. 일하는 방식 복습하기

"그렇군요. 봉사할 때도 준비가 필요하군요."

"그렇지. 지금까지 일하는 방식을 살펴보았는데 다시 한 번 정리해 보세. 가장 먼저 어떤 직업을 보았지?"

"귀촌과 은퇴를 말씀하셨는데 '내 일' 찾기와 크게 관련이 없어 크게 다루지 않았습니다. 그리고 창업에서 점포창업과 기업창업을 언급했는데 점포창업에 대해서는 제 이야기로 대신했고요."

"그리고 우리가 무엇을 나눴지?"

"전문가창업인가요?"

"전문가창업은 훨씬 뒤에서 했고, 외주창업을 다루었지."

"아, 맞습니다."

"외주창업은 무엇을 하는 거라고 했지?

"아웃소싱하는 일 아닙니까?"

"그래, 기업들이 아웃소싱으로 구매하는 물품이나 용역 및 서비스를 창업 아이템으로 하는 것이라고 했지. 그리고 재취업은 어떤 방식이 있다고 했지?"

"재취업은 '동일 업종 동일 직무', '동일 직종 다른 직무', '다른 업종 동일 직무', '다른 업종 다른 직무' 이렇게 4가지 방식이 있다고 했습니다."

"기억을 잘하고 있구면, 그중에서 특히 다른 업종이나 다른 직무로 재취업하는 경우에 어떻게 해야 한다고 말했나?"

"글쎄요……."

"열린 마음으로 나의 경력이 시너지를 가장 잘 낼 수 있는 곳이 어딘지를 찾는 것이 중요하다고 말했네. 그리고 재취업과 유사한 것으로 무엇이 있다고 했지?"

"전문계약직이었던 것 같은데요."

"그래, 전문계약직은 다소 오랜 경험과 전문성을 갖춘 실무 전문가들이 생각해볼 수 직업으로 경영 계획 수립, 신사업 추진, 프로젝트 진행 등의 일을 일정 기간 동안 수행하는 일이라고 말했지. 다음에 우리가 다룬 게 뭐였지?"

"창직인가, 지식기업인가……, 잘 모르겠네요."

"1인 지식기업을 얘기했네. 1인 지식기업에는 접근 방법이 4가지가 있다고 했는데 생각나나?"

"잘 모르겠는데요."

"'전문성, 취미, 생활 노하우, 관심 주제' 등 4가지 방법으로 접근할 수 있다고 했지. 앞에서는 취미와 생활 노하우를 한데 묶어 세 가지로 했지. 1인 지식기업 다음의 전문가창업은 무어라고 했지?"

"1인 지식기업 또는 각 분야의 전문가들이 함께 모여서 일을 하는 방식으로 '협업 공동체'에 가까운 형태라고 하신 것 같은데요."

"그래, 맞아."

"그다음에는 무엇을 했지?"

"창직입니다."

"그 예로 어떤 직업이 있다고 했지?"

"'생각 정리 전문가'와 또 뭐가 있다고 했는데……."

"'화분 임대업', '전문 업사이클러', '스마트 영상작가' 등을 소개했지."

"네, 기억납니다."

"그리고 마지막으로 사회공헌에 대해 말했네. 지난 몇 시간 동안 쉬지 않고 다양하게 일하는 방식에 대해 이야기했는데, 자네 느낌이 어떤가?"

"아직 구체적인 것은 없지만, 내가 갖고 있는 흥미, 직무 전문성, 재능을 잘 살펴서 정말 원하는 일을 찾을 수 있다는 희망이 생깁니다."

"자네가 관심이 있고, 간절한 만큼 원하는 일을 찾을 수 있을 거네."

… 9단원. 단기 '내 일' 찾기

"지금까지 8단원에서 다양하게 일하는 방식을 알아봤네. 앞에서 찾앉던 '흥미, 직무 전문성, 재능'은 '내 일'을 찾기 위한 재료들이고, 다양하게 일하는 방식은 직업을 찾는 '틀'이었네. 이제 9단원에서 본격적으로 '내 일'을 찾아보도록 하세. 지금까지 찾은 자기 이해의 재료들을 다양하게 일하는 방식에 대입해 가면서 가능한 많은 '내 일' 후보들을 찾는 작업을 하겠네. 내가 준 실습지에 자기 이해 결과를 옮겨 적어보게."

"선배님, 자기 이해의 어떤 것을 말하는 거지요?"

"어제 했던 '흥미와 직무 전문성' 정리한 것과 오늘 앞에서 언급한 '재능'에서 찾은 '내 일'의 후보들이 있잖아. 그걸 실습지에 옮겨 적으라는 거야. 자기 이해 결과를 적을 때는 실습지의 관련 항목에 제대로 옮겨 적어야 하네. 잘 생각이 안 나면 내가 건네준 「50세 인사부장의 '내 일' 찾기 사례」를 참고로 하게."

"다 옮겨 적었습니다."

"수고했네. 자기 이해의 재료 중에 흥미 주제는 무엇이었나?"

"저의 흥미 주제는 글쓰기, 강의하기, 여행, 독서, 영어 공부 등 5가지입니다."

"직무 전문성은?"

"사업계획서 작성, 신규사업타당성 분석, 중국 시장 사업타당성 분석, CS센터 운영 비결, 직원 영업 교육 설계 및 운영, 견적서 작성 및 가격 협상 매뉴얼, 신제품에 대한 상업화 절차, 마케팅 전략, 영업 전략 및 기획, 신규 사업을 위한 TFT 운영 비결 이상 10가지입니다."

"그럼 재능은?"

"재능에서 찾은 것은 작가, 강사, 컨설턴트, 코치, 멘토, 상담가, 봉사자 등 7가지입니다."

"지금 적은 자기 이해 결과들의 창의적 융합을 통해 '내 일' 후보 일들을 찾을 때는, '열린 마음'이 중요하네. 앞의 인사부장 사례에서 '할 일' 아이디어를 찾아낸 것도 '열린 마음'으로 접근했기 때문에 가능했어. 그럼 '직무 전문성'과 '재능'을 다양하게 일하는 방식에 적용하면서 단기적으로 잘할 수 있는 '내 일' 후보를 가능한 한 많이 찾아보게. 먼저, 직무 전문성과 재능의 창의적 융합 영역이야. 전문성과 노하우를 가지고 있고 또 재능까지 함께 활용한다면 지금 당장 해도 잘할 수 있는 일들을 찾을 수 있네. 단기 '내 일' 아이디어는 실습지 영역, 즉 직무 전문성과 재능의 오른편에 적게. 적는 순서는 재취업, 전문계약직, 1인 지식기업, 전문가창업, 외주창업, 창직, 사회공헌 순으로 하게."

"'50세 인사부장의 '내 일' 찾기 사례'에서 '직무 전문성'과 '재능'을 융합해서 찾은 일을 보면 재취업, 전문계약직, 외주창업, 1인 지식기업(전문가창업)만 찾았는데요."

"그렇게 해도 틀린 것은 아닌데, 자네는 가능하면 다 찾아보게."

"예, 알겠습니다."

"그러면 융합하는 방법을 설명하겠네. 재취업부터 보게. 우선, '동일 업종 동일 직무'로 재취업하는 경우에 할 수 있는 일들을 찾아보게."

"그밖에 재취업 방법은 언제 하는 건가요?"

"'동일 업종 동일 직무' 외에 '동일 업종 다른 직무', '다른 업종 동일 직무'는 중기 '내 일' 찾기 할 때 사용하고, '다른 업종 다른 직무'는 장기 '내 일' 찾기에서 찾을 거야. '동일 업종 동일 직무'로 하는 재취업은 최근에 근무했던 회사의 경쟁회사, 1, 2차 협력회사, 동일 업종의 중소기업 등을 생각해보게. 떠오르는 회사 이름과 직무가 있으면 실습지에 기록해보게. 나이 등 재취업의 걸림돌은 지금 고려하지 말고, 보유하고 있는 전문성과 재능을 활용할 수 있다는 생각만 하네. 두 번째 전문계약직은 재취업하는 것이 아니라 회사의 위기 상황, 신규 사업 진출, 프로젝트 수행, 임원의 임시 공백 등의 상황에서 기간을 정해서 일하는 방식이라는 것을 상기하게. 성공 가능성은 생각하지 말고 일단 어떤 일이 있는지 아이디어에 집중하게. 세 번째 1인 지식기업은 보유하고 있는 전문성, 경험, 노하우를 활용해서 지식상품이나 지식서비스를 파는 것이네. 자네 지식상품과 지식서비스 아이템 생각나나?"

"지식상품은 주로 온라인 교육 프로그램, 책·e-Book·보고서, 매뉴얼·가이드 혹은 온라인에서 유료 또는 무료로 듣는 강의들을 말씀하신 것 같은데요. 그리고 지식서비스의 대표적인 아이템은 강의나 강연들이 있고요."

"자네 정말 대단해. 집중을 하고 있구먼. 네 번째 '전문가창업'은 전문성을 기반으로 사람들이 서로 모여서 공동 브랜드를 사용하고 협업 서비스를 하는 방식이며, 일반 기업 형태로 창업할 수도 있고 사회적 기업이나 협동조합 형태로 만들 수 있다고 했네. 다섯째 '외주창업'은 지금까지 다녔던 회사에서 아웃소싱하는 영역의 일부 아이템을 기반으로 하는 창업 방식이네. 여섯째 '창직'은 기존에 없던 직업을 만드는 것으로, 글자 그대로 내가 하고 싶은 일을 스스로 만들어 일을 주도적으로 하는 거야. 창직은 '이것이 직업이 될까?' 또는 '이것을 하면 돈을 벌 수 있을까?'라는 생각은 일단 접어두는 것이 중요해. 그리고 '이런 직업이 있었으면 좋겠다!'라는 측면을 생각하면서, 앞서 소개한 '생각 디자이너', '화분 임대업', '전문 업사이클러', '스마트 영상작가' 등의 사례를 상기해보게. 끝으로 사회공헌으로 할 수 있는 일을 찾아보게. 이렇게 단기 '내 일'을 찾기 위해 아이디어를 떠올릴 때, 현실적인 타당성이나 성공 가능성 또는 '돈은 얼마나 벌 수 있을까?' 하는 생각은 접어두고 다양한 아이디어를 찾는 데 집중하게. 이것으로 끝나는 게 아니고 앞으로 더 생각할 기회는 얼마든지 있으니까."

김재기는 후배 강도전이 단기 '내 일'을 찾는 동안, 잠시 1인 지식기업이 된 자신의 과거를 생각했다.

"다 적었습니다."

"어디 한 번 볼까?"

"근데 이렇게 적어도 되는지 모르겠어요."

김재기는 강도전이 찾은 단기 '내 일'을 살펴보았다.

"그럼 하나하나 읽어보게."

"재취업은 중소기업 영업팀장이나 전략·기획팀장을 적었습니다. 또 전문계약직은 중소기업 경영 혁신, 사업계획서 작성, 비즈니스 코칭 및 경영컨설팅을 적었어요. 그리고 경영지도사 자격증이 필요하다고 느꼈습니다. 1인 지식기업은 각종 제안서 작성, 사업타당성 분석, 영업계획서 작성, 각종 매뉴얼 작성 등을 적었습니다. 외주창업은 영업성과 측정 및 평가 서비스, 목표 영업 매뉴얼 서비스, 마케팅 프로모션 서비스를 적었습니다."

"많이 찾았네. 관심이 많구먼."

"또 전문가창업은 창업 아카데미를 생각하고 있습니다. 그리고 창직은 '죽을 때 후회하지 않는 사람 만들기 컨설턴트'를 적었습니다."

"이것은 무엇을 하는 것인가?"

"몇 년 전에, 일본의 호스피스 전문의인 오츠 슈이치 박사가 쓴 책 『죽을 때 후회하는 스물다섯 가지』를 읽었습니다. 죽을 때 가장 많이 후회하는 것이 '하고 싶은 것을 하지 않은 것'에 대한 후회였어요. 그래서 기회가 되면 '죽을 때 후회하지 않는 사람을 위한 컨설팅'을 한번 해보고 싶었습니다. 지금은 그냥 생각만 하고 있어요."

"아주 좋아. 생애 설계를 하다 보니까, 다양한 아이디어도 나오고 좋네. 사회공헌은 창업 아카데미 서비스를 적었구먼. 수고 많았어. 그래 직접 해보니 어떤가?"

"실행하든 안 하든, 내가 할 수 있는 일을 구체적으로 살펴볼 수 있어 좋습니다. 전에는 그냥 막연하게만 생각했는데, 이젠 많은 생각이 구체적으로 정리가 되네요. 특히, 마음에 열의가 생기고 희망이 보입니다."

"자네는 다른 사람들보다 잘하고 있네. 개인과 집단으로 이 프로그램을 운영해봤지만, 자네만큼 자기 일을 찾는 사람도 드물었네. 자네가 자랑스러워."

"과찬입니다."

"과찬이 아니라 사실을 말하는 거야. 무엇보다 자네가 진정으로 '내 일'을 찾아야겠다는 의지가 있어서 좋아. 오늘은 여기까지 하기로 하세. 내일 10단원에서는 장기 '내 일' 찾기와 직업 가치 파악하기 및 직업 정보를 탐색하는 방법을 알아볼 거야."

"예, 잘 알겠습니다. 선배님, 오늘은 제가 저녁을 대접하고 싶습니다. 집사람이 오늘은 꼭 선배님께 맛있는 저녁을 대접하고 오라고 했습니다. 이거 이행 안 하면 저 혼납니다."

"알았네. 그럼 우리 나가세. 자네, 오늘은 양식 어떤가?"

"오늘은 제가 사는 거니까, 선배님 좋으신 데로 가시지요. 양식도 좋고, 시간도 충분합니다."

"그럼 강남으로 넘어가세."

··· 진짜 물은 지표가 아닌 암반에서 얻는다

두 사람은 강남역 11번 출구를 나와 20대가 북적이는 이탈리안 음식점으로 들어갔다. 저녁 6시도 되기 전에 대기실은 손님들로 가득했다. 두 사람은 구석 자리로 안내됐다.

"선배님, 저희도 기다려야 하는 것 아닌가요?"

강도전이 기다리는 사람을 뒤로하고 안으로 들어가는 김재기의 귀에 대고 말했다.

"자네는 나만 따라오면 돼."

김재기가 예약을 해두었기 때문에 기다릴 필요가 없었다.

"교수님, 안녕하세요?"

"그래, 오랜만이야. 인사드려, 내 후배야."

"안녕하세요. 교수님의 애제자 김재원입니다."

"안녕하세요, 강도전입니다."

"그럼 교수님, 준비한 것으로 올리겠습니다."

"그렇게 해줘."

"선배님이 어떻게 젊은 사람들이 다니는 이런 곳을 아십니까?"

"김재원 사장 저 친구, 이제 스물여덟이야. 우리 집 애들보다 나이가 어리지."

"그렇습니까?"

"내가 외식업중앙회에서 위생교육 강의를 하는데, 강의 다음 날 나를 찾아온 거야."

"무슨 사정이 있었나요?"

"강의가 마음에 들었는지 나에게 점포 운영을 비롯해 사업 전반에 대해 개인교습을 해달라는 거야. 사업이 아주 어려운 상황은 아니지만, 사업을 더 잘하고 싶은데 너무 아는 게 없다고 사정을 하더군."

"젊은 사람이 대단하네요. 그래서 어떻게 하셨어요?"

"10개월간 지도했지. 두 사람이 동업을 하는데 중·고 동창이야. 둘은 신림동에서 포장마차로 돈을 좀 벌어 강남으로 입성했지. 점포를 내고 1년간은 은행 빚에 사채까지 쓰면서 적자로 허덕였어. 고민 끝에 메뉴와 인테리어를 바꾸면서 재기를 노렸지."

"음식 장사는 한번 기울면 재기가 쉽지 않은데……."

"김재원 사장이 용기를 내어 TV 음식 프로그램 피디를 찾아가서, 자기 레스토랑이 TV에 나오게 해달라고 몇 번을 졸랐는지 몰라. 보통 끈질긴 사람이 아니야. 보통 사람이면 포기했을 것을, 수도 없이 면박을 당하면서도 조르고 또 졸랐지. 될 때까지 도전하는 투철한 정신을 지닌 젊은이야. 결국, 창의적인 메뉴와 인테리어의 독창성을 인정받아 방송을 타게 되었지. 그때부터 매출이 늘기 시작했어. 사실 사업이 성장한 것은 방송보다 두 사람의 땀의 결실이야. 내가 오히려 훌륭한 제자들을 얻게 된 셈이지."

"평일인데도 손님이 많네요."

"얼마 전에 홍대점을 오픈했고, 다음 달에는 홍콩 지점을 개점할 예정이지. 대단한 친구들이야."

이야기를 하는 도중에 음식이 나왔다.

"그건 그렇고. 자네 나랑 프로그램을 진행해보니 어떤가?"

"할수록 빨려드는 게…… 제가 이런 것을 할 줄 몰랐습니다. 새로운 경험을 하게 해주셔서 정말 감사합니다."

"감사하긴, 내가 할 일을 하는 건데. 뜻이 있으면 누굴 만나도 기회를 얻게 돼 있어."

"선배님, 외람된 말씀입니다만……, 제가 원하는 '내 일'을 찾으면 과연 성공할 수 있을까요?"

"그건 왜 묻는 거지? 불안해서 묻는 건가?"

"…… 열심히 따라가려고는 하지만, 한편으로 불안한 마음이 들어서요. 선배님 앞에서 나이 얘기하는 건 좀 그렇지만, 이제 저도 50이 넘었고, 그동안 잘된 것도 없는데 앞으로 노력한다고 과연 성공할 수 있을까, 하는 의구심이 들어서요. 주변을 보면 나이 먹어 잘되기보다는 안되는 사람들이 더 많은 것 같고, 성공하는 사람들의 면면을 봐도 극히 일부 특별한 사람에만 국한되는 것 같아서, 제가 성공한다는 게 어렵겠다는 생각이 듭니다."

"아직 가보지 않은 길은 다 두렵고 어렵게 보여. 결심은 해도 마음 한편에선 안될 수 있다는 생각이 불쑥불쑥 올라온다네. 그리고 잘되는 사람보다 안되는 사람이 더 많은 건 사실이야. 그게 정상이고."

"왜 그게 정상이지요? 경쟁이 심해서 그런가요?"

"경쟁이 심해서가 아니야! 경쟁은 자기와의 경쟁밖에 없어. 내가 만난 성공하지 못한 대부분의 사람들은 시작할 때부터 안될 것을 시작하거나, 얼마 해보지도 않고 미리 안될 거라고 판단을 내리지. 또 하기 싫으면 자신이 안될 핑계를 만들어서 중간에 포기해버려서그래."

"미리 안될 것을 시작한다는 말이 무슨 뜻이지요?"

"남 잘되는 것을 따라 하는 거지. 그런 것은 해봐야 잘 안되거든. 그러니까 시작할 때부터 안될 것을 시작한 거야. 그리고 안되는 근본 원인은 재미가 없고, 재능을 발휘할 수 없거나, 의미를 느끼지 못하는 일에 도전해서그래. 그곳에선 자신이 어떤 역량을 가지고 있는지 알지 못할 뿐 아니라 밖으로 드러난 능력마저도 활용할 수 없거든. 그런 일은 자신을 믿지 못하게 하고 계속 의심하게 하지."

"애초부터 성공할 수 없는 일을 시작했다는 말이군요."

"그래. 도전은, 사람들이 일반적으로 생각하는 것보다 훨씬 더 어려운 일이야. 바닥이라 여겼던 곳 아래에 또 다른 바닥이 있거든. 국내 1위 청소도우미 파견 서비스 애플리케이션(앱) '미소'를 만든 빅터 칭 대표는 네 번의 창업을 하는 동안 많은 어려움을 겪었다고 해. '그렇게 힘든데 왜 계속 창업에 도전하느냐?'라는 질문에, '1조 원 가치의 스타트업을 유니콘이라고 하는데, 그 스타트업이 유니콘이 될 확률은 0.001퍼센트도 안 돼요. 그런데도 시작할 때는 늘 '나는 될 것 같다.'는 생각이 들기 때문이지요.'라고 말하더군. 남들은 정상이 아니라고 해도, 자신의 눈에는 '희망'이 보이니까 달려갈 수 있는 거지. 또, 국내 대기업 중에 0.00001퍼센트의 성공 가능성에 도전한 기업이 있어."

"0.00001퍼센트에 도전하다니요?""얼마 전, 세계 최초로 퇴행성관절염 치료제인 '인보사'를 개발해서 시판을 눈앞에 두고 있는 회사야. 당초에는 회사 임직원 모두가 이 사업을 반대했다고 해. 사업타당성보고서의 결과도 그렇고, 선진국에서도 감히 도전하기 힘든 사업이었거든. 그런데도 그룹 회장은 도전을 선택했지. '성공 가능성은 0.00001퍼센트였지만 미래 투자에는 대가가 따를 수밖에 없다.'며 과감하게 투자를 한 거야. '될 것 같은' 실낱같은 희망을 가지고 도전한 것은 큰 모험일 수 있겠지만, '할 수 있다'는 믿음이 있었기에 가능했던 거지."

"물론 그와 같은 확률은 상징적이겠지만, 그래도 너무 무모한 거 아닌가요?"

"그렇게 볼 수도 있지. 물론 최종 성공 여부는 좀 더 지켜봐야 하겠지만, 개인도 아닌 대기업이 남이 가지 않은 길을 선택한 것은 정말 대단한 일이야. 도전이란 늘 그래. 순탄하게 되는 게 없어. 하지만 간절한 일은 중도 포기만 하지 않으면 목적지에 이를 가능성이 가장 크지."

"그래도 지속적인 투자를 요하는 사업들은 계속하는 것이 쉽지 않잖아요."

"실패의 대부분은 눈앞의 결과에 연연해 끝까지 가지 못해 생기는 거야. 지금 우리가 먹는 이 음식점의 젊은 사장들이 중도에 포기하지 않았기에 오늘이 있는 것처럼, 자신의 간절한 꿈이라면 끝까지 가봐야 하지 않을까? 축구 시합에서 전반전에 골을 먹었다고, 야구 경기 초반에 몇 점 뒤졌다고 그 게임이 끝난 건가? 그러면 왜 축구에는 후반전이 있고, 야구는 9회까지 하나. 우리 인생의 도전도 끝까지 가지 않기 때문에 지고 끝나는 거야. 실제 물이 많은 우물도 지표에서만 삽질을 하면 물은 얻을 수 없어. 진짜 물은 흙에서 얻는 게 아니라 지표를 뚫고 들어가 암반을 만나야 얻을 수 있지. 깊게 팔 생각은 안 하고 이 우물 저 우물을 옮겨 다니며 지표에서만 삽질을 하면 물은 영원히 얻을 수 없다네. 지금 우리가 하고 있는 것이 물이 나올 만한 우물을 찾는 프로그램이야. 물론 찾아도 우물을 파는 수고와 암반을 뚫는 어려움은 감내해야 하지. 자네가 찾고 있는 장·단기 '내 일' 자체가 물을 보장하는 건 아니야. 물이 있을 가능성이 가장 큰 곳을 찾는 것에 지나지 않아. 그런 우물을 찾아 몇 층의 흙을 거둬내고 암반 속을 뚫어야 마침내 물을 퍼낼 수 있지. 하지만 지금 파고 있는 땅속에 물이 있다는 것이 확실하다고 가정해보게. 자네는 기분이 어떨 것 같나?"

"무슨 일이 있어도 끝까지 팔 것 같은데요."

"그렇지. 자네라면, 파는 게 힘들고 손발이 부르튼다고 포기하겠는가? 남들이, 물이 없을 것 같으니 다른 우물을 파보자고 한다고 해서 그쪽으로 달려가겠는가? 그렇지 않을 거야. 파는 과정이 아무리 힘이 들어도 기쁘고 즐겁게 파내려갈 거야. 자네는 지금, 즐거운 마음으로 끝까지 파내려갈 수 있는 그 우물을 찾고 있는 거야. 자네가 50세 운운하며 나이 얘기를 했는데, 우물을 파고 물을 길어올리기 좋은 나이가 자네와 같은 중년이지. 중년이 물을 찾아 길어올리는 데 힘을 주는 책이 있네."

⋯ 중년은 복권 당첨이다!

"어떤 책인데요?"

"『서드 에이지, 마흔 이후 30년』이야. 저자인 윌리엄 새들러 교수는 하버드대학 성인발달연구소에서 중년에 대한 연구를 해왔어. 45세에서 80세의 남녀 수십 명을 대상으로 연구한 12년간의 프로젝트지. 그는 인간의 수명이 길어지면서 우리에게 늘어난 세월은 마치 '복권'에 당첨된 것과 같다며, 또 다른 선택, 즉 '이륙'이 가능하다는 것을 보았다고 했지. 그는 그것을 자기 인생의 한복판에 있는 엄청난 성장 잠재력을 지닌 새로운 미개척지, '서드 에이지(Third Age)'라고 설명하고 있어. 부모나 조부모 세대의 경험과는 전혀 다른 모습으로 인생의 후반기를 창조할 수 있는 가능성이 열려 있으며, 그것은 전적으로 우리의 태도에 달려 있다고 말하고 있네. 서드 에이지의 가장 중요한 핵심은 '착륙'을 준비할 것인지 '이륙'을 준비할 것인지 우리에게 달려 있다는 거야."

"성장 잠재력을 지닌 미개척지가 우리 태도에 달려 있다는 게 인상적이네요."

"인생 후반의 삶은 '덤'이 아니라 우리 삶을 더욱 값지게 할 창조적 '기회'야."

"저도 그랬으면 좋겠어요. 근데 저는 남보다 너무 오래 걸리는 것 같아요."

"자네만 오래 걸리는 게 아니야. 퇴직하고 일찍 잘되는 경우는 드물어. 그리고 시작하자마자 잘되어도 계속 잘된다는 보장이 없어. 모든 사업에는 투자회수기간, 즉 투자한 비용을 회수하는 데 걸리는 기간이 있어. 투자회임기간이라고도 하지. 우리 인생 2막에도 원하는 길을 가는 데에는 투자회임기간이 필요하다네. 자네가 퇴직 후에 넘어지고 쓰러지고 한 것도 더 멀리, 더 높이 날기 위한 투자회임기간이지. 그게 자네의 참모습은 아니야."

"선배님은 투자회임기간을 거치면서 남 따라가고 싶은 적은 없었나요?"

"나라고 왜 없었겠나. 하지만 남 따라가서 실패한 후에는 생각이 달라졌어. 내가 실패한 후에 깨달은 것은 내 길, 즉 내 역량이 발휘될 수 있는 길이 아니고는 전혀 힘을 쓸 수 없다는 사실이야. 내 길을 가면서도 어려움을 당하고 가슴에 상처를 남겼지만, 그 길은 나를 속이지 않고 후회도 남기지 않았어. 자네, 이 세상에서 말이나 글로 나타낼 수 있는 가장 슬픈 표현이 뭔지 아나?"

"죽음인가요?"

"아니야. 가장 슬픈 표현은 '할 수 있었는데!'라는 말이야. 자신이 원하는 길은 '후회'라는 엄청난 고통은 남지 않아. 내가 회사로부터 해고 통지를 받았을 때 더할 수 없이 우울했고, 사업으로 전 재산을 잃었을 때는 죽을 것 같았지만, 이제는 내가 원하는 길을 내가 선택했

기에 남과 비교하지 않을 수 있고, 남 앞에서 으쓱하지 않아도 자존
감이 상실되지 않아서 좋아. 자네, 미국인들이 가장 애송하는 시가
뭔지 아나?"

"글쎄요……."

"로버트 프로스트(Robert Frost)의 「가지 않은 길」이라네. 미국인들은
개척자 정신 때문인지 유독 이 시를 좋아하지. 250년밖에 되지 않는
짧은 역사로 미국이 세계에서 가장 큰 영향력을 끼칠 수 있는 것도
'남 따라 하지 않으려는' 국민의 의식 구조 때문이 아닌가 생각하네.
'가지 않은 길'은 남과 경쟁이 아닌 자기하고만 경쟁하며 자신의 역량
을 유감없이 발휘할 수 있고, 설혹 처음에는 성공하지 못하더라도 원
인을 찾아 더 빨리 갈 수 있는 성공의 지름길이지. 보다 가치 있는 일
을 원하는 중년에게 가보지 않은 길은, 새로운 기회이자 행복의 길잡
이라네."

"새 일을 시작하는 것이 그렇게 부담으로 다가오더니 조금 마음이
놓이네요."

"얘기를 나누다 보니, 음식이 많이 남았네. 우리 먹고 얘기하세."

"음식이 기름지지 않고 깔끔하네요."

"많이 들게. 그리고 이거 가지고 가게."

"뭡니까?"

"시집이야. 집에 가면서 보게. 그리고 제수씨에게 잘 먹었다는 말 꼭
전해주게."

두 사람은 특별 디저트에다가 커피까지 마시고 음식점을 나왔다. 강
도전은 버스를 타고 창밖을 바라보다 김재기가 건넨 시집을 펼쳤다.

가지 않은 길

●

●

노란 숲 속에 길이 두 갈래로 났었습니다.
나는 두 길을 다 가지 못하는 것을 안타깝게 생각하면서,
오랫동안 서서 한 길이 굽어 꺾여 내려간 데까지,
바라다볼 수 있는 데까지 멀리 바라다보았습니다.

그리고 똑같이 아름다운 다른 길을 택했습니다.
그 길에는 풀이 더 있고 사람이 걸은 자취가 적어,
아마 더 걸어야 될 길이라고 나는 생각했었던 게지요.
그 길을 걸으므로, 그 길도 거의 같아질 것이지만.

그 날 아침 두 길에는
낙엽을 밟은 자취는 없었습니다.
아, 나는 다음 날을 위하여 한 길은 남겨두었습니다.
길은 길에 연하여 끝없으므로
내가 다시 돌아올 것을 의심하면서…….

훗날에 훗날에 나는 어디선가
한숨을 쉬며 이야기할 것입니다.
숲 속에 두 갈래 길이 있었다고,
나는 사람이 적게 간 길을 택하였다고,
그리고 그것 때문에 모든 것이 달라졌다고.

장기 '내 일' 찾기에 대한 가치 파악 및 정보 탐색

"직업 가치는 직업 선택 시 중요하게 여기는 나의 가치를 말하고, 직업 정보는 직무, 수입, 전망, 필요 핵심역량, 취업 가능성, 직업 적 수요 등을 나타낸다네."

··· 10-1단원. 중기 '내 일' 찾기

"선배님, 저 왔습니다."

"어서 들어오게. 어제는 자네 덕분에 잘 먹었네."

"선배님이 좋은 곳을 데려가 주셔서 제가 잘 먹었지요. 오랜만에 젊은이들과 어울리며 음악도 듣고 맛있는 음식도 먹어서 좋았습니다."

"나이를 떠나서 다른 세대와 어울리는 것도 괜찮아. 참, 집사람에게 고맙다고 전했나?"

"예, 다음에는 집으로 한 번 모시겠다고 하던데요."

"그래, 시간 봐서 그렇게 하지. 오늘은 메밀차를 한잔하세."

"예, 좋습니다."

"가끔 구수한 메밀 향이 생각날 때가 있어. 그러면 또 시작해볼까?"

"예, 좋습니다."

"우리 그동안 진행한 것을 간단히 살펴보고, 10단원으로 넘어가세. 우리가 첫째 날 무엇을 했지?"

"베이비부머의 삶을 돌아보고 사례를 들었던 것 같아요."

"그래. 첫째 날은 그동안의 삶과 앞으로의 도전, 그리고 사무직 퇴직자의 취업 현황 및 사례를 살펴보았지. 둘째 날은 '내 일'을 찾는 새로운 시각으로 '자기 이해'를 위해 '흥미'를 탐색했고, '직무 전문성'을 정리했어. 셋째 날, 어제는 무엇을 했지?"

"어제는 재능을 찾고 다양하게 일하는 방식을 살펴보았습니다. 그리고 직무 전문성과 재능을 융합해서 단기 '내 일'을 찾았고요."

"잘 기억하고 있구먼. 또, '자기 이해'를 돕기 위한 '흥미, 직무 전문성, 재능'을 '내 일'을 찾는 재료라고 한다면, '다양하게 일하는 방식'은 무어라고 했지?"

"…… 글쎄요, 잘 모르겠는데요."

"일을 찾는 '틀'이라고 했잖아."

"아! 맞습니다. 일을 찾는 '재료'와 '틀', 기억납니다. 재료들을 창의적으로 융합해서 직업 틀에 잘 넣어 '내 일'을 찾는 것 기억나네요."

"오늘은 장기 '내 일'을 찾고 직업 가치를 파악하며 직업 정보를 탐색하는 방법을 알아볼 거야. 우선, 10단원에서는 중·장기 '내 일'을 찾기 위해 새롭게 시도할 수 있는 일을 찾아보고, '해방 시점'을 정하며 장·단기 '할 일'의 우선순위를 정할 거야."

"근데 '해방 시점'이 뭐예요?"

"해방 시점은 부모로서 자녀에 대한 책임 범위를 벗어나는 시점을 말하네. 주로 재무적 측면을 고려하지만, 심리적인 측면도 감안하지. 뒤에서 자세히 다루니까, 그때 다시 얘기하세."

"알겠습니다."

"그러면 중기 '내 일'을 찾기 위해 새롭게 시도할 수 있는 '내 일'을 찾는 방법을 알아보세. 지난 단원에서는 직무 전문성과 재능의 창의적 융합을 통해 지금 당장 잘할 수 있는, 단기 '내 일' 후보들을 찾는 작업을 진행했네. 지금부터는 새롭게 시도할 수 있는 중기 '내 일' 후보들과 장기적으로 도전할 수 있는 장기 '내 일' 후보들을 찾을 거야. 먼저 '직무 전문성'과 '흥미'의 창의적 융합을 통해 '새롭게 시도할 수 있는 일', 즉 중기 '내 일'을 찾는 작업을 해보세. 앞에서 했던 단기 할 일 찾기와 진행 방법은 비슷해. 먼저 재취업으로 할 수 있는 곳을 찾아보세. '내 일' 찾기 실습지를 펼쳐보게. 먼저 '동일 업종 다른 직무'로 재취업하는 경우에 할 수 있는 일들을 찾아보게."

"선배님, '동일 업종 동일 직무'의 재취업은 안 하나요?"

"앞에서 직무 전문성과 재능을 융합한 단기 '내 일' 찾기에서 '동일 업종 동일 직무'로 재취업하는 것을 찾았기 때문에, 여기서는 '동일 업종 다른 직무'로 재취업을 해볼 거야. '동일 업종 다른 직무'라면 어떤 회사로 재취업할 수 있을까?"

"'동일 업종 다른 직무'는 전문성과 경험이 높은 경우, 동일 업종의 중견·중소기업이나 근무했던 회사의 경쟁회사, 1·2차 협력업체 등을 상대로 자문, 코칭, 교육 및 컨설팅을 하는 회사로의 재취업이 가능하지 않을까요?"

"그렇지, 그렇게 하면 돼. 특히, 재취업 성공 여부는 생각하지 말게.

다음은 '다른 업종 동일 직무'로 재취업하는 경우야. 이 경우 어떤 회사로 재취업할 수 있겠나?"

"'다른 업종 동일 직무'의 재취업은 새롭게 등장하는 업종이 맞겠는데요."

"그렇지. 그 외에 비즈니스 방식이 유사한 업종이나 고객을 공유하는 업종이 어울리지. 어쨌든 재취업 가능성은 생각하지 말고 아이디어를 많이 찾아내는 데 신경을 쓰게. 그다음은 전문계약직으로 할 수 있는 일들을 찾아보도록 하게."

"선배님, '다른 업종 다른 직무'의 재취업은 안 하나요?"

"그것은 장기 '내 일' 찾기에서 할 거야."

"아, 그렇군요. 이제 좀 감이 잡히네요."

"그럼, 전문계약직을 살펴보세. 전문계약직은 어떤 방식으로 일한다고 했지?"

"전문계약직은 정규직으로 취업하는 것이 아니라 회사의 위기 상황, 신규 사업 진출, 프로젝트 수행, 임원의 공백 등의 상황에서 기간을 정해서 일하는 방식입니다."

"맞아. 이것을 적을 때도 성공 가능성은 생각하지 말고 일단 아이디어에 집중하게. 다음은 1인 지식기업으로 할 수 있는 일을 찾도록 하게. 1인 지식기업으로 어떤 일을 할 수 있다고 했지?"

"2가지가 있는데……, 지식상품과 지식서비스가 있다고 했습니다."

"지식상품이나 지식서비스에 어떤 일들이 있다고 했지?"

"기억이 가물가물하네요."

"1인 지식기업의 지식상품은 주로 온라인 교육 프로그램, DVD 프로그램, 오디오 프로그램, 책·e-Book·보고서, 매뉴얼·가이드, 도구·

템플릿 등이 있고, 지식서비스는 강의나 강연이 있다고 했어. 1인 지식기업의 아이디어를 떠올릴 때, '흥미'에 집중하면서 할 수 있는 일을 생각해보게. 다음은 전문가창업으로 할 수 있는 일들을 찾도록 하게. 전문가창업은 어떤 일이 있는지 기억나나?"

"전문가창업은 전문성을 기반으로 사람들이 서로 모여 공동 브랜드를 사용하고 협업 서비스를 하는 방식으로, 일반 기업 형태로 창업할 수도 있고 사회적 기업이나 협동조합 형태로 만들 수도 있습니다."

"잘 알고 있구먼. 그럼 다음으로 외주창업으로 할 수 있는 일들을 찾도록 하게. 외주창업은 어떤 일을 한다고 했지?"

"외주창업은 다녔던 회사에서 아웃소싱하는 영역의 일부 아이템을 기반으로 창업하는 방식으로 기업들의 교육, 복지, 인사, 소모품, IT, 운영 등의 영역이 있습니다."

"그러면 창직으로 할 수 있는 일은 어떤 일이 있다고 했지?"

"기존에 없던 직업을 만들어 내는 것으로, '생각 정리 전문가', '화분 임대업' 또 뭐가 있었는데……."

"'전문 업사이클러', '스마트 영상작가' 등이 있다고 했지. 특히, 창직은 '이것이 직업이 될까?' '이것을 하면 돈을 벌 수 있을까?'라는 생각은 접어두고, '이런 직업이 있었으면 좋겠다!'라는 생각을 계속하면 좋은 아이디어가 떠오를 수 있어. 다음, 사회공헌으로 할 수 있는 일은 어떤 것이 있을까?"

"장애인 도우미나 외국어를 활용해서 외국인 근로자를 돕는 방법도 있을 것 같네요."

"맞아. 재능 기부나 봉사를 하더라도 전문적인 식견과 교육이 필요하다고 했네. 끝으로 새롭게 시도할 수 있는 일로 귀농이 있어."

"귀농은 단기 '내 일'에서 빠졌던 것 같은데요."

"귀농은 중장기 '내 일'에 들어가 있네. 그리고 위에서 언급하지 않은 일하기 방식으로 '여러 가지' 일을 조합하는 방식이 있어."

"여러 일을 조합해서 하다니요?"

"직장인이 일하는 방식은 보통 한 직장에서 월요일부터 금요일까지 일을 하지만, 새롭게 시도할 수 있는 일을 찾을 때는 매일 같은 일만 해야 하는 것은 아니야. 여러 가지 일을 묶어서 함께할 수도 있지. 예를 들어, 월·수·금요일 오전은 전문계약직으로 일하고, 화요일은 1인 지식기업으로 강의를 하고, 목요일 오후는 사회공헌 활동을 하며, 월요일과 수요일 오후에는 나만의 지식상품, 즉 강의를 준비하면서 시간을 보낼 수 있지. 새롭게 시도할 수 있는 할 일 찾기에서 여러 가지 일을 동시에 하는 것도 바람직한 방법의 하나지. 중요한 것은 주어진 시간 안에 내가 하고 싶은 일들을 얼마나 할 수 있느냐 하는 거야."

"그렇게 할 수도 있겠군요. 지금 선배님은 어떻게 하고 계세요?"

"나는 강의와 저술, 기업자문, 경영컨설팅, 자원봉사 등을 하고 있으니까, 일주일에도 1인 지식기업, 전문계약직, 사회공헌 등 다양한 일을 하는 셈이지. 할 일을 찾기 위해 아이디어를 구상할 때는, 현실적 타당성, 성공 가능성, 금전적 수입 등은 일단 내려놓고 다양한 아이디어를 찾아내는 데 집중하게."

"알겠습니다."

"그럼, 이제 생각한 것을 정리해서 하나하나 실습지에 적게."

김재기는 강도전이 새롭게 시도할 수 있는 일을 찾는 동안, 다음 주에 있을 베이비부머 생애 설계 프로그램에 대한 강의 자료를 준비했다.

"다 했습니다."

"25분 걸렸구먼. 빨리 찾았네. 그러면 찾은 것을 한 번 말해보게."

"재취업의 '동일 업종 다른 직무'는 중소기업 영업 조직 운영 팀장으로 했고, '다른 업종 동일 직무'로는 영업 운용 아웃소싱 회사로 정했습니다. 전문계약직으로는 사업계획서 작성, 경영컨설팅을 적었고, 1인 지식기업(전문가창업)으로 비즈니스 코칭, 전문작가, 영업계획서 작성, 각종 매뉴얼 작성 등을 적었어요. 또 외주창업은 영업성과 측정 및 평가 서비스 회사, 마케팅 프로모션 서비스를 적었습니다. 창직은 '죽을 때 후회하지 않는 사람 만들기 컨설턴트(버킷리스트 찾아주기)'와 '이야기 들어주기'를 적었습니다."

"'이야기 들어주기'는 무언가?"

"하고 싶은 이야기가 있어도 들어줄 사람이 없고 얘기할 상대가 없어 외로워하는 분들을 위해, 한 시간이나 두 시간 정도 함께하는 겁니다. 힐링 차원에서 필요한 일이 아닌가 생각합니다."

"그런 아이디어가 있었구먼. 참신한 생각이야. 계속하게."

"또, 사회공헌은 창업 아카데미 서비스와 외국인을 위한 통역을 적었습니다."

"많이 찾았구먼. 수고 많았네. 그래, 해보니 어떤가?"

"단기 '내 일'을 찾을 때와는 달리, 내가 가지고 있는 관심이나 재미 등과 연결하니까 좀 더 깊이 생각할 수 있어서 좋네요."

"자네는 지금까지 직무 전문성과 흥미의 창의적 융합을 통해 '내 일' 아이디어를 찾는 작업을 했네."

"선배님, '내 일'을 찾는데 장기, 중기, 단기로 나누는 이유는 뭐예요?"

"질문 잘했네. 퇴직 후 '내 일'을 찾는 것은 당장 할 일을 찾기도 하고, 10년 혹은 20~30년의 시간을 두고 할 일을 찾는 것이기도 해. 즉, '내 일' 찾기는 단기적으로 할 일은 물론, 장기적으로 할 일을 찾는 거지. 사람에 따라 다를 수 있지만, 우리의 수명이 늘어나면서 단기보다 장기적으로 할 일을 찾는 게 더 중요해."

"그래서 좀 전에 말한 '해방 시점'이 필요한 거군요."

"그렇지. 단기와 장기를 구별하는 기준 시점이 필요해서 해방 시점을 정한 거야. '해방 시점'은 '부모로서의 책임은 어디까지인가?'와 가장 밀접하게 관련되어 있어."

"해방 시점은 구체적으로 무엇을 말하는 거예요?"

"부모로서 자녀에 대한 책임 범위를 벗어나는 시점을 말하는 거야. 해방 시점은 각 사람이 받아들이는 정도에 따라 다르네. 자녀에 대한 부모의 책임이 대학 졸업, 취업, 결혼까지라는 사람도 있고, 평생 애프터서비스해야 한다는 사람도 있어."

"자네의 해방 시점은 언제라고 생각하나?"

"글쎄요. 애들이 결혼할 때까지는 책임을 져야 하지 않을까요?"

"그렇게 해방 시점은 개인의 사고에 따라 달라. 각자 자신의 해방 시점을 계산해보는 것이 중요해."

"해방 시점을 아는 것이 왜 중요한 거지요?"

"자신의 해방 시점에 따라 장기나 중·단기 할 일을 찾는 기준 시점이 다를 수 있어서그래."

"꼭 그렇게 외부적인 요인으로 '내 일'을 나누어야 하나요?"

"그렇지는 않아. 경제적·심리적 측면에서 그런 점을 고려하자는 거지. 해방 시점 전이라도 자기가 하고 싶은 일은 얼마든지 할 수 있어. 많은 베이비부머들이 자녀들에 대한 부담을 갖고 있어서 그런 점을 고려한 거야."

"그렇군요."

"'부모의 자녀양육 책임 범위'를 묻는 2013년 보건사회연구원 자료에 의하면, 대학을 졸업할 때까지가 49.6퍼센트, 취업할 때까지가 15.7퍼센트, 혼인할 때까지가 20.4퍼센트, 심지어 언제까지라도 책임져야 한다가 4.6퍼센트나 돼. 고등학교를 졸업할 때까지라고 응답한 사람도 8.9퍼센트가 되고."

"기준점으로 삼는 것은 경제적 이유가 제일 큰가요?"

"그렇지. 해방 시점부터는 부모로서 자녀에 대한 '재무적 부담'에서 벗어나 나만을 위한 일을 할 수 있는 시기를 결정할 수 있기 때문이지."

"결국 '해방 시점'은 자녀에 대한 물질적 부담에서 부모가 벗어날 수 있는 심리적인 상태를 말하는 거네요."

"그렇지. 그럼, 내가 준 '해방 시점 정하기' 실습지를 펴서 작성해보게."

"실습지 표 좌측의 졸업, 취업, 결혼 중에서 자네가 생각할 때 아이들에 대한 자네 부부의 책임이 어디까지라고 생각하는지 동그라미를 하게. 나머지 빈칸에는 자녀별로 졸업, 취업, 결혼하는 예상 연도를 적고, 졸업은 정확하게 예상할 수 있지만, 취업과 결혼은 정확하게 예상이 안 될 수 있어. 그래도 가능한 예상 연도를 적어봐. 최종적으로 부모로서의 책임, 즉 재무적 부담에서 벗어나는 연도를 정하면 돼."

"실습지 상단에 나이 어린아이부터 아이들의 이름을 적도록 하게."

"여기 보면 자녀가 3명만 돼 있는데, 혹시 4명 이상이면 어떻게 적나요?"

"그런 경우는 나이가 가장 어린 순서부터 적으면 돼."

"해방 시점과 관계없이 일에 도전하거나 예상 연도를 정할 수도 있 나요?"

"물론이지. 자녀들의 졸업, 취업, 결혼과 상관없이 내가 하고 싶은 일에 도전하거나, 또는 자네 스스로 마음속으로 정한 연도가 있으면 그 목표연도를 적으면 돼. 해방 연도의 자네 나이와 막내 자녀의 나이 도 적게."

"실습지에 다 적었으면 한번 말해보게."

"예, 저의 해방 연도는 57세로 정했습니다. 그때 막내 나이가 29세입 니다."

"혹시 그렇게 정한 이유라도 있나?"

"큰애는 5년 후쯤 결혼할 예정이고, 작은애는 큰애가 시집간 다음 해에 시키려고 하고 있습니다. 지금 제가 51세이니까 57세면 두 아이 다 출가시킬 예정이니, 그때가 제 해방 연도가 될 것 같아요."

"내가 볼 땐, 자네의 해방 연도는 다른 베이비부머에 비해 다소 빠 른 것 같네. 좋은 현상이야. 해방 연도는 빠르면 빠를수록 좋지. 그만 큼 재무적 부담에서 일찍 벗어나 할 일을 찾는 데 여유가 생길 수 있 으니까. 대부분의 베이비부머들은 해방 시점까지는 부모로서의 책임 을 다하기 위해 재무적 측면을 많이 고려하지."

"선배님은 어떠셨어요?"

"나는 좀 달랐던 것 같아. 사업을 실패한 후에는 장기 '내 일' 찾기 에 중점을 두었지."

"특별한 이유라도 있었나요?"

"내가 하고 싶은 일이 가장 빠른 길이라고 생각했어. 그래서 재취업이나 전문계약직보다 내가 즐겁고, 잘할 수 있으며, 의미 있는 일을 하고 싶었어. 결국, 그 일들은 다 장기적으로 고려해야 할 일들이었지. 한 2년 동안은 거의 수입이 없었어. 이따금씩 강의가 있었지만, 그것으로는 내 용돈하기도 빠듯했지. 장기 '내 일'이 그런 장단점을 가지고 있어. 배워서 평생 하기는 좋은데 당장 수입이 없거나 적다는 게 단점이지. 해방 시점 전에는, 장기적으로 하고 싶은 일보다 당장 할 수 있는 일에 마음이 먼저 가는 게 인지상정이야. 내 사무실 내담자들을 보면, 해방 시점 전이라도 자신이 하고 싶은 일을 찾는 퇴직자들이 많아지고 있어. 고무적인 일이지. 그건 그렇고, 우리 어디까지 했지?"

"해방 시점 정하기까지 했습니다."

"그렇지. '해방 시점' 이후는 자네에게 어떤 의미가 있을 것 같나?"

"아무래도 돈 걱정에서 어느 정도 해방되면, 제가 하고 싶은 일을 하는데 부담이 적을 것 같아요. 살아가는 데 가치에 더 신경을 쓸 것 같아요."

"그렇구먼. 좋은 생각이야. 지금까지 직무 전문성과 흥미의 융합을 통해 새롭게 시도할 수 있는 일들을 찾았는데, 이제는 '흥미'와 '재능'의 융합을 통해 장기적으로 도전할 일을 찾아보세. 단기와 장기의 구분 시점은 '해방 시점'을 기준으로 하면 되네. 해방 시점 이전은 단기적으로 할 수 있는 일들이고, 해방 시점 이후는 장기적으로 도전할 수 있는 일들이지. 중기, 즉 새롭게 시도할 수 있는 일과 관련된 아이디어들 중 일부는 단기로 옮길 수도 있고, 장기로 옮길 수도 있네. 최종적으로는 단기와 장기 두 종류로만 구분할 거야."

"선배님, 그러면 중기, 즉 새롭게 시도할 수 있는 일은 왜 찾은 겁니까?"

"중기적으로 할 수 있는 일을 찾은 이유는 보다 많은 아이디어를 찾아내기 위해서 한 것이야."

"아, 그렇군요. 잘 알겠습니다."

▷ '해방 시점' 정하기: 자녀별 졸업, 취업, 결혼 예상 시기 생각해보기

구분	자녀1 ( )	자녀2 ( )	자녀3 ( )
졸업			
취업			
결혼			
기타			
해방 연도( )년	나의 나이 (세)		
	(막내)자녀의 나이 (세)		

··· 10-3단원. 장기 '내 일' 찾기

"지금까지 '직무 전문성'과 '재능'의 융합을 통해 당장 잘할 수 있는 일을 찾았고, '직무 전문성'과 '흥미'의 융합을 통해 새롭게 시도할 수 있는 일의 후보들을 찾았네. 이제 마지막으로 '흥미'와 '재능'을 융합해서 장기적으로 도전할 수 있는 일을 찾아보세."

"장기적인 일의 종류는 단기나 중기와 같은가요?"

"장기 '내 일'에는 재취업에서 '다른 업종 다른 직무'로 찾는 것과 '꼭 한번 하고 싶은 일'이 있네. 그 외에는 같아. 그럼 복습하는 의미에서

재취업부터 다시 한 번 살펴보도록 하지. 자네는 '다른 업종 다른 직무'로 재취업한다면 어떤 회사로 재취업할 것 같나?"

"글쎄요……, 깊게 생각해보지 않아서 잘 모르겠네요. 다른 사람들은 어떻게 했는지 사례를 좀 들려주세요."

"그럼 몇 가지 사례를 살펴보지. 외국 IT 회사 임원으로 근무하다 퇴직한 후에 대학교 산학협력교수로 재취업한 경우가 있고, 건자재업체에서 퇴직한 후 물류 IT 컨설팅회사로 전직한 경우도 있어. 또, 국방기술품질원에서 정년퇴직 후 중소 제조기업 기술자문으로 새롭게 취업을 한 경우도 있지. '다른 업종 다른 직무'로 재취업하는 데 유의할 점은, 자신의 전문성과 경험이 시너지를 낼 수 있는 직무를 찾아내는 거야. 특히, 새롭게 등장하는 업종을 유심히 살펴볼 필요가 있네. '다른 업종 다른 직무'로 재취업을 원하는 경우 '열린 자세'를 갖는 것이 중요해."

"열린 자세라면 어떤 것을 말하는 거지요?"

"처음 대하는 업종이나 직무를 일정한 틀에 넣고 생각하기보다, 자신의 전문성과 경험을 바탕으로 얼마든지 할 수 있다는 자신감과 도전정신을 갖는 거야. 또, 필요에 따라서는 부족한 부분을 채워서 도전하겠다는 의지를 쌓는 거지."

"열린 자세를 갖게 되면 일에 대한 시각도 넓어지겠네요."

"그렇지. 장기 '내 일'에서 재취업은 도전정신이 필요해. 재취업 다음은 뭐였지?"

"전문계약직입니다."

"전문계약직은 무엇을 하는 것이라고 했지?"

"전문계약직은 정규직으로 재취업하는 것이 아니라 회사의 위기 상황, 신규 사업 진출, 프로젝트 수행, 임원의 공백 등의 상황에서 기간을 정해서 일하는 방식입니다."

"이젠 거의 외웠구먼. 그럼, 1인 지식기업은 어떻게 설명할 수 있나?"

"1인 지식기업은 보유하고 있는 전문성, 경험, 노하우를 활용해서 일하는 지식상품이나 지식서비스가 있습니다. 지식상품은 책·e-Book·보고서, 매뉴얼·가이드, 도구·템플릿 등이 있고, 지식서비스는 코칭이나 멘토링 또는 강의나 강연 등이 있습니다."

"이젠 완전히 숙지했구먼. 전문가창업은 어떻게 되지?"

"전문가창업은 전문성을 기반으로 사람들이 서로 모여 공동 브랜드를 사용하고 협업 서비스를 하는 방식입니다. 일반 기업 형태로 창업할 수도 있고, 사회적 기업이나 협동조합 형태로 만들 수도 있지요."

"창직은?"

"'스마트 영상작가', '화분 임대업' 등의 사례에서 보듯이, 없었던 일을 만들어 내는 겁니다."

"주의할 점은 뭐라고 했지?"

"'이것이 직업이 될까?', '이것을 하면 돈을 벌 수 있을까?'라는 생각은 접어두고, '이런 직업이 있었으면 좋겠다!'라는 생각을 많이 하는게 중요하다고 했습니다."

"그리고 다음은 '꼭 한번 해보고 싶었던 일들'이야. 막연한 생각이나 '00하는 일' 수준이라도 꼭 한 번 도전해보고 싶었던 일을 떠올려보게. 마지막으로는, '여러 가지' 일을 조합해서 하는 일도 생각해보고. 아이디어를 찾으며 현실적 타당성이나 성공 가능성, 또는 얼마나 돈을 많이 벌 수 있는지 등은 생각하지 말고 다양한 아이디어를 찾아내는데 주안점을 두게. 지금 가지고 있는 흥미와 재능 융합은 장기적으로

도전해볼 수 있는 일들을 찾는 작업이야. 이를 위해서는 자격증을 따고, 새로운 지식이나 기술을 배워야 할 때가 많아. 때로는 그 일이 가능한지에 대해 의문이 들 수도 있지. 하지만 이 단계에서는 상상의 날개를 펴고 가능한 많은 아이디어를 찾아내는 것이 중요하다네. 시간은 지금부터 25분을 줄 테니 실습지에 장기적인 '내 일'을 적어보게."

김재기는 펜션 사업에 실패하고 할 일을 찾을 때 작성했던 내용들을 들척이며 회한에 잠겼다.

"다 적었습니다."

"수고했네. 장기적으로 할 일에 어떤 것이 있었나?"

"앞서 했던 중기 일과 겹치는 것도 있고요, 일부 다른 일도 있네요."

"근데 여기 보니, 재취업을 적지 않았네. 빼먹은 건가?"

"지금은 재취업보다는 제가 원하는 일을 하고 싶어서 재취업은 쓰지 않았습니다."

"알았네. 그럼 단기, 중기, 장기로 찾아낸 아이디어를, 똑같은 중복은 하나로 계산하고 유사하지만 약간 서로 다른 것은 두 개로 계산하면 전체 개수가 몇 개나 되나?"

"17개 정도 되는데요."

"그 정도면 괜찮은 편이네. 앞으로 시간을 두고 천천히 생각하면 지금까지 실습을 통해서 찾은 아이디어보다 더 많은 일들을 찾을 수 있네. '내 일' 찾기는 한 번으로 끝나는 것이 아니야. 앞으로 살아가면서 수정도 하고 새로운 전략도 세우면서 첨삭 과정을 거친다네. 지금까지 직무 전문성과 재능의 융합을 통해서 당장 잘할 수 있는 일, 직무 전문성과 흥미의 융합을 통해서 새롭게 시도할 수 있는 일, 그리고 재능과 흥미의 융합을 통해서 장기적으로 시도할 수 있는 일들에 대해 많은 아이디어를 찾아보았네. 이제는 찾아낸 많은 '내 일' 아이디어들이 내 가치 기준에 맞는지를 알아보기 위해 '직업 가치'를 찾아볼 거야. 아울러 아이디어들이 직업적으로 현실성이 있는지를 알아보는 데 필요한 직업 정보 탐색 방법에 대해서도 함께 살펴보도록 하세."

… 11-1단원. 직업 가치 파악하기

"어제에 이어 지금까지 '흥미, 직업 전문성, 재능'과 '다양하게 일하는 방식'을 창조적으로 융합해서 할 수 있는 장·단기 '내 일' 후보들을 찾았네. 이제는 그 후보들 중에서 최종적으로 '내 일'을 선택하는 일만 남았어. 11단원에서는 선택 기준을 가지고 직업 가치를 파악해서, 지금까지 찾아낸 다양한 '내 일' 후보 중에서 최종적인 장·단기 '내 일' 후보 리스트를 작성할 거야."

"그럼 일정한 선택 기준이 있어야 하는 것 아닙니까?"

"그렇지. 선택을 좀 더 쉽게 하려면 선택 기준이 필요하지."

"자네라면 할 일을 정할 때 어떤 선택 기준으로 하겠나?"

"좀 추상적이지만 마음 편하고 행복한 게 최고지요. 물론 수입도 많으면 좋고요."

"그렇구먼. 일반적으로 '내 일'을 선택할 때는 그 기준으로 '직업 가치'와 '직업 정보'를 많이 활용하지. 직업 가치는 직업 선택 시 중요하게 여기는 나의 가치를 말하고, 직업 정보는 직무, 수입, 전망, 필요 핵심역량, 취업 가능성, 직업적 수요 등을 나타낸다네."

"직업 가치는 퇴직자의 '적합도'를 말하는 것이고, 직업 정보는 할 일에 대한 '매력도'인 셈이군요."

"그렇지. 퇴직자의 욕구나 가치가 높으면 적합도가 높다고 볼 수 있고, 일을 하는 데 유리한 환경이나 사업적으로 가치가 높으면 매력도가 높다고 할 수 있어. 즉 퇴직자에게 적합도가 높으면 직업 가치가 높은 것이고, 일에 대한 매력도가 높으면 퇴직자에게 유리한 정보라고 할 수 있지. 직업 가치를 파악해서 직업선택 시 중요하게 여기는 가치를 알게 되면, '내 일' 후보 중에서 가치에 적합한 일을 선택하기가 수월해. 또 '내 일' 후보들의 구체적 정보 즉 직업적으로 수요가 있는지, 앞으로의 전망이 좋은지, 중장년층의 취업이 가능한지, 직무환경과 일하는 방식이 어떠한지 등을 검토할 때 많은 도움이 된다네. 그러면 직업 가치의 중요성에 대해 알아보도록 하세."

"예, 시작하시지요."

"만일 다음과 같은 업체에서 취업 제의가 들어온다면, 자네는 다음 중 어떤 일자리를 선택하겠나. 첫째, 급여는 적으나 능력을 발휘할 수 있는 일자리. 둘째, 급여는 많지만, 야근과 주말 근무가 많은 일자리. 셋째, 계약직이지만 팀장으로 일하며 하급직원이 있는 일자리. 넷째, 근무조건은 열악하지만 70세까지 정규직으로 일할 수 있는 일자리."

"저는 첫 번째 일자리를 선택할 것 같습니다."

"그건 왜지?"

"제 능력을 발휘해야 제가 흥미를 느끼고 행복할 수 있으니까요."

"그래, 첫 번째를 선택하는 경우는 전문성 즉 능력을 중요하게 여기고, 두 번째는 금전적 보상을 중요하게 여기는 경우지. 또 세 번째는 명예를 중히 여기는, 즉 타인에 대한 영향력을 중하게 여기는 것이고, 네 번째는 안정성을 우선으로 생각하는 것이야. 이렇듯 직업 가치는 직업 선택 시 우선순위를 두는 요인으로서, 같은 직업이라고 해도 개인의 가치에 따라 그 직업에 대한 만족도는 매우 다르게 나타나지."

"그렇겠네요."

"자신의 직업 가치를 알면 퇴직 후 '내 일'을 선택하는 데 많은 도움이 될뿐더러, 직업 가치에 맞는 직업을 선택했을 때 만족도도 높아진다네. 이제부터 자네의 직업 가치를 파악해보세."

"직업 가치를 나타내는 참고 목록이 따로 있나요?"

"로키치의 가치 목록을 참고로 했네. 밀턴 로키치(Milton Rokeach)는 심리학자로서 인간의 신념체계의 가치관을 궁극적 가치와 수단적 가치로 유형화했지. 로키치의 가치 목록은 신념체계와 추상적인 특성이 있는 인간의 가치체계를 측정하는 데 가장 많이 이용되는 가치 모델이야. 이 가치 목록은 '궁극적 가치' 18개 항목과 '수단적 가치' 18개 항목으로, 모두 36개 항목으로 돼 있지."

"궁극적 가치와 수단적 가치의 차이는 무언가요?"

"두 가치의 차이를 명확히 구분하기는 쉽지 않아. 어떤 문화에서는 궁극적 가치로 생각되는 것들이 다른 문화에서는 수단적 가치로 여겨질 수 있고, 또 그 반대일 경우도 있어. 보통 수단적 가치는 궁극적 가치의 달성을 위한 수단이 되지만, 하나의 궁극적 가치를 달성하는데 반드시 하나의 수단적 가치만이 그 수단이 되는 것은 아니야. 여러 개의 수단적 가치가 동시에 작용할 수 있다는 의미지. 또 하나의 궁극적 가치는 다른 궁극적 가치들의 달성을 위한 수단이 될 수도 있고, 하나의 수단적 가치는 다른 수단적 가치의 달성을 위한 수단이 될 수도 있어. 여기에서 가치는 장기 '내 일'과 단기 '내 일'을 찾는 도구로만 생각하게. 따라서 궁극적 가치 목록은 해방 시점 이후의 장기 '내 일'을 찾는데 참고로 하고, 수단적 가치 목록은 단기 '내 일'을 찾는 데 참고하도록 하게."

"알겠습니다. 가치 목록은 제가 찾아서 하나요?"

"아니, 내가 준 실습지에 보면 나와 있어. 그것을 참고로 하면 돼. 거기 한 번 읽어보게."

"궁극적 가치 18개 항목은 '편안한 삶, 평등함, 신나는 삶, 가족의 안정, 자유, 건강, 내적 조화, 성숙한 사랑, 국가 안보, 사회적 명성, 진정한 우정, 지혜, 세계평화, 아름다움의 세계, 즐거움, 구원, 자아에 대한 존경, 성취감' 등이고, 수단적 가치 18개 항목은 '야망이 있는, 넓은 시각이 있는, 능력 있는, 깨끗한, 용기 있는, 용서하는, 도움이 되는, 정직한, 상상력이 풍부한, 독립적인, 지적인, 논리적인, 사랑하는, 충성스러운, 순종적인, 정중한·예의 바른, 책임이 있는, 자아 통제력이 있는' 등입니다."

··· 11-2단원. 단기 '내 일'의 우선순위

"그러면 이를 바탕으로 단기 '내 일' 우선순위를 정하세."

"그럼 최종적인 단기 '내 일'은 언제 선택하나요?"

"조금 전에 말했듯이, 이제부터 직업 가치를 파악하고 이를 바탕으로 단기 '내 일' 우선순위 리스트를 작성할 거야. 우선순위를 정하는 방법은 한국고용정보원 자료를 참고로 했네. 그렇게 우선순위를 작성한 후, 각 직업의 정보 탐색을 통해 최종적으로 단기 '내 일' top 5를 선택할 거야."

"예, 알겠습니다. 그럼 장기 '내 일'도 그렇게 하면 되나요?"

"같은 절차로 하면 돼."

"그런데 선배님, 궁극적 가치는 장기 '내 일', 수단적 가치는 단기 '내 일'에서만 선택할 수 있고, 항목에 따라 바꿀 수는 없나요?"

"꼭 그런 것은 아니야. 자네가 생각할 때 혼합해서 써도 되고, 36개 항목 중에 없는 가치라도 중요하다고 생각하는 것이 있으면 활용할 수 있어. 로키치의 가치 항목은 장·단기 '내 일'을 찾는 데 도움을 주려는 도구지 절대적 기준은 아니야. 그럼, 가치 목록을 바탕으로 단기 '내 일' 우선순위 리스트를 작성해보게."

"단기와 장기는 앞에서 얘기했던 '해방 시점'을 기준으로 하면 되나요?"

"그렇게 하면 돼. 그리고 직업 가치 검사는 두 번 할 거야."

"그렇게 하는 이유라도 있나요?"

"해방 시점 이전과 이후에 따라 직업에 대한 생각이나 직업을 선택하는 가치가 달라질 수 있으므로, 직업 가치 검사를 해방 시점 이전(단기)과 이후(장기)로 나누어 두 번 실시하는 거야. 우선, 직업 가치 목록 중 '해방 시점' 이전, 즉 단기 '내 일'을 선택할 때 자신이 중요하게 여기는 직업 가치가 무엇인지, 수단적 가치 18개를 참고로 3개를 선택해보게. 조금 전에도 말했지만, 로키치의 가치 목록에 나와 있는 36개 가치 외에 자네가 중요하게 생각하는 가치가 있다면 추가해도 되는데, 다만 개수는 3개만 선택하게."

김재기는 자신의 수단적 가치와 궁극적 가치를 다시 한 번 훑어보았다.

"다 적었습니다."

"자네는 무엇을 선택했나?"

"저는 '정직한, 사랑하는, 능력 있는' 세 가지 가치를 골랐습니다."

"그랬구먼. 그러면 내가 준 실습지 왼쪽에 '새롭게 시도할 수 있는 일'들 중 단기에 할 수 있는 일을 10개에서 15개 정도를 적고, 실습지 상단에는 자네가 중요하게 여기는 직업 가치 3개를 적게."

"적었습니다."

"적었으면 실습지에 적은 단기 '내 일'들이 자신의 직업 가치와 얼마나 맞는지 검토해보게. 그리고 각각의 일이 직업 가치에 맞는 정도를 점수화해서 적는데, 점수는 1~5점 사이에서 매기게. 그렇게 하고 나서 각각의 단기 '내 일'에 매긴 점수를 합하여 총점 란에 적게. 단기 '내 일'은 자신의 직업 가치에 적합해야 하지만, 자신의 경제 형편에 따라 수입도 영향을 미친다네. 따라서 각각의 단기 '내 일'을 수입을 기준으로 검토해보고, 각 단기 '내 일'이 자신이 필요로 하는 금액만큼 수입을 낼 수 있는지 정도를 예상 수입란에 ○(그렇다), △(보통이다), X(아니다)로 표시해보게."

"처음이라 그런지 헷갈리는데요."

"표를 잘 따라가면 그렇지도 않아. 각각의 단기 '내 일'의 총점과 수입을 고려하여 어떤 직업을 먼저 정보 탐색할지, 그 우선순위를 정하도록 하게."

"그럼, 점수가 높은 게 우선입니까, 아니면 수입이 높은 게 우선입니까?"

"단기 '내 일' 우선순위 정하기 표의 아래에 ○이면서 총점 점수가 높은 단기 '내 일'을 총점 순서대로 적게. 이어 △이면서 총점 점수가 높은 단기 '내 일'을 총점 순서대로 적고. 이렇게 단기 '내 일' 우선순위 리스트를 작성하면 되네."

"알겠습니다."

"다 적었나?"

"네. 다 적었습니다."

"자네의 직업 가치와 수입을 고려했을 때 단기 '내 일'의 우선순위는 어떻게 되나?"

"경영컨설팅, 코칭, 멘토링, 글쓰기, 영어 공부하기, 실행에 옮기기, 해외 생활 탐험, 사업 계획 수립, 사업타당성 분석, 창업 프로세스 작성 등 10가지입니다."

▷ 단기 '내 일' 선택하기 실습지: 장기 '내 일'은 수입란이 없다

번호	할 수 있는 일	나의 직업 가치 3가지			총점	수입
		정직한	사랑하는	능력 있는		
1	경영컨설팅	5	4	4	13	○
2	강의하기	5	5	4	14	△
3	사업계획서 작성	4	4	4	12	△
⋮						
10~15						

··· 11-3단원. 장기 '내 일'의 우선순위

"수고 많았네. 그럼 이번에는 직업 가치를 가지고 장기 '내 일'의 우선순위를 정해보게."

"선배님, 단기 '내 일'의 우선순위를 정했어도 직업 정보를 검토하다 보면 또 변할 수 있겠네요."

"그렇지. 우리가 '내 일'을 찾는데 절대적인 원칙은 몇 가지 안 돼. 편하게 생각하면서 해. 우리 어디까지 했지?"

"직업 가치를 바탕으로 장기 '내 일'의 우선순위를 정해보라고 했습

니다."

"그렇지. 장기 '내 일'의 우선순위 리스트를 작성하게. 로키치의 직업 가치 목록 중 '해방 시점' 이후, 즉 장기 '내 일'을 선택할 때 자신이 중요하게 여기는 직업 가치가 무엇인지 3개를 선택하게. '수입이 얼마나 될까?' 하는 것은 일단 접어두고 정말 자네가 하고 싶은 것을 생각해서 직업 가치의 우선순위를 정하게. 장기 '내 일' 우선순위를 정할 때는 단기 '내 일' 찾기에서 왼쪽에 적은 '새롭게 시도할 수 있는 일' 중 단기에 할 수 있는 일을 뺀 나머지를 옮겨 적게. 실습지는 단기 '내 일' 선택할 때와 같네. 실습지 상단에 중요하게 여기는 직업 가치 3개를 적고, 점수도 같은 방법으로 매기게. 각각의 장기 '내 일'의 총점을 고려하여 어떤 직업을 먼저 선택할지, 그 우선순위를 정하게. 장기 '내 일'은 해방 시점 이후이기 때문에 '내 일' 선정 시 수입을 고려할 필요는 없네."

"다 적었습니다."

"어떤 일들을 적었나?"

"비즈니스 코칭, 기업 자문, 강의하기, 책 출간하기, 번역하기, 통역하기, 직업상담, 해외 자영업 실태 분석, 피아노 배우기, 버킷리스트 써주기 컨설턴트 등 10가지입니다."

"수고했네. '내 일'을 선정할 때는, 지금 찾은 자신의 직업 가치 외에도 각 직업에 대한 정보 검색을 통해 타당성, 즉 매력도가 현실적으로 얼마나 있는지 검토가 필요하네. 이제, 자네가 선정한 직업의 구체적인 정보를 찾아볼 수 있도록 직업 정보 탐색 방법을 살펴보세. 정보 탐색은 잠시 쉬었다 하세. 차 한 잔 마시면서 잠깐 쉬게."

"예."

두 사람은 뜨거운 커피를 마시며 잠시 머리를 식혔다.

"처음 해봐서 힘들지 않나?"

"그런 점은 있지만, 재미도 있네요. 하나하나 체계적으로 '내 일'을 찾아가는 게 궁금하기도 하고, 보람도 있어요. 어쨌든 집중이 잘되고 관심이 많이 생기네요. 좋습니다. 시간도 잘 가고요."

··· 12-1단원. 직업 정보 탐색 방법의 이해

"지금까지 자네의 '흥미, 직무 전문성, 재능'을 찾았고, 다양하게 일하는 방식과 융합해서 단기 및 장기 '내 일' 후보들을 찾았네. 또 해방 시점을 정해서 단기와 장기를 나눌 수 있는 기준 연도를 살펴보았고, '직업 가치' 비교를 통해 장·단기 '내 일'에 대해 우선순위를 정하는 작업을 진행했네."

"그럼 다음은 무엇을 해야 할까?"

"할 일에 대한 매력도, 즉 '정보 조사'가 필요하다고 하지 않았습니까?"

"그래. 이제, 12단원에서는 장·단기 '내 일' 후보들에 대한 '직업 정보' 탐색의 중요성과 그 방법을 알아볼 거야. 장·단기 '내 일' 후보들의 구체적 직업 정보 탐색을 통해 직업으로 가능한지, 나의 직업 가치 기준에 맞는지를 따져봄으로써, 최종적으로 단기 '내 일' top 5와 장기적으로 도전할 '내 일' top 5를 정하는 거야. 이제, 주요 직업 정보를 탐색해서 현실 타당성이 얼마나 있는지 살펴보기로 하세."

"장·단기 '내 일' 후보들의 현실 점검에 필요한 구체적인 항목이나 방법이 따로 있나요?"

"장·단기 '내 일' 후보들의 정보 탐색 방법은 한국고용정보원 자료를 참고로 했네. 지금부터 탐색하는 방법을 소개할게. 구체적인 세부 항목으로는, 첫째 구체적 직무 내용(직업 현장에서 구체적으로 수행해야 하는 세부 활동), 둘째 경제적 수입(취업 및 전문계약직의 경우는 평균 연봉. 1인 지식기업 및 전문가창업의 경우는 예상 수입), 셋째 직업 전망(향후 직업 발전 가능성 및 일할 기회를 잡을 수 있는 정도), 넷째 필요 핵심역량(목표 직업을 효과적으로 수행하기 위해 요구되는 핵심 직무역량. 필요한 자격증이나 과거 유관 경력 등의 조건), 다섯째 장점과 단점(목표 직업의 일반적 장점과 단점), 여섯째 근무 환경(근무 시간, 근무 형태, 사무 환경, 출장 여부 등의 환경적 조건) 등이 있네."

"이걸 다 어떻게 알 수 있지요?"

"하나하나 체크하면서 알아보면, 그렇게 많지 않아. 직업 정보를 탐색하는 데에는 크게 3가지 방법이 있어. 눈으로, 발로, 사람을 만나서 탐색하는 방법이지. 첫째, '눈'으로 탐색하는 방법은 유용한 정보를 제공하는 사이트를 활용하거나 인터넷 키워드 검색을 통해서 필요한 정보를 찾아보는 거야. 자네 컴퓨터 잘하나?"

"제 나이 또래가 그렇듯이 잘하지는 못합니다. 그래도 한두 단계까지는 들어가 검색할 수 있습니다."

"그 정도면 웬만한 것은 검색할 수 있겠네. 키워드 검색은 눈으로 정보를 찾는 방법 중 가장 대표적인 방법이지. 네이버나 다음, 구글 같은 검색 엔진을 활용하여 '꼬리에 꼬리 물기' 방식으로 키워드 검색을 통해 새롭게 찾은 아이디어나 정보를 검색하면 되네. 즉, 검색 엔진에 게재된 뉴스, 블로그, 카페, 사이트, 웹 문서, 동영상 등의 관련 자료를 전체적으로 검색하여 필요한 정보를 수집하면 돼. 또 관련 도서, 연구 보고서, 학술자료, 정부 정책 등의 자료도 함께 검색할 수 있어. 내가 유용한 정보 제공 사이트 목록을 소개해줄게. 내가 준 자료를 같이 보면서 얘기하지. 직업 정보를 탐색할 때 이미 알려진 유용한 사이트를 활용하는 것이 중요해. 재취업, 창업, 귀농·귀촌, 봉사 등과 관련하여 다양한 사이트를 알고 활용하는 것이지."

"그럼 직업별로 사이트가 나뉘어 있나요?"

"내가 직업별로 모아서 정리했어. 그리고 정부의 중소·중견기업 지원 시책에 대해서도 정리를 해놨으니, 활용하면 많은 도움이 될 걸세."

"일목요연하게 잘돼 있네요."

"거기 보면, '내 일'을 하는 데 필요한 정보와 절차, 지원 사항, 교육 등 전반적인 정보가 들어 있으니 도움이 될 거야."

"사실 무얼 좀 하려 해도 어디를 찾아봐야 할지 잘 몰랐는데 잘됐네요. 자료 감사합니다. 잘 쓰겠습니다."

"그리고 정보를 탐색하는 두 번째 방법은 '발'로 탐색하는 거야. 직접 돌아다니면서 알아보는 거지. 목표 직업 관련 포럼, 학회, 박람회 등에 참석하는 방법이 있고, 도서관에서 관련 자료를 찾을 수도 있어. 또 관련 단체를 찾아가서 직접 문의하는 방법도 있네. 그 외에도 동호회나 커뮤니티에 가입하고 오프라인 모임에 참석해 필요한 정보를 조사할 수 있지. 세 번째 방법은 뭐가 있다고 했지?"

"세 번째 방법은 사람을 만나서 탐색하는 방법인 것 같은데요."

"그래, 세 번째는 목표 직업과 관련해서 모르는 사람을 직접 만나서 정보를 조사하는 거야. '사람'을 통한 정보 조사에서 만나야 하는 사람들은 목표 직업에 현재 종사하는 사람들과 그 직업 분야의 전문가들이지. 보통 눈과 발로 정보를 탐색하는 데는 한계가 있어. 목표 직업 분야 관련해서는, 내가 궁금한 정보들을 다른 누군가가 일목요연하게 정리해서 인터넷에 올려놓지 않거든. 또 목표 직업에 대해서 정말 살아 있는 정보는 대부분 사람들의 머릿속에 들어 있다네. 사람을 통한 정보 조사의 핵심은 내가 목표로 하는 일에 현재 근무하는 사람이나 목표 분야의 전문가를 만나는 거야. 가령, 창업지원금에 대해 알려면 누구를 만나야 할 것 같나?"

"창업 컨설턴트가 가장 잘 알지 않을까요?"

"그렇지 않아. 창업 전문가도 알 수 있지만, 그보다 각 창업지원센터에서 창업지원금을 취급하는 부서 사람이 가장 잘 알고 있어. 뭐든지 해당 업무를 취급하는 사람이 가장 잘 알고 있다고 보면 돼."

"아, 그렇겠군요."

"눈, 발, 사람 3가지 방법을 모두 사용할 때 목표 직업에 대한 신뢰할 수 있는 정보를 얻을 수 있다네. 앞에서 직업 정보 조사 방법으로 눈, 발, 사람 3가지를 설명했는데, 이 중에서 가장 정확하고 최신의 정보를 얻을 수 있는 방법이 뭐라고 했지?"

"직접 만나서 물어보는 거요."

··· 12-2단원. 사람을 직접 만나서 하는 정보 탐색

"이제 사람을 직접 만나 정보 조사를 하는 방법을 살펴보세."

"그 분야의 전문가를 그냥 만나면 되지 다른 방법이 있습니까?"

"만나는 것도 절차와 방법이 있네. 모르는 사람을 만나는 게 그렇게 쉬운 게 아니야. 사람을 통한 정보 조사는 두 가지 방법이 있어. 첫 번째는 주변 사람, 즉 전·현직 동료나 선·후배, 비즈니스 인맥, 개인 인맥을 통해 만나고 싶은 사람을 알고 있는지 물어보고, 소개해줄

수 있는지 알아보는 거야. 소개와 추천을 통해 모르는 사람을 만난다고 해서, 이 방법을 '추천 네트워킹'이라고 하지. 두 번째 방법은, 주위에 소개와 추천을 해줄 사람이 없어 원하는 사람을 직접 접촉하여 만나는 방법이야. 이 방법은 '직접 네트워킹'이라고 해."

"아는 사람이 있을 때와 없을 때로 나뉘는군요. 아는 사람이 없을 때는 좀 난감하겠는데요."

"그것도 접촉하는 방법이 있어. 먼저, '추천 네트워킹' 방법을 알아보세. 추천 네트워킹의 첫 번째 단계는 사전 정보 조사야. 짧은 시간 안에 가능한 많은 정보를 얻으려면 사전 준비가 필수야. 앞에서 배웠던 대로 눈으로 찾고 발로 뛰면서 정보를 조사해야 해. 두 번째 단계는 지인들, 즉 현·전직 직장 동료, 선·후배, 비즈니스 인맥, 개인 인맥들에게 목표 직업과 관련하여 아는 사람이 있는지를 묻는 거야. 회사, 직급, 핸드폰, 이메일, 주소 등의 정보를 파악하는 거지. 그리고 가능하면 연결 및 소개 전화를 부탁하는 거야. 그런 다음 지인이 알려준 전화번호로 접촉을 시도하고 면담을 요청하는 거지."

"부탁했을 때 소개를 꺼리는 경우도 있잖아요."

"그땐 다음에 배울 '직접 네트워킹' 방법을 활용하면 돼. 전화로 상대방이 편리한 시간과 장소를 고려해 면담 일정을 잡고 30분 정도의 시간만 부탁한다고 말하면 돼. 만나면 시간을 내어 준 것에 대해 감사를 표현하고, 사전에 작성한 질문 목록을 보면서 궁금한 사항을 질문하는 거야. 질문이 끝나면 마지막에 또 다른 현직 근무자나 전문가를 추천해줄 수 있는지 묻고, 또 소개 전화를 해줄 수 있는지 물어보는 거야. 면담 이후에는 될 수 있으면 24시간 이내에 면담의 주요 내용과 감사의 뜻을 이메일 등을 통해 표시하면서, 공유해준 정보를 바탕으로 목표 직업으로 나아가기 위한 활동을 더욱 열심히 하겠다는 의지를 표현하면 돼."

"그런데 왠지 복잡하고 쉽지 않은데요."

"자연스럽게 하면 돼. 이번에는 '직접 네트워킹'이야. 직업 정보 조사 과정에서 만나고 싶은 사람을 찾았지만 연결해줄 사람이 주변에 없거나, 인터넷 검색을 통해 만나고 싶은 사람의 소속이나 주소 또는 이메일 주소만 알아냈거나 추천은 받았지만 소개받기가 어려운 경우, 이메일 또는 편지로 접촉하는 방법이야. 직접 네트워킹의 첫 번째 단계는 사전에 눈과 발로 조사한 정보를 바탕으로 직업적 현실성 및 진입 방법 위주로 질문 목록을 작성하는 거야. 그런 다음에 만나고 싶은 사람에게 이메일이나 편지를 보내는 거지. 전화로 연결될 때까지 후속 작업을 진행하는 거야. 이메일은 제목이 중요해. 상대방의 관심을 끌 수 있으면 더욱 효과적이지. 수신자의 직함과 성명을 정확하게 기재하고 보내는 사람의 이름과 자신을 간단하게 소개하는 것이 좋아. 지금까지의 경력과 앞으로 하고자 하는 일을 짧게 정리하는 것이 바람직해. 그리고 연락처를 알게 된 경위를 간단히 언급하고, 이메일 또는 편지를 보내는 사유를 설명하면 돼. 자신이 앞으로 하고 싶은 일, 상대방의 경험이 나에게 도움이 되는지 등의 내용을 적는 거야. 감사 인사로 마무리하고 자신의 핸드폰 및 이메일 주소 등 연락처를 반드시 표시하며, 분량은 너무 길지 않는 게 좋아."

"이메일이나 편지로 하면 답장이 없는 경우가 많을 것 같은데요."

"그럴 수 있지. 답장이 없다고 바로 포기해서는 안 되네. 답장이 없는 이유도 여러 가지가 있거든. 휴가나 해외 출장일 수도 있고, 업무가 바빠서 이메일은 확인했지만, 답장을 아직 못 했을 수도 있어. 또 개인적인 사정으로 이메일을 확인하지 못했을 수도 있잖아. 답장이 없을 때는 2~3일 정도 기다리다 다시 한 번 이메일을 보내는 후속 작업이 필요해. 답장이 없으면 '확인 이메일'을 작성해서 다시 보내는 거야. 처음 보냈던 이메일과 비슷하지만 다른 점은 이메일을 보내는 이유에 대해 다시 한 번 확인을 부탁한다는 내용이 추가되는 거지."

"그렇게 하는 게 좋겠네요. 주위도 환기시키고 노력하는 모습도 보일 수 있으니까."

"어떤가, 자네도 할 수 있겠지?"

"노력해봐야죠. 저도 이제는 죽기 살기로 해야죠. 겸연쩍고 창피하다고 피할 수만은 없잖아요. 선배님이 이렇게까지 수고하시는데 저도 최선을 다해야지요."

… '내 일' 찾기 첫째 날에서 넷째 날까지

"이제 이 프로그램도 종착역에 이르렀네. 첫날부터 시작한 생애 설계에서 내가 할 일은 다 했어."

"이게 끝인가요? 그러면 더 할 게 없는 건가요?"

"내가 할 건 끝난 거고, 자네가 할 일이 좀 남아 있네. 이제 자네가 방점을 찍어야 해. 자네가 하고자 하는 장·단기 '내 일'을 최종적으로 결정해서 발표하는 일이 남아 있네."

"언제 발표하지요?"

"일주일 후에 발표할 거야. 그동안은 '내 일'에 대한 정보 탐색을 해보게. 그렇게 해서 장·단기 '내 일' 우선순위 중에서 최종적으로 단기 '내 일' top 5와 장기 '내 일' top 5를 결정해보게."

"일주일은 짧을 것 같은데요."

"결정한 이후에도 변수에 따라서 바뀔 수 있으니, 부담 없이 정보를 탐색해서 '내 일'을 결정해봐. 그럼, 우리 오늘 배운 것을 다시 한 번 살펴보지. 10단원에서는 새롭게 시도할 수 있는 '내 일'을 찾았고, 해방 시점을 정했으며, 장기적으로 도전할 수 있는 '내 일'을 찾았어. 11단원에서는 직업 가치를 파악하기 위해 '내 일'을 선택하는 기준을 살펴보았고, 직업 가치의 중요성과 직업 가치의 파악 및 '내 일' 우선순위를 정했지. 그리고 12단원에서는 '내 일' 검증에 있어 직업 정보의 역할과 주요 직업 정보 탐색 방법을 알아봤네."

"자네, 오늘 배운 것 중에 어느 것이 가장 기억에 남는가?

"내가 가치 있게 생각하는 것이 무엇인지 다시 한 번 생각하는 기회가 됐습니다. 그것이 앞으로 할 일과 연결되면 행복할 것이라는 생각이 들었지요. 그리고 무엇보다도 나의 앞길을 설계하는 데 두리뭉실했던 부분들이 하나둘 구체화되는 게 좋았습니다."

"자네가 그렇게 생각하니 나도 보람이 있어 좋네. 정보 탐색 시간은 조금 전에 말한 대로 일주일 주겠네. 일단 그렇게 장·단기 '내 일'을 선정하고, 미진한 부분은 시간을 더 갖고 알아보도록 하세."

"그럼 선배님, 제가 전체 과정을 다시 한 번 따라가 보겠습니다."

"그렇게 하지. 그럼 첫째 날부터 복습해볼까. 우리가 첫째 날 무얼 했지?"

"첫째 날 1단원에서는 생애 설계 프로그램에 대한 오리엔테이션을 가졌고, 2단원에서는 베이비붐 세대의 삶을 이해하고, 삶에 대한 자부심으로 인정과 격려를 받으며 상장도 받았습니다. 그리고 인생 후반의 도전을 이해하고 각오를 다졌어요."

"잘 기억하고 있군. 그리고 3단원은 무엇이었지?"

"잘 기억이 나지 않는데요."

"3단원에서는 사무직 퇴직자의 취업 현황과 사례들을 살펴보았지."

"아, 생각납니다."

"그럼 둘째 날은 무엇을 했지?"

"둘째 날 4단원은 퇴직 후 '내 일'을 찾기 위해 새로운 시각이 필요함을 이해하면서 일의 개념을 확장하고, 퇴직을 기회로 만들며, 퇴직후 '내 일'을 찾기 위해 알아야 할 것들을 살펴봤고요. 5단원은 자기이해의 중요성을 인식하고 흥미 유형과 흥미 주제를 검토했습니다. 그리고 6단원은 '내 일' 찾기에서 직무 전문성의 중요성을 알아보고, 경력 분석을 통한 직무 전문성을 찾고 정리했습니다."

"정확하게 기억하고 있네. 그렇게 둘째 날을 끝내고, 셋째 날 7단원은 어떤 것을 다루었지?"

"'내 일' 찾기에서 재능의 중요성을 이해하면서 재능 카드를 활용하여 재능을 찾고, 재능을 활용한 '내 일' 후보들을 찾았습니다."

"맞아. 그러면 8단원은?"

"8단원은 '내 일' 찾기와 다양하게 일하는 방식의 관계를 이해했으며, 재취업 및 점포창업 이외의 일하는 방식을 알아보고 다양하게 일하는 방식을 통해 새로운 가능성을 발견했습니다."

"9단원에서는 뭘 했지?"

"자기 이해의 결과, 즉 '흥미, 직무 전문성, 재능'을 옮겨 적으며 당장 잘할 수 있는 '내 일'의 후보를 찾았지요."

"그랬지. 그럼 오늘 한 것을 말해보게."

"10단원에서는 장기 '내 일' 찾는 방법을 이해했으며, 새롭게 시도할 수 있는 '내 일'과 장기적으로 도전할 수 있는 '내 일'을 찾았습니다. 그리고 11단원에서는 다양한 후보 중 '내 일'을 선택하는 데 사용되는 기준이 무엇인지 살펴봤으며, 직업 가치의 중요성과 자신의 직업 가치를 파악하고 이에 기반을 두고 장·단기 '내 일'의 우선순위를 정했습니다. 그리고 12단원에서는 선택한 '내 일'을 검증하는 데 필요한 직업 정보의 역할이 무엇인지 알아봤으며, 눈과 발, 사람을 통한 정보 탐색 방법을 공부했습니다."

"아주 집중했구먼. 잘했네. 집에 가서도 그동안 배운 것을 숙지할 수 있게 꾸준히 복습하게. 우선, 배운 내용이 머리에 선명하게 남아 있어야 정보 탐색과 장·단기 '내 일'을 정하는 데 도움이 되네. 그럼 최종적으로 단기 '내 일' top 5와 장기 '내 일' top 5를 결정해보게. 그렇다고 너무 긴장하거나 부담을 가질 필요는 없어. 꼭 그 일만 해야 하는 것은 아니니까. 오히려 더 중요한 것은 그다음일지 몰라."

"그다음이 더 중요하다니요. 또 뭐가 있습니까?"

"공식적인 프로그램은 끝나지만, 찾은 '내 일'을 실천하는 게 더 중요하다고 말하는 거야."

"물론 그렇지요. 기왕 이렇게 된 것, 저는 선배님에게 계속 기대는 수밖에 없습니다. 계속 관심을 가지고 가르쳐주실 줄 믿습니다."

"알았네. 그건 그렇고, 발표 자료는 파워포인트가 편한가, 그냥 실습지에 적어오는 게 편한가? 파워포인트로 하면 사무실 옆에 있는 강의장에서 하면 되네."

"파워포인트로 하겠습니다. 그래도 제 인생 2막의 계획이자 목표인데 색깔도 넣어서 만들어보겠습니다."

"그럼, 내가 파워포인트 템플릿을 메일로 보내줄게."

"알겠습니다."

"오늘 수고 많았네. 어제는 양식을 먹었으니 오늘은 중국식으로 짜장면 어떤가? 우리 사무실 건너편 골목으로 가면 짜장면 잘하는 집이 있는데."

"저는 짜장면도 먹고 싶고 짬뽕도 먹고 싶은데요."

"그럼 자네는 짬짜면으로 먹으면 되겠네. 일어나세."

두 사람은 사무실을 나와 중국집으로 향했다. 김재기는 식사와 함께 물만두를 한 접시 시켰다.

… 가장 뛰어난 '중년의 뇌'

"짜장면 맛이 어떤가?"

"맛있는데요. 짬뽕도 맛있고요. 선배님, 이 집과도 인연이 있나요?"

"특별한 인연이 있는 건 아니고, 기억에 남을 만한 일이 있어 단골이 되었지."

"기억에 남을 만한 일이라면?"

"계산대에 어느 할머니가 앉아 계셨어. 나중에 물어보니, 여기 사장님 어머니라고 하더군. 음식을 먹고 계산하려는데, 할머니가 돈을 받으시면서 '손님의 귀한 돈, 잘 받았습니다. 잘 쓰겠습니다.'라고 말씀하시는 거야. 음식점은 물론 어떤 물건을 사거나 서비스를 받으면서 '고맙습니다', '감사합니다'라는 말은 들어봤어도, '귀한 돈'이라는 표현은 처음이었어. 그때부터 이 집의 단골이 되었지."

"그런데 오늘은 안 보이시네요."

"얼마 전에 돌아가셨어. 그건 그렇고, 프로그램을 끝내는 감회가 어떤가?"

"정말 감사합니다. 선배님이 아니었으면 이런 교육은 물론, 제가 세상 밖으로 나올 엄두도 못 냈을 겁니다. 정말 고맙고 감사합니다."

"감사하긴. 잘 따라와 줘서 내가 더 고맙지."

"선배님······."

"왜 그러나?"

"과연 제가 끝까지 해낼 수 있을까요? 막상 프로그램이 끝나고 실행을 해야 한다고 생각하니, 기대보다 걱정이 앞서요. 선배님····· 정말 제가 하고 싶은 '내 일'들을 잘할 수 있을까요?"

"그러기 위해 이 프로그램을 하고 있는 거야. 왜 불안해서 그런가?"

"예, 그렇기도 하지만, 이런 걸 해본 경험이 없어서요. 제 뜻에 따라 인생을 산 적이 없잖아요. 그래서 제가 주도적으로 선택한 일을 해도 되는 건가, 하는 생각이 듭니다."

"중년의 퇴직자들에게 가장 취약한 부분이 뭔지 아나?"

"글쎄요······."

"결정을 잘 못 내린다는 거야. '결정장애'라고 할까. 누가 시키는 일은 잘하는데, 스스로 결정을 하라면 잘 못 하는 거지. 그러면서도 남이 시키는 일을 하면 항상 마음에 앙금이 남아. 누가 시키는, 마음에도 없는 일을 하면, 남의 눈치를 보게 되고 재미를 붙일 수가 없어. 그 일로 밥은 먹을지 몰라도, 평생 귀중한 삶을 도둑맞았다는 생각이 들지. 그에 반해 자기가 원해서 선택한 일은 경쟁력이 있어. 무엇 때문인지 아나?"

"관심 때문인가요?"

"그렇지. 자기가 하고 싶은 것을 선택하면 관심과 열의도 생기지만,

재미가 있어서 끝까지 해낼 수 있어. 아무리 힘들어도 계속할 수 있는 그게 바로 '경쟁력'이지. 내가 어제 우물 얘기했지?"

"예."

"지표를 지나 여러 층을 헤치고 암반을 뚫는 힘 역시 관심과 재미에서 나온다네. 일본에서 가장 열정적인 경영자로 꼽히는 일본전산(日本電産)의 나가모리 시게노부(永守重信) 사장은 일을 재미있게 하는 사람과 그렇지 않은 사람과는 5배의 능력 차이가 난다고 주장했지. 시게노부 사장은 일본전산이 직원들로 하여금 일을 즐겁게 할 수 있는 회사 시스템을 실천했다고, 신문과의 인터뷰에서 입술이 마르게 자랑을 늘어놓았어. 이제 자네가 찾은 일을 즐겁게 하면 돼. 결과에 너무 얽매이지 말고. 하다 보면 원하는 곳에 가 있는 자네를 발견하게 될 걸세."

"근데 솔직히 저는 사업에 실패해봐서 그런지 돈을 벌어야겠다는 생각이 자꾸 떠올라요. 무엇을 해도 돈을 잘 벌어야 한다는 생각이 떨쳐지지가 않네요."

"어떤 일을 해도 돈에 신경이 안 쓰일 순 없어. 누구도 돈으로부터 자유롭지는 않아. 바람이 불면 꽃잎만 흔들리는 게 아니야. 사람도 흔들리게 돼 있어. 자네나 나나 다 흔들리지. 우리가 지금 찾는 일이 돈과 상관이 없는 게 아니야. 자네가 찾은 그 일이 돈이 되는 일이고, 해서 즐거운 일이야. 자네는 지금부터 하는 일로 그 분야에서 가장 경쟁력 있는 사람이 될 수 있어."

"들을 때는 믿어지는 데 돌아서면 그렇지 않은 것 같아서요. 자신감 부족 때문인지는 몰라도 전보다 체력도 약해지고, 기억도 잘 안 나고, 암기력도 떨어지는데, 과연 내가 잘할 수 있을까 하는 의심이 들어서요. 그럴 때는 다시 불안해지거든요. 물론 저의 실패에 대한 트라우마 때문일 수도 있지만."

"자네 『가장 뛰어난 중년의 뇌』라는 책 읽어봤나?"

"아니요."

"그 책 한 번 읽어보게. 자신감을 얻는 데 많은 도움을 줄 걸세."

"어떤 책인데요?"

"『뉴욕타임스』에서 의학 및 건강 담당 기자로 활동하고 있는 바버라 스트로치가 쓴 책인데, 그는 책을 통해 중년의 뇌는 더 똑똑하고, 더 침착하고, 더 행복하다고 말했어. 스트로치 기자는 펜실베이니아 주립대학교의 심리학자인 윌리스와 남편 워너 샤이가 공동으로 진행한 '시애틀 종단연구'를 바탕으로 중년의 뇌를 설명하고 있어. 이 연구는 20대보다 중년의 뇌가 탁월하다는 것을 설명하고 있지. 시애틀 종단 연구는 1956년에 시작해서 40년이 넘는 동안, 20세와 90세 사이의 다양한 직업을 가진 남녀 6,000명을 반반으로 나눠 7년마다 정신적 기량을 추적한 결과라네. 연구 결과, 6개 항목 중 4개 항목에서 최고의 수행력을 보인 사람들의 나이가 평균적으로 40세에서 65세였다는 거야. 중년들이 젊은이들보다 우수하다는 증거지."

"4개 항목이 어떤 것이었나요?"

"어휘(얼마나 많은 단어를 이해할 수 있으며, 그것의 동의어를 얼마나 많이 찾을 수 있는가), 언어 기억(얼마나 많은 단어를 기억할 수 있는가), 계산 능력(가감승제를 얼마나 빨리할 수 있는가), 공간 정향(어떤 사물이 180도 돌아갔을 때 어떻게 보일지 얼마나 잘 식별할 수 있는가), 지각 속도(녹색 화살표가 보일 때 얼마나 빨리 단추를 누를 수 있는가), 귀납적 추리(위에 언급한 것과 유사한 논리 문제를 얼마나 잘 풀 수 있는가) 등 6개 항목 중에 계산 능력과 지각 속도를 제외한 '어휘, 언어 기억, 공간 정향, 귀납적 추리' 등 4개 항목에서 중년이 더 우수했어. 더욱 놀라운 사실은, 남성의 경우 50대 후반에 절정에 이르렀다는 거야."

"와우, 믿기지 않는데요."

"책에 그렇게 쓰여 있는데, 내가 거짓말을 하겠나? 얼마나 신나는 일인가! 나도 이 책의 도움을 많이 받았어."

"어떻게 도움을 받았는데요?"

"이 책을 읽고 경영지도사에 도전할 마음을 먹었지. 50대 중반에 도전하기가 쉽지 않았는데, 이 책이 나를 도전하게 만들었어. 50대 후반에 우리 능력이 최고조에 달한다는 말이 얼마나 가슴을 뛰게 했는지 몰라."

"그랬었군요. 실패로 아무것도 남은 게 없는 제게도 열정적으로 살 수 있는 그런 능력이 남아 있을까요? 성공 한번 해보지 못한 제가 이번 기회를 잘 살릴 수 있을까요?"

"우리는 마지못해 억지로 살아야 하는 중년이 아니야. 보다 힘 있게, 열정적으로 살 수 있는 인생이 우리를 기다리고 있어. 그동안 생계에 초점을 맞췄다면, 이제는 삶의 가치에 초점을 맞춰보게. 자신을 '꿈 PD'라고 말하는 정신과 전문의 채인영 원장은 병원을 찾아오는 사람들에게 꿈이 있느냐고 묻는다고 해. 그러면 '이 나이에 꿈은 무슨……'이라고 하면서도 질문을 받는 순간, 몸과 마음에 뭔가 '출렁~'하고 파도가 일렁이는 것을 느낀다고 하더군. 대부분의 사람들이 시간이 없고 돈이 없다는 얘기를 한대. 그런 사람들에게 '비록' 리스트를 써보라고 권한다고 하더군."

"'비록' 리스트라니요?"

"'비록' 내가 나이는 많지만, '비록' 지금은 시간이 없지만, '비록' 내가 지금은 돈이 없지만, '비록' 내가 지금은 공부를 못하지만, '비록'

내가 외모는 조금 떨어지지만……. '비록'이야말로 꿈을 이루는 동력이라고 하더군. 우리는 한계를 짓는 본능적 습성 때문에 진정한 자신의 능력을 근심과 걱정의 눈으로 바라보며 밀쳐낼 때가 많아. 그래서 우리에겐 '비록'이 더욱 필요한지도 모르지. 경주마들은 너무 빨리 달려 체력이 소진돼 흥분 상태가 되면, 좀 더 편하게 숨을 몰아쉬기 위해 자기도 모르게 이빨로 자기 핏줄을 물어뜯는다고 해. 사람도 너무 힘들면 정말 중요한 것을 팽개치고 하찮은 것에 의지하며 귀한 혈관을 물어뜯는지도 몰라."

"저도 경주마처럼 제 혈관을 물어뜯어도 좋으니 제 모든 체력이 고갈되도록 달려봤으면 원이 없겠네요."

"자넨, 충분히 할 수 있어. 자네가 지금 고민하고 있다는 게 그것을 증명하고 있는 셈이지. 자네는 잘해낼 거야."

"그렇게 말씀해주시니 힘이 좀 나네요."

"물만두마저 들게. 오늘 짜장면도 맛있고, 물만두도 맛이 좋네. 자네, 다음 주에 올 때는 제수씨와 같이 오게."

"제 집사람도 참석해야 하나요?"

"'내 일' 찾기와는 상관없지만, 내가 보고 싶기도 하고, 또 하고 싶은 얘기도 있어서그래."

"예, 알겠습니다."

두 사람은 식사를 마치고 차를 마시며 여러 이야기를 나누었다.

·
·
·

"목표와 하고자 하는 의욕이 방향만 맞으면
앞으로 해나가는 데 큰 문제는 없어.
성공은 열심히 하는 게 아니라
뚜렷한 목표를 갖는 것이라고 했네."

… 내가 찾은 장기 '내 일', 단기 '내 일'

"선배님, 접니다."

"어서 들어오게. 매일 보다가 일주일 만에 만나니 굉장히 오래된 것 같네."

"선배님, 집사람하고 같이 왔습니다."

"어서 들어오세요. 이게 얼마 만이에요. 이리 앉으세요."

"정말 고맙습니다. 무어라 감사의 말씀을 드려야 할지 모르겠어요."

강도전의 아내 이다정의 눈가가 이내 촉촉이 젖었다.

"감사는 무슨……, 저도 다 겪은 일이고, 앞으로 도전이가 알아서 잘할 겁니다. 차 한잔하시지요. 보이차 어떠세요?"

"저는 아무 차나 괜찮습니다. 저한테는 신경 안 쓰셔도 되는데."

이다정이 말했다.

"선배님, 저에게는 한 번도 안 주신 차 아닙니까?"

"좀 비싼 거라서그래. 그나저나 제수씨가 걱정이 많겠어요. 중년 퇴직자들의 아내들이 다 그렇습니다. 그러나 앞으로는 크게 걱정 안 하셔도 됩니다. 도전이는 잘해낼 겁니다."

"……."

이다정은 아무 말이 없었다.

"차 드시지요."

"음, 향이 좀 독특한 것 같습니다."

어색한 분위기를 바꾸기 위해 강도전이 한마디 했다.

"맛은 별로 없을 거야."

"그런데 왜 그렇게 보이차를 찾는 거지요?"

도전은 아내와 함께 있는 것이 어색한 듯 보이차에 관심을 보였다.

"맛보다 비싼 맛에 찾는 거지."

"다른 중국 차에 비해 꽤 비싼 편이죠?"

"그렇다고 봐야지. 최고급 보이차는 500그램 1근에 1,000만 원을 호가하는 것도 있어. 중급 이하는 몰라도 고급 보이차는 가격이 천정부지로 치솟고 있지. 물론 일반 녹차처럼 저렴한 것도 있긴 하지만.

그건 그렇고, 오늘 제수씨를 오시라고 한 것은 앞으로 도전이가 무엇을 할 것인지 궁금할 것 같아섭니다. 그동안 도전이가 많이 힘들었지만, 아마 제수씨만은 못했을 겁니다. 그래도 당사자는 그런대로 견딜 만합니다. 같이 사는 아내들이 더 힘들지요. 저도 마찬가지였고요.

그래서 도전이가 앞으로 무엇을 하려는지 설명을 좀 드리고, 또 도움을 구할 게 있어서 보자고 한 겁니다. 제수씨는 편하게 그냥 들으시면 됩니다."

"네, 잘 알겠습니다. 근데, 제가 들어서 뭐 알겠습니까. 괜히 두 분께 부담스럽게 하는 건 아닌지 모르겠어요."

"아닙니다. 어려울 것도 없고 부담되는 것도 없습니다. 오히려 제수씨가 힘들면 밖에 나갔다 오셔도 됩니다. 저희는 상관없어요. 자네, 장·단기 '내 일' 후보들의 정보 탐색은 좀 했나?"

"글쎄요. 한다고 했는데…… 시간이 부족한 것 같습니다."

"괜찮네. 오늘 결정한 것이 불변 사항은 아니야. 실제로 하다 보면 현실과 다를 수 있고, 더 좋은 방향이 생길 수도 있어. 어쨌든 큰 부담은 갖지 말게. 그럼 발표하는 방식을 잠깐 설명할게. 발표할 때는 자네의 흥미, 직무 전문성, 재능, 해방 시점을 간략히 소개하고, 단기 '내 일' top 5와 장기 '내 일' top 5 순으로 발표하도록 하게. 그리고 그 전에 제수씨에게 그동안의 과정을 설명하는 의미에서 복습을 한번 해보세. 자네가 첫날 했던 1단원부터 지난주까지 한 것을 말해보게. 시간은 걸려도 좋으니 교재를 보면서 천천히 설명해보게. 그러면 우리 강의장으로 옮길까, 세팅은 다 해놓았네."

"예, 그렇게 하시지요."

강도전은 한 시간 넘게 퇴직 설계 프로그램 전 과정을 최종 장·단기 '내 일'만 남기고 빠짐없이 설명했다.

"제수씨 어떠세요? 좀 이해가 갑니까?"

"뭐가 뭔지 정확히는 모르지만, 무엇을 하려는지 조금 감이 잡히네요."

"그럼 됐습니다. 지금부터는 자네의 장·단기 '내 일'을 발표해보게."

아내 이다정은 남편 강도전이 발표하는 동안 화면에서 눈을 떼지 못했다. 김재기는 듣는 내내 가슴속에서 뜨거운 기운이 올라오는 것을 느꼈다. 5년 전 모든 것을 다시 시작할 때의 자신을 보는 듯했다. 실의에 빠져 있던 강도전을 만난 보람이 느껴졌다. 문제는 앞으로 해야 할 실행이었다. 드디어, 강도전의 발표가 끝났다. 김재기는 박수를 쳐주었다. 아내 이다정도 덩달아 박수를 쳤다. 이다정이 엉겁결에 박수를 치기는 했지만, 그것은 간절한 응원의 메시지나 다름없었다.

"수고 많았네. 정말 대단해. 자네의 의지가 엿보여서 좋아. 잘했네!"

"근데 선배님, 이렇게 목표는 정했지만, 앞으로 해야 할 일들을 생각하면 또 막막한데요."

"자네의 목표와 하고자 하는 의욕이 방향만 맞으면 앞으로 해나가는 데 큰 문제는 없어. 어렵게 생각할 거 없네. 이제 '내 일', 즉 목표를 정했으면 하나하나 해나가면 되네. 성공은 열심히 하는 게 아니라 뚜렷한 목표를 갖는 것이라고 했네. 자신이 목표에 가까이 접근해가고 있는지, 멀어지고 있는지를 파악하면서 원하는 것을 얻을 때까지 계속 전략을 수정하면서 나가면 돼. 앞으로 진행하면서 부족한 부분은 더 알아보고, '내 일'을 꼭 실행하겠다는 간절한 마음과 구체적인 방법을 강구해 앞으로 나가세. 이제 할 일이 더 많아졌어. 이제 행동으로 옮기는 것이 관건이네. 그럼, 우리 식사하면서 이야기를 나누지."

세 사람은 사무실을 나와 식당으로 향했다.

장·단기 '내 일' top 5		
단기 top 5		장기 top 5
경영컨설팅	해방 2019년 57세	기업 자문 및 비즈니스 코칭
코칭		강의
멘토링		책 출간
사업 계획 수립		직업 상담
글쓰기		통·번역

흥미	전문성		재능
·강의	·사업계획서 작성	·신사업 기획	·가르치기
·여행	·사업타당성 분석	·변화 관리	·실행에 옮기기
·영어	·경영컨설팅	·혁신 운동	·멘토링하기
·글쓰기	·마케팅 관리	·팀제 기획	·기획·분석하기
·코칭하기	·기업 자문	·노사문제 해결	·글쓰기
·피아노 연주	·강의		·협상·상담하기
·멘토링하기			·연결고리 역할
·음식 만들기			·공감하기

··· **돕는 배필, 헬퍼**

세 사람은 아담한 한식집으로 자리를 옮겼다.

"이 집 백김치하고 가자미식해가 그만입니다. 가격도 좋고 음식도 깔끔하지요."

"분위기가 참 좋네요. 선배님 덕분에 아내와 함께 외식도 하고 행복합니다."

"애 아빠와 몇 년 만의 외식인지 모르겠어요. 어쨌든 김 대표님께 어떻게 감사를 드려야 할지 모르겠네요. 저는 애 아빠가 무엇을 해도 상관없어요. 전쟁에 나가 죽었던 남편이 다시 돌아온 기분이에요. 도전 씨가 방 안에 갇혀 1년씩 나오지 않을 때는 그렇게 죽는 줄 알았어요. 정말 김 대표님이 저희 가족의 은인입니다. 이제 욕심내지 않고 조용히 살고 싶어요. 또 무엇을 하다 다시 그런 일을 겪느니, 차라리 아무 일도 안 하는 게 낫다는 생각이 들어요."

"충분히 이해합니다. 그런 생각이 무리는 아니지요. 앞으로 하는 일이 재미있으면 과거로 돌아가지 않을 겁니다. 앞으로는 걱정 안 하셔도 될 거에요. 많이 안정됐어요. 이 친구와 작업을 해보니 마음의 균형도 잡았고, 삶에 대한 열의도 있는 게 내가 처음 만날 때와는 전혀 다릅니다. 그리고 일반 퇴직자들보다 사업에 몇 번 실패한 사람들이 몸을 더 사립니다. 돌다리를 두드리고도 잘 안 건너가지요. 오히려 더 소극적인 것이 문제가 될 수 있어요."

"그러면 애 아빠가 이제 무엇을 해야 하나요? 강의장에서 듣긴 했지만, 뭐가 뭔지 잘 몰라서요."

"단기, 즉 아이들이 결혼할 때까지 할 일과 장기로 할 일을 정했지만, 중요한 것은 자기 의지입니다. 우리 안에는 두 사람이 있지요."

"두 사람이 있다니요?"

강도전이 물었다.

"간절한 사람과 절실한 사람이지."

"간절한 사람과 절실한 사람이 뭔지 언뜻 이해가 안 가는데요."

이다정이 눈을 껌벅이며 물었다.

"우리는 평소에 하고 싶은 일을 했으면 하는 간절한 자아와 의식주를 향해 그곳으로 달려가는 절실한 자아를 함께 가지고 있습니다. 다시 말해, 우리는 이성과 본능의 지배를 함께 받고 살지요. 대부분이 하고 싶은 일을 원하면서도 먹고사는 담을 넘지 못해, 원치 않는 일을 하며 살아갈 때가 많습니다. 그런데 통계적으로 봐도, 하고 싶은 일이 사람을 행복하게 할 뿐 아니라 성취도도 훨씬 높습니다. 간절한 일은 시간이 오래 걸릴 수 있고 돈이 잘 안 될 거라는 선입견 때문에, 먹고사는 일 앞에서 슬며시 모습을 감추곤 하지요. 인생 2막에서는 하고 싶은 일을 놔두고 먹고살기 위해 일을 하다 보면 마음에 갈등이 남게 됩니다. 물론 아프리카 빈국이나 굶주림에 시달리는 중미의 아이티 같은 나라에서는, 간절함을 떠나 당장 먹고사는 것이 우선이겠지요. 하지만 1인당 국민소득이 3만 달러에 육박하는 우리는 좀 다릅니다. 간절함의 채움 없이 절실함으로 행복할 순 없어요. 그래서 일에는 조화가 필요합니다. 우리가 어떤 것을 결심할 때 자주 쓰는 말이 '극기'입니다. '자기를 이긴다'는 뜻의 극기는 우리를 한쪽으로 몰아세웁니다. 우리는 자기와의 싸움에서 이겨야 한다는 말을 너무 자주했어요. 하지만 '자기'는 이기고 지는 싸움의 대상이 아닙니다. 두 자아가 서로 싸우지 않고 품에 안고 살아가야 하지요. 그렇게 살아야 인생이 아름답고 행복합니다."

"선배님, 자신을 품에 안고 살아간다는 게 무슨 뜻이에요?"

"나와 또 하나의 내가 옳고 그름을 따지지 않고 서로 화합하며 살아가는 거야. 즉, 먹고사는 일에 얽매이는 '나'와 정말 자신이 하고 싶은 일에 정진하려는 또 다른 '내'가 서로 이해하며 감싸 안는 거지. 그렇지 않으면, 그런 두 마음으로 인해 내적 갈등을 겪게 돼. 어떤 일을 선택하더라도 한탄과 후회가 아닌, 격려와 지지를 통해 두 마음이 화합해야 한다는 것을 말하는 거야. 그리고 사람 때문에 어려울 수도 있어."

"사람 때문에 어렵다니요? 누가 또 어렵게 하나요?"

이다정이 물었다.

"남 때문에도 힘들 수 있지만, 가족 때문에도 힘들 수 있습니다. 자기 길을 가다가 경제적인 도움을 주지 못하면, 가족, 특히 부부간에 사이가 안 좋을 수 있고, 다툼이 생길 수 있지요. 그런 경우 많은 사람들이 가고자 하는 길에서 이탈하게 됩니다. 눈앞의 일에 시력을 빼앗기게 되는 거죠. 그때 누구보다 아내의 따뜻한 말 한마디가 필요합니다. 다른 길로 가면 먹고는 살 수 있겠지만, 그 빈자리를 채우지 못한 아쉬움에 자꾸 뒤를 돌아보게 됩니다. 도전이 역시 앞으로 살아나가는데 적지 않은 흔들림이 있을 겁니다. 도전이뿐 아니라 중년의 '낀 세대' 대부분이 흔들립니다. 바람에 흔들리는 것이 나무나 꽃잎만이 아닙니다."

"'낀 세대'라니요?"

그 말을 처음 들어본 이다정이 물었다.

"부모는 공양하면서 자식에게는 기댈 수 없는 세대, 즉 우리와 같은 중년을 말합니다. 누구는 '저축 없이 인생 2막을 시작하는 세대'라고도 합니다. 하지만 우리 중년은 그 어느 세대보다 열심히 산 성실한 세대입니다. 지시와 명령으로 제 기량을 다 펼치지 못해서 그렇지, 무한한 가능성의 세대지요. 이번에 도전이가 삶의 목표를 정한 것은 큰일을 한 겁니다. 지금까지 살아오는 중에 아마 가장 중요한 일을 했다고 봅니다. 구슬이 서 말이라도 꿰어야 보배이듯, 지금은 어떻게 꿸 것인가를 생각할 때입니다. 도전이가 선택한 삶의 목표는 꿈이며 비전입니다. 한 개인의 사명이기도 하지요. 우리는 그것을 위해 이 땅에 왔다고 해도 지나치지 않을 겁니다. 목표는 삶의 방향을 뜻하지요. 목표를 성취하기 위해서는 수많은 거친 들판을 지나가야 합니다. 잘못

가거나 안 가려 할 때 '툭!' 쳐주는 사람이 필요합니다. 그 사람이 코치이며 멘토지요. 그 역할을 아내들이 해야 합니다."

"제가 그 역할을 어떻게 합니까? 저는 웬만하면 그냥 도전 씨에게 맡기고 참견하지 않을 겁니다."

"서로를 제일 잘 아는 게 부부 말고 또 있습니까? 무엇을 더 알아서가 아닙니다. 다른 길로 가면 옆에서 말해주고, 쓰러지려 하면 잡아줄 사람은 이 세상에 아내밖에 없습니다. 아내가 훌륭한 코치이며 멘토인 셈이지요. 성경은 아내를 '돕는 배필(helper)'이라 했습니다. 도우려면 돕는 자가 도움을 받는 사람보다 지혜로워야 하지요. 그래선지 하나님은 아내들을 지혜롭게 만들기 위해 논리와 지식을 담당하는 '좌뇌'를 더 발달하게 하셨는지 모릅니다. 아내의 격려나 칭찬 한마디가 어떤 고난도 이겨낼 수 있는 무기가 될 것입니다. 그것이 남편을 도우면서도 아내 자신도 돕는 거지요. 부부는 조건이 아니라 존재로 살아야 한다고 봅니다. 조건이 변했다고 남편이란 존재가 변한 것도 아닌데, 중년이 직장 밖으로 나오면서 아내의 눈을 더 의식합니다. 아내의 말 한마디에도 삶의 방향이 쉽게 바뀌지요. 도전이는 이제, 자신이 하고 싶은 일을 찾았습니다. 그 길을 계속 갈 수 있도록 제수씨가 성원해주시고 기다려주십시오. 그러면 됩니다. 곁에 있는 것만으로도 큰 힘이 될 것입니다."

"아까도 말씀드렸지만, 저는 이보다 더 안 좋을 수는 없습니다. 지금 생각으로는 애 아빠가 크게 일만 벌이지 않으면, 다 받아들일 수 있을 것 같아요. 물론 100퍼센트 확실할 순 없지만요."

"몇 년 전에 본 영화 중에 제 기억에 생생하게 남아 있는 것이 있습니다. 추창민 감독이 연출한 〈그대를 사랑합니다〉입니다."

"저는 못 봤는데, 어떤 영화였어요?"

이다정이 관심 있게 물었다.

"늙어서도 부부의 애틋함과 노년의 아름다운 사랑을 보여주는 영화입니다. 영화 속에서 홀아비 김만석 할아버지는 과부 송이뿐 할머니를 좋아하게 됩니다. 만석은 이뿐이 할머니의 생일을 맞아 무슨 말을 해줬으면 좋은지 손녀에게 묻지요. 손녀는 '당신을 사랑합니다!'라고 말씀드리라고 코치합니다. 그때 만석은 죽은 아내의 영정 사진을 보며 손녀에게 말합니다. "'당신'이나 '여보'와 같은 호칭은 같이 산 부부 사이에 사용하는 말이야."라고. 그리고 이뿐이 할머니에게는 '그대'라는 호칭을 사용합니다. 나이가 들어감에 따라 아내보다, 남편이 아내를 더 사랑하는지 모릅니다. 아마 남성이 우뇌가 발달해 감성적이어서 그럴지도 모르지요. 나이가 들수록 아내의 존재를 의식하는 것은, 남편이 아내에게 의지하고 동정심을 얻기 위한 것이 아닙니다. 중년이 되면서 아내와 가족을 더 깊이 사랑하기 때문이지요. 일이나 친구, 술보다 가족, 특히 아내의 존재를 인정하며, 아내를 고맙게 생각하고, 아내를 편하게 해주고 싶은 마음이 더 커서 그럴 겁니다. 김만석 할아버지에게 노년에 만난 이뿐이 할머니가 말할 수 없이 좋아도 '당신'이란 호칭을 사용하지 않는 것은, 먼저 떠난 아내에 대한 예(禮)가 아니라는 생각했기 때문일 겁니다. 제수씨가 곁에서 도움이 돼 주어야 합니다. '멀리 가려면 같이 가라'는 말이 있습니다. 서로 도우며 가는 것이 같이 가는 거지요. 얘기가 길었네요. 제수씨 더 드세요."

"저희는 말씀 들으면서 많이 먹었습니다. 이제 선배님 좀 드세요."

"나도 많이 먹었네. 그럼 식사도 마쳤으니, 우리 조용한 카페로 자리를 옮길까요?"

"차는 저희가 사겠습니다."

"그럼 그렇게 하게."

세 사람은 자리를 옮겨 못다 한 이야기를 나누고 헤어졌다. 강도전과 이다정은 오랜만에 같이 길을 걸었다. 이다정이 슬며시 강도전의 팔짱을 꼈다. 이내 강도전도 팔을 뻗어 이다정의 어깨를 보듬었다.

일정한 목표에는 항상 전략이 뒤따른다. 전략은 특정 목표를 이루기 위한 계획을 마련해서 소유하고 있는 자원을 그 목적에 맞게 활용하는 것을 말한다. 이제, 어렵게 찾은 장·단기 '내 일'을 성취하기 위해 세부적인 실천 계획을 수립한 후에 시간, 에너지, 돈 등 자신이 가지고 있는 귀중한 자원을 어떻게 효율적이고 효과적으로 사용할지 결정해야 한다.

3부

어떻게 할 것인가?

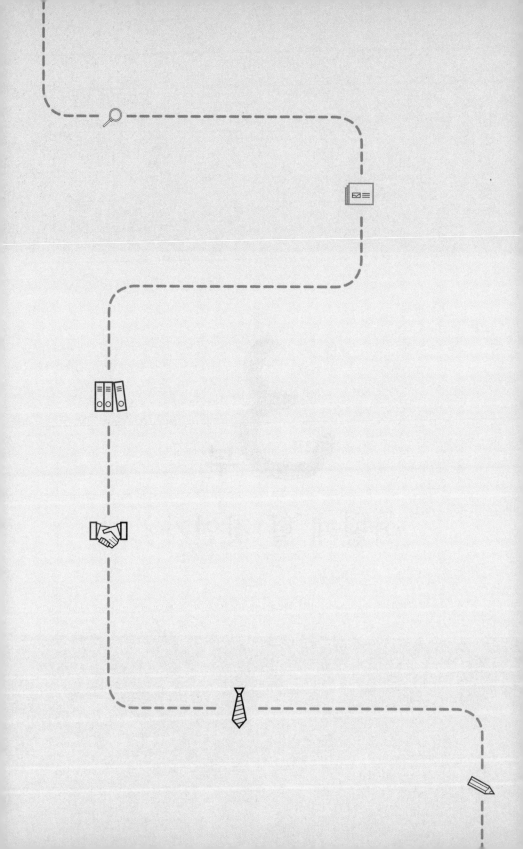

목표와 전략적 실행 방안을
하나로 꿴다

목표 고객(대상)을 정하고,
분야를 정하고,
업종을 정한 후에,
무엇을 배우고 어떤 자격증을 딸 것인지,
세부 실천 사항을 글로 써서 눈으로 볼 수 있게 한다.

⋯ 할 일에 대한 구체성을 확보한다

"선배님, 저 왔습니다."

"어서 들어오게. 이게 얼마 만인가? 우리가 '내 일' 찾기 하고 한 달이 넘었지?"

"예, 그렇습니다. 한 달 조금 더 된 것 같네요."

"그동안 어떻게 지냈나?"

"선배님과 찾았던 '내 일'을 어떻게 할지 구상도 하고, 친구들도 만나 이야기도 나눴습니다."

"그동안 연락이 없어 일이 잘되고 있구나, 생각하고 있었네. 그래, 할 만한가?"

"……, 근데 그게 생각처럼 쉽지 않더라고요."

"어느 것이 쉽지 않던가?"

"막상 준비하다 보니까 좀 막연한 것 같고, 때로는 이렇게 해도 되나 싶은 생각이 들기도 합니다."

"처음에는 다 그래. 차 마시게."

김재기는 찻잔을 탁자 위에 놓았다.

"고맙습니다."

"그래, 어떤 준비를 하는데 막연했다는 건가?"

"가령 '강의'를 한다고 했을 때, 어떤 준비를 어디서부터 해야 할지 잘 모르겠어요. 경영컨설팅도 마찬가지고요. 목표는 세웠지만, 막상 시작하려니 구체적으로 무엇부터 해야 할지 명확하게 방향이 서질 않아서요."

"자네가 찾은 장·단기 할 일이 뭐였지?"

"단기 '내 일'이 경영컨설팅, 코칭, 멘토링, 사업계획서 작성해주기, 글쓰기이고, 장기 '내 일'이 강의하기, 책 출간하기, 기업 자문·비즈니스 코칭, 직업 상담, 통·번역 등이에요."

"그럼, 이렇게 생각해볼 수 있지."

"어떻게요?"

"강의, 경영컨설팅, 사업계획서 작성해주기, 기업 자문을 한데 묶어서 그것을 하는 데 필요한 것이 무언지 생각해보는 거야. 구체적으로 할 일의 종류를 열거한 후 당장 필요한 것이 무언지 정하는 거지. 그리고 개수를 줄여 깊이를 더하는 방식으로 진행하는 거야. 그렇게 하다 보면 무엇을 더하고 무엇을 덜해야 할지 감을 잡게 돼."

"구체적으로 무엇을 말씀하시는지, 쉽게 설명해주세요."

"가령 경영컨설팅을 한다면, 우선 기업을 상대로 할 것인지, 개인을 상대로 할 것인지를 정하는 거야. 컨설팅 분야도 마케팅, 재무·회계, 인사·노무, 생산 관리 중에 어느 부문을 전문으로 할 건지 선택할 수 있지. 또 업종도 제조업이나 서비스업, 혹은 IT 업종을 할 것인지 생각해보고. 그렇게 한 후에 나를 필요로 하는 곳, 즉 1차 고객과 2차 고객이 무엇을 원하는지 알아보는 거야."

"1차 고객은 뭐고, 2차 고객은 뭐예요?"

"'1차 고객'은 자네가 컨설팅을 하기 위해 소속될 컨설팅회사나 국가기관을 말하고, '2차 고객'은 직접 컨설팅을 받는 대상, 즉 실제 고객을 말하는 거야. 물론 자네가 실제 고객과 직접 만나 컨설팅을 할 수도 있어. 하지만 기관에 소속되어 컨설팅을 하는 것이 대부분이야."

"선배님, 그런 기관에서 아무나 받아주지 않잖아요. 무슨 자격이 있어야 하는 것 아닙니까?"

"당연히 일정한 자격이 필요하지. 수요처에서는 기본적인 학위나 자격증, 경험 등이 있는지 검증을 통해서 뽑아."

"그럼 저는 석사나 박사학위도 없고, 회계사나 노무사, 경영지도사 같은 자격증도 없잖아요. 그리고 컨설팅한 경험도 없으니 지금으로선 할 수 없겠네요."

"자네에게 학위나 자격증, 컨설팅 경험은 없어도 자네만이 가지고 있는 게 있잖아."

"저한테 뭐가 있습니까?"

"자네가 퇴직 후에 겪은 실패 경험이 있고, 그 경험을 책으로 엮어 자네를 알릴 수 있잖아. 안 된다고 생각하기 전에 미처 발견하지 못한 것이 있는지 찾고 또 찾아보는 거야."

"책이라니요?"

"자네의 할 일 중에 글쓰기, 책 출간하기도 있잖아. 이 기회에 자네의 실패 경험을 책으로 쓰면 그것도 하나의 방법이 되지 않을까? 그러면서 틈틈이 학위를 취득하고 자격증을 따는 거지. 강의, 글쓰기, 책 출간, 경영컨설팅은 다 연결이 돼. 어떻게 보면 하나의 일이야. 책은 인지도를 높일 수 있고, 설득력이 있어. 책을 쓰다 보면 공부는 물론이고 많은 자료가 모여 강의하는 데도 큰 도움이 되지. 보통 책 한 권에 참고할 서적이 30권에서 50권 정도가 들어가기 때문에 엄청난 공부를 하는 셈이야. 또, 자네의 실패 경험은 언제라도 강의나 강연의 재료가 될 수 있어. 그것을 잘 활용하는 것도 하나의 전략이지."

"아! 그런 방법이 있었네요."

"그리고 강의나 컨설팅을 하고 책을 쓸 때 자신이 익숙하고 잘하는 분야를 먼저 시작하는 거야. 인기에 영합하거나 돈과 연관된 것은 일단 내려놓고. 막상 일을 시작해도 얼마 동안은 돈벌이가 잘 안 될 수 있어. 느긋하게 마음먹고 기다리는 자세가 필요해. 자네도 해보면 알게 될 거야. 지금 나는 IT 업종의 컨설팅은 거의 안 하고 있네."

"왜 그러시는 거죠?"

"내가 그 분야를 잘 몰라서그래. 컨설팅하다 보면, 자신이 잘 모르는 부분은 대충하고 넘어갈 때가 적지 않지. 그러면 효과적인 결과물이 나오지 않고, 컨설팅을 하고 난 다음에도 마음이 편치 않아."

"중소기업, 특히 개인 사업체는 모든 업종을 다 할 줄 알아야 하지 않나요?"

"꼭 그렇지 않아. 소상공인 컨설팅도 업종이 나뉘어져 있어."

"아, 그렇군요."

"강의나 컨설팅 외에 코칭을 할 때도 마찬가지야. 자네가 '내 일' 찾기에서 정보 탐색을 한 것처럼 주변에 있는 전문 코치를 만나든지, 아니면 코치협회를 방문해서 상담을 통해 코칭이 어떤 것이며, 코칭을 하려면 구체적으로 어떤 과정이 필요한지를 알아보는 거야. 그런 후에 구체적인 과정이나 방법은 자네가 선택하면 되겠지. 모든 것은 그 뿌리를 찾아 하나하나 찾아봐야 해. 그리고 자네가 찾은 '내 일' 중에서도 실제 실행하다 보면 아니다 싶은 게 있고, 상황에 따라서는 찾은 일과 다른 일을 할 수도 있어. 일을 진행하려면 유연한 사고가 필요해. 그렇다고 힘들게 찾은 일을 얼마 해보지도 않고 쉽게 바꾸라는 뜻은 아니네."

"예, 무슨 말씀인지 잘 알겠습니다."

"지금 자네에게 가장 중요한 건 기초체력이야."

"체력을 기르기 위해 운동도 시작했어요."

"잘했네. 그런데 내가 말하는 기초체력은 운동을 말하는 게 아니야. 강의를 하고 책을 쓰고 또 컨설팅이나 코칭을 해도, 관련 지식에 대한 기초공사를 부지런히 해야 한다는 말이야. 기본적으로 배우고 나서 무엇을 해도 해야 해. 찾아보면 우리 주위에 필요한 강좌들이 여간 많은 게 아니야. 국가기관에서 하는 것도 있고, 대학이나 사기업에서 하는 것도 많아. 거의 돈이 안 들고, 들어도 얼마 안 돼. 이렇게 해당 분야의 강의를 듣고 필요한 서적을 읽으며 체험을 하는 것이 기초체력을 쌓는 거야. 운동선수들이 경기를 하기 전에 기초체력을 기르듯, 자네도 기초를 단단히 다져야 하네. 기둥을 세우기 전에 터를 굳

게 다지는 게 먼저야. 처음부터 빨리 가려 하지 말고 충분한 시간을
갖고 준비를 하는 거지. 눈은 완성된 곳에 가 있더라도 마음은 한 걸
음 한걸음 그 발아래 잡아두는 지혜가 필요하네. 그리고 답답하고 의
심이 나며 힘들다고 느낄 때는 상상의 세계로 들어가는 거야."

"상상의 세계로 들어가다니요?"

Summary

구체적인 준비 활동

❶ 비슷한 '내 일'끼리 묶는다.(경영컨설팅, 사업계획서 작성, 기업 자문 등)

❷ '내 일'의 대상(고객)을 정한다.(기업, 개인, 정부기관 등)

❸ '내 일'의 분야를 정한다.(마케팅, 재무·회계, 인사·노무, 생산 등)

❹ '내 일'의 업종을 정한다.(제조업, 서비스업, IT업 등)

❺ 필요한 자격을 알아보고 획득한다.(경영지도사, 노무사, 세무사, 학위 등)

❻ 배움터를 알아본다.(국가기관, 대학, 사기업 등)

··· 목표를 이룬 그 모습을 상상한다

"미래를 앞당겨 생각하는 거야. 미래에 꿈을 이룬 자신의 모습을 상
상하는 거지. 강단에서 강의하고, 책을 출간해서 사인회를 하며, 자
격시험에 합격해서 자격증을 받는 그런 순간들을 수시로 상상하는 거
야. 간절한 목표를 이루었을 때를 상상하면 실제 그 일이 성취된 것
같은 느낌이 들거든. 정말 신기하고 묘한 기분이 들면서 불안했던 마
음이 사라지고 할 수 있다는 자신감이 생긴다네."

"상상한다고 실제 그런 감정이 생길까요?"

"자네, 뇌는 현실과 상상을 구별하지 못한다고 한 말 기억하나?"

"글쎄요……."

"성공하지 못했어도 이미 성공한 사람처럼 살아야 하는 이유가 있다고 말했잖아."

"들은 적이 있는 것 같습니다."

"상상은 지식보다 강하다고 했네. 상상은 때로 눈으로 보는 것보다 강한 확신을 주지. 상상은 안 보이던 것을 보게 하고, 가슴에서 울려 나오는 간절한 소리를 듣게 해주지. 아인슈타인은 자신을 상상력을 자유롭게 이용하는 데 부족함이 없는 예술가라고 했어. 그는 상상력이 지식보다 중요하며 지식은 한계가 있지만, 상상력은 전 세계를 일주한다고 했지. 그만큼 상상력은 자신을 긍정적으로 규정하는 데 큰 영향을 미친다네. 상상력은 목표로 다가가는 필수 도구야."

"상상은 일종의 자기암시인가요?"

"그렇다고 볼 수 있지. 성공한 자신의 모습을 잠재의식에 담아 자신의 정체성을 확고히 하는 것이지. 자네 위약효과라고 들어봤지?"

"예. 위약효과는 거짓 약을 진짜 약으로 가장해서 환자에게 복용했을 때 환자의 병이 좋아지는 플라세보효과(placebo effect)를 말하지요."

"맞아. 약사였던 에밀 쿠에(Emile Coué)는 자신의 환자를 통해 우연히 위약효과를 확인하게 되었고, 이를 더욱 발전시켜 자신만의 암시요법을 창안했다네. 그는 학계와 종교계로부터 질시의 눈총을 받으면서도, 20년간의 임상실험을 통해 자기암시의 원리를 다음과 같이 정리해 발표했어. 첫째, 의지와 상상이 부딪힐 경우 예외 없이 상상이 승리한다. 둘째, 의지와 상상이 부딪히면 상상의 힘은 의지의 제곱에 비례한다.

셋째, 의지와 상상이 서로 동의할 경우 그 힘은 단순히 더해지는 것이 아니라 곱해진 만큼 커진다. 넷째, 상상은 마음먹은 대로 움직인다."

"상상의 나래는 한계가 없군요."

"그렇지. 문제는 그 이미지를 몸 안에 어떻게 심느냐 하는 거야. 즉, 뜻을 이룬 자신의 모습을 자신의 참모습으로 발전시키는 거지. 패자에서 승리자로, 위축되고 소외된 자아에서 풍성하고 당당한 자아로 자신을 각인하는 거야. 에밀 쿠에는, 일반인들의 의식과는 달리 강철 같은 의지보다 역경과 고난 속에서도 어린아이 같은 상상력을 잃지 않을 것을 강조했어. 의지만으로는 위험을 감수하며 멀리 못 가도, 상상력을 동원하면 얼마든지 멀리 갈 수 있다는 의미로도 해석할 수 있지."

"정말 상상력이 대단한 것이네요."

"프랑스의 소설가 생텍쥐페리(Saint-Exupéry)는 배를 만들고 싶으면 사람들을 불러 목재를 마련하고 임무를 부여하고 일을 분배할 것이 아니라, 그들에게 무한히 넓은 바다를 보여주라고 말했어. 넓은 바다를 본 사람은 미지의 세계에 대한 상상만으로도 훌륭한 배를 만들 수 있다는 의미지. 그래서 사업을 할 때도 성공한 경험자들로 팀을 이루기보다, 개성이 다르고 주특기가 다르면서 아직 성공해보지 못한 사람들과 함께하는 것을 권한다네."

"그건 왜 그렇지요? 아무래도 성공 경험자와 함께하면 성공 확률이 높지 않을까요?"

"성공 경험을 갖고 있는 사람들은 새로운 아이디어를 기대하기보다 성공한 방법대로만 하려는 경향이 있어서그래. 로저 배니스터(Roger Bannister)의 '1마일의 기적'만 생각해도 상상력이 얼마나 강력한 도구인지 알 수 있어."

"'1마일의 기적'이라니요?"

"불가능으로만 여겨졌던 육상 기록을 무명의 의대생이 상상의 힘으로 깼던 감동의 스토리지."

"올림픽에서 있었던 일인가요?"

"올림픽은 아니야. 1954년 당시만 해도, 인간이 1마일(1,609m)을 4분 안에 뛰는 것은 불가능한 것으로 여겼다네. 한 무명의 육상선수이며 의대생이었던 영국의 로저 배니스터가 1마일을 4분 안에 주파했어. 일대 사건이었지. 더욱 놀라운 것은, 기록이 깨진 지 채 1년이 채 지나지 않아 37명의 선수들이 4분 벽을 돌파했다는 거야. 인간의 뇌 속에 '된다'는 생각이 들어가면서 불가능이 '가능'으로 바뀐 거지."

"4분 벽이 깨진 것도 상상력이 이룬 거네요."

"그렇지. 배니스터는 4분 이내에 주파하는 상상을 매일 했다고 해. 상상의 힘이 인간의 한계를 깨뜨린 거지. 배니스터는 기자들과의 인터뷰에서 이런 말을 남겼어. '나의 심폐 기능이 1마일을 4분 내 주파하는 속도를 감당하지 못한 것이 아니라, 그동안 나 자신이 1마일을 4분 내 주파하지 못한다고 믿었기 때문이었습니다.'라고."

"아, 그렇군요. 상상 훈련이 목표로 다가서는 중요한 도구네요."

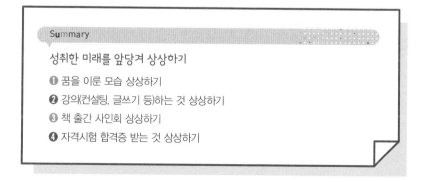

Summary

성취한 미래를 앞당겨 상상하기

❶ 꿈을 이룬 모습 상상하기

❷ 강의(컨설팅, 글쓰기 등)하는 것 상상하기

❸ 책 출간 사인회 상상하기

❹ 자격시험 합격증 받는 것 상상하기

··· 중요도가 우선순위를 결정한다

"그리고 일을 할 때는 중요도에 따라 우선순위를 정하는 것을 잊지 말게."

"우선순위는 중요하다고 생각하는 일을 먼저 하면 되는 것 아닙니까? 그것은 결심만 하면 쉬울 것 같은데요."

"사실은 그렇지도 않아. 우리는 급하지도 않고 중요하지도 않은 일을 먼저 하는 경우가 의외로 많다네. '급한 일에 중요한 일 없고, 중요한 일에 급한 일 없다.'라는 말이 있어. 늘 급하다고 하는 일이 중요한 일의 발목을 잡아 정작 해야 할 일을 못 하게 하지. 우선순위에 대한 유명한 일화가 있는데, 자네 아이비 리라는 경영컨설턴트 얘기 들어본 적 있나?"

"처음 듣는데요."

"베들레헴제철소 찰스 슈왑(Charles Schwab) 사장은, 1920년 어느 날, 경영컨설턴트인 아이비 리를 만나서 제한된 시간에 일을 효과적으로 하는 방법을 알려달라고 했지. 아이비 리는 슈왑에게 백지 한 장을 주면서 이렇게 말했어. '사장님이 지금 해야 할 일 중 우선순위가 높은 순서대로 6가지를 적으십시오. 그리고 내일 아침에 출근해서는 첫 번째 일을 완전히 마친 후에야 두 번째 일을 시작하십시오. 그런 순서로 나머지 일도 하십시오. 한두 가지 일만 마무리하게 되더라도 너무 신경 쓰지 마십시오. 사장님의 주요 목표는 그 일들을 다 하는 것이 아니라 가장 중요한 일에 시간을 할애하는 것입니다. 다시 말해, 소중한 것을 먼저 하는 것이지요.' 그렇게 컨설팅을 받고 몇 주가 흐른 후에, 슈왑은 아이비 리에게 2만 5,000달러 수표와 함께 '제가 지금까지 배운 것 중 가장 유익한 시간 관리 방법이었습니다.'라는 메모를 적어

보냈다고 해."

"정말 간단하고 핵심적인 부분을 말했네요."

"대부분의 사람들은 중요한 일보다는 급한 일에 신경을 많이 쓰지. 중요한 일은 당장 하지 않아도 크게 문제가 되지 않거든. 반면에 급한 일은 처리하는 순간 당면 과제를 해결했다는 안도감과 함께 결과가 바로 나와 스포트라이트를 받기 쉽지. 그런데 대부분의 삶의 목표는 급한 일을 잘 처리하기보다는 중요한 일을 끝까지 함으로써 이루어진다네. 급한 일은 누구나 바로 할 수 있지만, 중요한 일은 끝까지 하기가 쉽지 않거든."

"저도 공감합니다."

"아마 자네도 경험했을 거야."

"어떤 경험을요?"

"하루 일과를 마치고 잠자리에 들 때 하루를 열심히 살았다고 생각했는데 만족스럽지 못할 때가 있고, 반대로 일은 별로 한 것 같지 않은데 왠지 중요한 날이었다고 생각될 때가 있지 않은가?"

"예, 있습니다. 그건 왜 그런 거지요?"

"만족스럽지 못한 것은, 정작 중요한 일을 하지 않아서그래. 그리고 중요한 날이었다고 생각되는 것은, 급한 일보다 중요한 일을 했기 때문이지."

"급하다는 핑계로 정작 중요한 일을 하지 않는 것을 경계하는 말이군요."

"그렇지. 우리는 보통 하루 일과를 4가지로 나눌 수 있어. '긴급하면서 중요한 일, 긴급하지만 중요하지 않은 일, 긴급하지는 않지만 중요한 일, 긴급하지도 않고 중요하지도 않은 일' 등이야."

"선배님, 긴급한 것과 중요한 것의 차이가 뭐예요?"

"긴급한 것은 즉시 대응이 필요한 것이고, 중요한 것은 삶의 목표나 가치와 관련된 것을 의미하지. 자네, 내가 말한 4가지 일 중에 어떤 일에 시간을 늘리고, 또 어떤 일에 시간을 줄여야 한다고 생각하나?"

"중요한 일에 시간을 늘리고, 긴급한 일은 그 일 자체를 만들지 않도록 노력해야지요."

"그건 왜 그렇게 생각하나?"

"긴급한 일은 중요하지 않으면서 시간을 많이 빼앗잖아요. 또 급한 일이 적으면 적을수록 중요한 일에 사용할 시간을 늘릴 수 있고요."

"맞아. 그런데 대부분의 사람들이 급한 일에 치여 정작 중요한 일을 하지 않을 때가 많다네. 그리고 중요한 일을 먼저 하는 방법 이외에 시간을 효과적으로 쓰는 또 다른 방법이 있네."

"어떤 방법인데요?"

"일을 다른 사람에게 맡기는 거야."

"다른 사람에게 일을 맡기다니요?"

"내가 하는 것보다 다른 사람이 그 일을 효과적으로 할 때는 그 사람에게 일을 맡기는 것도 바람직한 방법의 하나야. 예를 들어, 물건 구입이나 신문 스크랩 또는 인터넷 서핑이나 시장조사 등, 다른 사람이 하는 것이 자신이 할 때보다 효과적일 때는 맡기는 게 좋아. 그러면 중요한 일을 할 수 있는 시간을 벌 수 있고, 내가 하는 것보다 더 좋은 결과를 얻을 수 있지. 크게 성공한 사람 중에는 이처럼 자신이 잘할 수 없는 일을 남들에게 맡긴 경우가 적지 않아. 영국 맨체스터 유나이티드의 전설, 알렉스 퍼거슨 감독은, 그가 감독으로 있을 때는 자신의 관심 분야 밖에 있는 업무는 남들에게 대부분 맡겼다고 해.

스티브 잡스도 전략과 운영을 모두 팀 쿡에게 일임했고, 빌 게이츠 역시 마케팅 플랜에 시간을 투자하지 않고 자신이 집중할 수 있는 일에 힘을 쏟았어. 이처럼 기업의 탁월한 리더들은 집중의 방해물을 차단하고 자신의 일정을 치밀하게 관리하기 위해 자신이 잘할 수 없는 일들은 과감하게 남들에게 맡겼다네."

"그렇게 일을 맡길 때는 일정한 기준이 있나요?"

"있어. 일을 맡길 때는 상대방이 일을 효과적으로 할 수 있도록 가이드라인을 설정해주는 거야. 어떻게 그 일을 처리했으면 하는 기준 말이야. 또 활용할 수 있는 자원이나 돈, 시간 등을 구체적으로 알려주면 더욱 효과적이지."

"나보다 남이 하는 것이 효과적일 때는 맡기는 것도 하나의 전략이 되겠네요."

"그렇지. 나는 중요하지 않으면서 시간이 걸리는 것은 주로 집사람이나 아이들에게 부탁하는 편이야. 이런 방식으로 일을 하면, 일의 우선순위를 더욱 명확하게 하고 시간 절약도 할 수 있다네. 그리고 일을 잘할 수 있는 방법 중에 우선순위와 함께 잊지 말아야 할 것이 세밀함이야. 우선순위를 정하고 그에 따른 계획을 세울 때는 세밀한 검토와 분석이 필요해. '착안대국 착수소국(着眼大局着手小局)'이란 말이 있어. 전체를 생각하고 멀리 보되 실행은 한 수 한 수 세밀하게 하라는 뜻이지."

"그 용어는 바둑에서 흔히 쓰는 것 같은데요."

"맞아. 세상의 크고 작은 문제는 큰 곳보다 사소한 부분에서 생기기 때문에 디테일에 힘쓰라는 말이지. 큰 조직의 정책이나 전략의 잘못 역시 세밀함의 부족에 기인할 때가 많아. 세밀하지 않으면 힘과 시간을 효과적으로 사용할 수 없어. 그래서 목표를 설정할 때는 멀리 보고 크게 생각해서 하고, 실제 접근할 때는 세밀하게 분석해서 실행하는 거야. 게르만 민족인 독일인들 역시 세밀함의 극치를 보여주지. 그들은 얼렁뚱땅 넘어가는 적당주의를 제일 싫어해. 실례로, 그들은 묵음이 거의 없는 독일어 알파벳 하나하나를 다 발음한다네. 원칙에 엄격한 독일인들은 융통성을 중시하는 프랑스인들과 크게 차이가 나지. 프랑스 사회가 금지된 것 외엔 모두 허가하는 곳이라면, 독일 사회는 허가된 것 이외는 모두 금지하는 것을 보면 알 정도야. 독일인들은 한마디로 정확성이 체질화된 사람들이지. 특히, 자기 전문 분야에 한해서는 거의 기계 같다고 느낄 정도야."

"선배님, 지나치게 세심하면 오히려 일하는데 우유부단하지 않을까요?"

"사소한 것에 지나치게 메이는 것은 피해야겠지만, 귀찮고 힘들어도 중요한 것은 꼭 짚고 넘어가자는 거야. 법주사의 천룡 스님은, 저울 위에 파리 한 마리가 앉게 되면 가리키는 눈금은 변함이 없겠지만 그 무게는 거짓이 되고, 한 양동이의 청정수에 한 점의 오물이 떨어지면 그 물은 폐수가 된다고 했네."

"생각하고 보니 그러네요."

"특히, 지금의 자네처럼 중요한 목표를 달성하기 위해 실행 방안을 설정할 때는 세세함이 더욱 필요해. 세세함은 자신이 구체적으로 무엇을 어떻게 해야 할지를 알려주는 실행 도구야. 그리고 세세한 계획이 있어야 나중에 결과와 비교해서 차이점과 개선점을 찾아낼 수 있거든. 앞으로 일의 우선순위나 세밀함이 목표를 이루는 데 큰 도움이 될 걸세.

Summary

중요도에 따라 우선순위 정하기

❶ 긴급하면서 중요한 일은 줄인다.(중요한 사람과의 급한 약속, 질병 등)

❷ 긴급하지는 않지만 중요한 일은 늘린다.(일과 관련된 학습, 가족과의 관계 형성, 건강 및 자기 계발)

❸ 긴급하지만 중요하지 않은 일은 줄인다.(중요하지 않은 전화나 메일의 답장, 갑자기 방문한 고객이나 친구에 대한 대응)

❹ 긴급하지도 중요하지도 않은 일은 줄인다.(TV 시청이나 인터넷 서핑, 장시간 휴대폰 사용)

… 일정 기간을 정해 피드백 분석을 실시한다

"그리고 자네가 정한 '내 일'을 이루는 데 중요한 것이 강점 활용이야."

"장·단기 '내 일'을 찾을 때 대부분 강점을 활용할 수 있는 일들을 찾은 게 아닌가요?"

"그런 점을 참고로 했지만, 내가 잘하지 못하고 흥미가 없는 일이라도, 남들이 해서 잘되면 나도 그 일을 해야 할 것 같은 생각이 들 때가 있어. 그러면 내가 하던 일을 내팽개치고 구체적인 계획 없이 그리로 가는 경우가 많아. 대부분 거기서 실패를 본다네. 또 하나 자주 실패하는 것은, 강점이라고 생각한 것이 실제는 그렇지 않을 때야."

"대부분 자신의 강점을 잘 알지 않나요?"

"사실은 그렇지 않아."

"그렇지 않다니요?"

"대부분 자신이 잘 못하는 건 알아도, 잘하는 것은 모를 때가 많거든."

"그건 왜 그렇지요?"

"강점을 알 기회가 없었기 때문이지. 가령, 평생 농사만 지은 사람은 농사 이외에 다른 일은 해보지 않아서 자신의 소질을 잘 모르고, 바다에서 물고기만 잡던 사람 역시 물고기 잡는 일 외에 어떤 일을 잘하는지 잘 몰라. 지시나 명령에 익숙한 중년의 퇴직자들도 자신의 강점을 잘 아는 사람이 그렇게 많지 않아."

"그건 왜 그런 건가요?"

"자신의 의지나 사고로 일한 경험이 거의 없기 때문에 자신이 무엇을 잘하는지 모르는 거야. 자신을 알 기회가 없었거든."

"그런데 일을 할 때, 꼭 강점으로만 하는 것은 아니잖아요."

"요행이 아니고는, 약점으로 목적을 달성하기란 거의 불가능하지. 강점 없는 일을 하는 것은 그저 남 따라가는 것에 지나지 않아. 효과나 효율은 물론이고, 잘할 수도 없고, 오래 할 수도 없어. 마치 바람이 없는 바다에서 목적지를 잃고 헤매는 범선과 같지. 11년간 영국을 이끌었던 철의 여인 마거릿 대처(Margaret Thatcher)가 첫 국회의원 후보로 나설 때, 대처의 지인들은 유머 감각이 없는 그녀의 화법을 염려했지. 그 당시 유머 감각은 정치인에게 없어선 안 될 중요한 요소였거든. 대처의 남편은 그게 걱정이 되어서, '당신 대신 유머 감각이 있는 사람이 연설문을 쓰는 게 좋겠어요.'라고 조언했지. 하지만 대처는 약점을 보완하기보다 자신의 강점으로 승부하겠다는 전략을 세웠어. 그는 잘할 수 없는 유머 대신 자신의 강점에 집중했지. 유머 감각이 없는 그였지만, 자신의 정치적 신념과 정책을 알아듣기 쉽게 연설을 했어. 그 결과 당당히 국회의원에 당선되었지. 대처의 승리는 강점의 승리이고, 의지의 승리였어. 우리 주변을 둘러보면, 강점을 계발하고 활용하기보다는 약점을 고치려는 사람들이 너무 많아. 강점이 아니고서는 효과적일 수가 없는데도."

"그런데 왜 다들 강점보다 약점에 신경을 쓰는 거지요?"

"약점을 보완하거나 개선하면 잘될 것 같은 느낌이 들거든. 게다가 약점은 남과의 비교만으로 쉽게 알 수 있고, 눈에도 잘 띄지. 또 약점은, 실제로는 개선이 되지 않았는데도, 개선된 것처럼 느껴지면서 심리적인 안정감을 갖게 해주거든. 강점은 사용해보지 않으면 잘 몰라. 그리고 칭찬에 인색한 사회 분위기 역시 잘하는 것을 의심하게 하고 부정하게 만들지."

"그건 왜 그렇지요?"

"예전 어른들은 애들을 칭찬해주면 버릇이 없어진다고 생각했고, 사랑도 속사랑이라 해서 자식이나 손주도 겉으로 예뻐하지 않았어. 칭찬에 인색했지. 그래서 일정한 대회에 나가 상을 받거나, 공식적으로 인정받는 것만 자신의 강점인 줄 착각하는 거야. 그리고 약점에 신경을 쓰는 것은 열등감 때문에 그럴 수 있어."

"열등감 때문이라니요?"

"어릴 적에는 잘한다는 칭찬보다 못한다고 꾸지람을 들을 때가 많았잖아. 잘하는 것이 많은데도 그건 놔두고, 사소한 잘못으로 야단을 맞고 마음에 상처를 입었지. 남이 뭐라고 하지도 않는데 자신이 무시당할지도 모른다는 열등감을 갖게 되었어. 그 때문에 잘하는 것보다는 못하는 것에 신경을 쓰고 고쳐보려고 애를 쓰지."

"그러면 자신의 강점을 알 수 있는 좋은 방법이 있나요?"

"피터 드러커 교수는 피드백 분석을 하면 자신의 강점을 발견할 수 있다고 했어."

"피드백 분석이오?"

"가령, 어떤 중요한 의사 결정을 할 때마다 예상되는 결과를 기록해 두는 거야. 그리고 6개월, 9개월 또는 12개월 등 일정 기간이 지난 뒤 자신이 기대했던 것과 실제 결과를 비교하는 거지. 그러면 그들 중에 잘한 것이 무엇인지, 강점은 무엇인지를 신속하게 알려준다네. 또 무엇을 배워야 하는지, 어떤 습관을 바꿔야 하는지도 알 수 있어. 소질이 전혀 없는 분야와 잘할 수 없는 일이 무엇인지도 알려주고, 강점을 발휘하는데 어떤 일이 방해가 되고 어떤 일이 도움이 되는지도 알려주지. 피드백 분석을 해보면, 대부분 2년이나 3년 이내에 자신의 강점이 무엇인지 알게 된다고 해. 나도 1년 단위로 피드백 분석을 하고 있네."

"선배님은 피드백 분석을 통해 어떤 것을 아셨어요?"

"내가 잘하고 좋아하는 것도 알 수 있었지만, 효과가 나지 않는 일과 버려야 할 일을 알게 됐지."

"저도 계획과 결과를 비교하면서 피드백 분석을 하겠습니다."

"꼭 해보게. 많은 도움이 될 걸세. 그리고 '내 일'을 성취하는 데 중요한 것이 또 있네. 하루 중에 어떤 일을 언제 할지 정하는 것이 중요해. 중요도가 높은 일일수록, 자네가 집중할 수 있는 시간에 배치하는 것이 바람직해."

"중요한 일일수록 실행 가능한 시간을 잡으라는 말씀인가요?"

"그렇지."

"대표님은 주로 어느 시간에 중요한 일을 하세요?"

"대개 아침에 하는 편이지."

"특별한 이유라도 있습니까?"

"아침 일찍 하지 않으면 다른 시간을 잡는 게 쉽지 않아. 오후나 저녁때는 그냥 지나칠 때가 많거든. 스케줄 때문에도 그렇고, 또 시간을 낸다 해도 피곤해서 자꾸 다음 날로 미루게 돼. 중요한 일은 지금 안 한다고 당장 무슨 일이 일어나지 않잖아. 가령 나에게는 운동이나 명상이 중요한데, 아침 일찍 하지 않으면 그날은 안 하고 마는 거지. 또 내일은 내일 할 게 있잖아. 그래서 중요한 것일수록 하루 중에 자신이 가장 집중할 수 있는 시간에 하는 것이 좋아."

Summary

피드백 분석하기

❶ 의사 결정의 예상 결과 기록할 것

❷ 6개월, 9개월 또는 12개월 후 비교할 것

❸ 잘한 것과 강점 분석할 것

❹ 배울 것과 바꿀 습관 결정할 것

　: 중요한 일일수록 하루 중 실행 가능성이 높은 시간에 배치할 것

… 남과 비교하는 대신 나하고만 비교한다

"자네, 토끼와 거북이 경주를 어떻게 생각하나?"

"난센스 퀴즈입니까?"

"거북이가 이긴 진짜 이유를 묻는 거네. 상식적으로는 토끼가 이겨야 하는데 거북이가 이겼으니, 거기에 어떤 이유가 있는지 묻는 거야."

"글쎄요. 거북이가 잘했다기보다 토끼에게 문제가 있다고 봅니다. 토끼는 당연히 자기가 이길 줄 알고 여유를 부렸겠지요. 거북이를 무시했다가 보기 좋게 당한 거지요. 우리 주변에도 흔히 일어나는 일이잖아요."

"그 말도 맞아. 근데 나는 좀 다른 각도에서 보고 있네."

"다른 각도에서 보다니요?"

"토끼는 거북이와의 경주보다 다른 데 관심이 많았을 거야. 토끼는 어떤 직업이 돈을 많이 버는지, 누가 큰 평수에서 사는지, 상대가 얼마나 높은 직위에 있는지 남과 비교하는 데 정신이 팔려서 목적지를 잃어버린 거지. 남의 잣대로 자신을 재단하느라 정작 중요한 것이 무엇인지 생각을 못했던 거야. 반면에 거북이는 자기가 토끼보다 느리다는 것을 알면서도 실망하거나 포기하지 않고 자기 길을 간 거지. 다른 사람과 비교하지 않고 묵묵히 목표를 향해 간 것뿐이야."

"토끼와의 경주에서 이긴 거북이의 마음이 어땠을까요?"

"거북이에게 이기고 지는 것은 큰 의미가 없을지도 몰라. 거북이에게 굳이 결과가 그렇게 중요했을까 하는 생각이 들어. 최선을 다해 자기 길을 갔기 때문에 성공이나 실패도 없고, 잘하고 못하고도 없는 거지. 마음의 행로를 따라간 삶은 그래서 청량감을 더해주는지도 몰라."

"자기 뜻대로 살고 싶어도 먹고사는 문제 때문에 쉽지 않은 것 같아요. 또 그게 현실이잖아요."

"거북이의 삶이 세상과 동떨어진 청빈낙도의 삶을 의미하는 것은 아니야. 거북이는 치열한 경주를 한 거네. 양보하고 손해 보며 욕심 없이 산 것이 아니라, 자신이 가장 잘할 수 있는 곳으로 최선을 다해 달려간 거야. 가능성이 가장 큰일에 선택과 집중을 한 것이지."

"거북이는 한 곳으로만 가면 이길 수도 있다고 생각한 거네요."

"그런 셈이지. 꼭 이기려고 달려갔다기보다 그저 목표를 향해 묵묵히 간 거야. 자신의 재능과 탁월성, 그리고 보람을 느낄 수 있는 곳으로 간 거지. 거북이는 남과 경쟁을 한 것이 아니라 자신과만 경쟁을 했어. 남과 비교하지 않고, 어제의 자신과만 비교했던 거지. 어찌 즐겁고 행복하지 않겠는가! 거북이는 즐기면서 간 거야. 많은 사람들이 경쟁자와 비교하느라 지나치게 많은 시간을 허비하며 살아간다네. 그에 반해, 위대한 리더들은 경쟁자 때문에 자신의 정체성이 흔들리는 것을 절대로 용납하지 않아. 그들의 운명은 밖이 아니라 자신의 내부에서 결정된다고 믿고 있지. 그들은 경쟁하기보다 자신에게 더 충실하기 위해 혼신의 노력을 기울인다네. 그들에게는 얼마나 돈을 많이 벌었는지, 얼마나 많은 경쟁자를 따돌렸는지, 얼마나 자신이 유명해졌는지는 그렇게 중요한 사안이 아니야. 그들의 관심은 언제나 간절한 목표에 있고, 그곳에서 눈을 떼지 못하지."

"그렇군요. 해석에 따라 의미하는 바가 다르네요. 쉬우면서도 어렵습니다. 그 길을 찾는 게 숙제네요."

"그렇지. 우리는 토끼처럼 갈팡질팡하면서 너무 많은 대가를 지불하며 살아가는지도 몰라."

"갈팡질팡의 대가는 '갈 지(之) 자' 비용을 말하는 겁니까?"

"그렇지. 갈팡질팡 비용은 개인이나 가정, 기업, 국가 어디에도 예외는 없어. 방향을 잃어버리면 대가를 치를 수밖에 없지. 처음부터 갈 지 자로 걷고 싶은 사람은 없네. 자기도 모르게 눈이 돌아가니 다른 길이 편하고 더 좋아 보이는 거지. 자기 길을 결심하는 데는 그렇게 오랜 시간이 걸려도, 다른 길을 쫓아가는 데는 순식간이야. 인간은 다른 사람처럼 되고자 하기 때문에 자신의 잠재 능력 중 4분의 3을 상실한다고 하네. 남의 길에서는 능력을 발휘할 수 없는데도, 그 길이 커 보이고 쉬워 보이니 몸과 마음이 그곳을 향하는 거지. 그래서 인식의 확장이 필요하다네."

"인식의 확장이라니요?"

"흔들릴 때 잡아주는 인식 말일세. 인식의 확장은 자신의 열정을 확인시켜주고, 어떻게 살아야 할지 깨달음을 던져주지. 고개가 돌아갔다가도 다시 돌아오게 해주는 변속장치와 같아. 인식의 확장은 가슴을 두들겨 진짜 열정을 보게 해주고, 자기 길을 가고 있는지 확인시켜주는 도구야."

"그런데 저는 막상 인식을 깊게 하려면 잡념이 먼저 들어옵니다. 인식을 확장하려면 훈련이 필요한 건가요? 어떻게 해야 필요한 인식을 확장할 수 있을까요?"

"집중해야 해. 목표에 대한 집중이 필요해. 내가 독일로 출장을 갔을 때의 일이야. 호텔 주변으로 담양의 메타세쿼이아 가로수 길처럼 수백 년 된 아름드리나무들이 줄지어 서 있었어. 그 길을 따라가 보았지. 가도 가도 끝이 보이지 않았어. 그 산책로는 '생각의 보고'였지. 한 발 한 발 걸을 때마다 생각의 깊이를 더해 주었어. 생각을 통해 깨달음을 주는 거지. 좋은 생각은, 목적이 분명할 때 더욱 선명해진다는 것을 깨달았네. 목적이 분명해야 잡생각 없이 자유롭게 생각할 수 있거든. 목적 없이는 깊은 사고를 할 수 없다네. 답을 얻을 수 없지. 오히려 부정적인 방향으로 나갈 가능성이 커. 남이 정해준 목표가 아니라 내가 정한 목표라야 깊은 사고를 할 수 있어."

"그러면 거북이와 토끼의 경우도 목표의 차이라는 말씀인가요?"

"그렇다고 볼 수 있지. 목표가 간절했다면, 토끼는 한눈팔지 않고 오로지 그리로만 갔을 거야. 확신이 생기거든."

Summary

갈팡질팡 비용 줄이기

❶ 남과 비교하지 않고 어제의 나와 오늘의 나하고만 비교한다.

❷ 다른 사람처럼 되기를 포기하고 나로서 만족한다.

❸ 인식을 확장하기 위해 오직 목표에만 전념한다.

❹ 자신이 결정한 목표를 최선으로 인식한다.

··· **목표와 세부 실천 계획을 써 놓고 확인한다**

"결국, 얼마나 간절하냐가 열쇠네요."

"그렇지. 간절할수록 그곳으로 가지 않고는 견딜 수 없거든."

"어떤 목표를 갖느냐에 따라 삶이 많이 바뀌겠네요."

"우리의 삶은 어떤 목표를 가지고 사느냐에 따라 현저히 달라진다네. 자네가 지금 할 일을 두고 고민하는 것도, 자네의 재능과 흥미에 가치를 더해 뽑아낸 목표이기 때문이지. 남이 결정해준 일이면 벌써 다른 일을 알아봤을지 몰라. 그리고 간절한 일은 성취할 가능성도 아주 커."

"간절한 목표가 성공할 수 있다는 특정 근거라도 있나요?"

"인간의 내면에서 나온 목표는 성공점을 향해 자동으로 날아간다고 해. 진정한 목표는 동물이 본능에 반응하듯, 잠재의식을 통해 목표를 향해 간다는 거야. 성형외과 의사였던 맥스웰 몰츠(Maxwell Maltz) 박사는 『사이코-사이버네틱스』라는 그의 책에서, '인간의 뇌는 미사일의 자동 유도 장치와 같아서 목표를 정해주면 미사일처럼 자동으로 그곳으로 가게 된다.'고 주장했지. 자신의 잠재의식 속에 성공을 입력하면 그것에 맞게 자동 유도된다는 거야."

"듣기만 해도 신나는데요. 그 책은 어떤 책입니까?"

"맥스웰 몰츠 박사가 써서 세계적인 베스트셀러가 된 『사이코-사이버네틱스』는 1960년에 나온 책으로 3,000만 부 이상이 팔린 자기계발서의 원조라고 할 수 있지."

"어떤 내용인데 그런 베스트셀러가 되었지요?"

"인간의 뇌와 목표에 대한 이야기야. 몰츠 박사는 수많은 환자들의 임상실험을 통해 특이한 사실을 발견했어. 왜곡된 자아 이미지가 인간의 능력을 제한하는 원인임을 알아냈지. 수술을 원하는 상당수는 얼굴이나 팔, 다리의 성형수술이 아니라 건강한 자아 이미지의 회복이 필요하다는 사실이야. 그리고 진정한 목표가 아닐 경우 목표는 잠재의식에 거부당하거나 변질된다는 거지. 다시 말해, 단순한 목표 설정이 중요한 게 아니라 진정한 목표가 중요하다는 거야."

"얼마나 간절하냐가 핵심이네요."

"그렇다네. 피터 드러커 교수는, '일은 실제로 우리의 목표에 부합할 때만 효과적이다. 진정한 효과는 일을 잘하는 것이 아니라 해야 할 일을 하는 것이다.'라고 말했어. 여기서 말하는 '해야 할 일'이 진정한 목표인 셈이지. 몰츠 박사는 진정한 목표라야 성공 가능성이 크다고 하면서 그 목표를 세우라고 독려하고 있어. 그는 동물에게 생존을 위한 본능이 있듯이, 인간에게도 그런 천부적인 시스템이 두뇌에 내장되어 있다는 거야. 인간의 생존 자체가 아닌, 더욱 발전 지향적인 목표 달성 시스템이 내장되어 있다는 주장이야. 그의 이론대로라면, 목표를 향해 가는 것은 결국 인간 본연의 모습을 찾아가는 당연한 과정인 거지. 그는 인간의 잠재의식을, 단순한 생존이 아니라 더 나은 성공 지향적 메커니즘으로 해석하고 있네."

"성공 지향적 메커니즘으로 해석한다는 게 무슨 뜻이지요?"

"인간의 잠재의식은 농담과 진담을 구별하지 못하고 상상 속의 결과와 실제 결과를 구별하지 못한다네. 내가 전에도 한 번 얘기했잖아, 뇌의 특성에 대해서. 그래서 하나의 주장을 계속 주입하면 실제로 그렇게 알고 행동한다는 거야. 뇌에 '나는 잘한다.'라고 주입하면 정말 잘하게 되고, '나는 화를 잘 낸다.'라고 입력하면 정말 화를 잘 내는 행동을 한다는 거지. 자네는 이미 원하는 목표를 정했으니 그곳에 집중하면 얼마든지 목표를 이룰 수 있다는 것을 말하는 거야."

"저도 목표로 향하는 미사일 맛을 보고 싶은데요."

"얼마든지 이룰 수 있어. 하부 목표도 원래 정한 '내 일' 목표에 부합할 때 효과적이지. 더욱 중요한 것은 목표를 머릿속에만 넣고 기다리기보다, 그 목표를 언제 어떻게 이룰 것인지 실천 계획을 구체적으로 작성해보는 거야. 목표에 대한 세부 계획을 작성해놓으면 목표 달성에 훨씬 효과적이지. 또, 목표와 세부 실천 계획을 써놓으면 그 목표가 올바른 방향으로 가고 있는지를 알 수 있어."

"일종의 체크리스트네요. 피드백 분석을 하기도 좋고요."

"그렇지. 그렇게 써놓은 목표를 확인하며 마음의 각오를 다시 잡을 수 있는 도구가 되는 셈이지. 시각이 우리 감각 중 약 87퍼센트를 차지한다고 해. 계획을 종이에 직접 씀으로써 생각만 하고 있는 것보다 잠재의식에 훨씬 깊숙이 새겨넣을 수 있다네. 비전을 구체적으로 적어 놓은 것이 목표가 되듯이 목표를 잘게 나누면 계획이 되고, 그 계획을 실행에 옮기면 행동 규범인 가치가 되는 거야. 명확한 목표, 특히 글로 작성한 목표가 얼마나 중요한지 보여주는 자료가 있네."

"저도 목표를 가지고 산 사람들과 그렇지 않은 사람들과는 차이가 있다는 말은 들었습니다."

"드러커 교수는 중학교를 졸업하고 40년 만에 동창회를 나갔다고 해. 40년 만에 만난 같은 반 동창들 중 상당수가 의사와 변호사 등의 전문 직종에 진출해서 비교적 안락한 삶을 살고 있더라는 거야. 같은 시기 다른 반 동창들보다 눈에 띄게 두드러진 결과였지. 당시 드러커를 지도한 담임교사는 같은 반 학생들에게 늘 목표의 중요성을 강조하고 그것을 기록하게 했다는 거야. 그 선생님은 그 꿈을 이루기 위한 구체적인 계획을 만들어서 매일 실천하는 습관을 가지게 했어. 결국, 인생에서 성공하는 사람들은 미래에 대한 목표와 그 실천 계획을 가진 사람들이라는 거지. 이런 사례는 미국의 명문대학들이 수행한 연구 결과에서도 잘 나타나 있어."

"또 다른 사례가 있나요?"

"미국의 예일대학은 1953년도 졸업생들에게 구체적이고 명확한 목표가 있는지, 또 그 목표를 달성할 계획이 있는지를 물어봤지. 그중 87퍼센트는 목표 설정을 아예 하지 않았다고 답했고, 10퍼센트는 대략적이나마 목표를 세우려고 노력했다고 응답했어. 반면, 행동 계획과 목표 설정 기준을 직접 종이에 적었다고 응답한 사람은 불과 3퍼센트에 지나지 않았지. 20년이 지난 1973년에 연구원들은 1953년 졸업생 중 생존한 사람들을 조사했어. 서면으로 작성한 구체적인 목표를 가졌던 3퍼센트의 졸업생들이, 나머지 97퍼센트 전부를 합친 것보다 더 많은 재산을 소유하고 있다는 사실을 알아냈지. 또 졸업생들이 느꼈던 행복이나 즐거움같이 주관적인 부분에서도 3퍼센트의 졸업생들이 더 우월하다는 것을 보여주었어."

"아! 그 정도까지 차이가 납니까? 정말 대단하네요."

"하버드대학도 비슷한 조사를 했어."

"하버드대의 결과는 어땠나요?"

"하버드대학이 1979년에 하버드 경영대학원 졸업생들을 상대로 설문조사를 했는데, 그 결과 역시 예일대와 비슷했어. 하버드는 3가지 질문을 졸업생들에게 던졌지. '장래에 대한 명확한 목표를 설정했는가?', '그렇다면 그 목표를 기록해두었는가?', '그 목표를 달성하기 위한 구체적인 행동 계획이 있는가?' 등이지. 특별한 목표가 없다는 A그룹은 84퍼센트, 목표는 있지만 그것을 종이에 적어 두지는 않았다는 B그룹은 13퍼센트, 목표를 구체적으로 설정하고 기록해두었다는 C그룹은 3퍼센트에 불과했어."

"목표를 구체적으로 설정한 3퍼센트는 예일대학과 같은 수치네요."

"그렇다네. 예일대와 마찬가지로 하버드대의 연구진도 10년 후인 1989년에 그 졸업생들을 추적해 확인했지. 그 결과 B그룹이 A그룹에 비해 소득이 평균 2배 이상 높았고, C그룹은 B그룹에 비해 소득이 10배 이상 높았어. 구체적인 목표 설정이 얼마나 중요한지를 느낄 수 있는 내용 아닌가? 목표가 있다는 것은 자신의 재능과 탁월함을 나타낼 수 있는 신이 준 기회라네. 비가 억수같이 쏟아져도 잘못 놓인 그릇에는 물이 담길 수 없듯, 간절한 목표라야 삶의 궁극적 가치인 행복을 얻을 수 있네. 진정한 목표가 행복배달부인 셈이지. 사람들이 힘들어하는 것은 자신이 정말 중요하게 생각하는 것이 무엇인지 모르면서 목표를 세우기 때문이야. 자네는 중요하게 생각하는 가치를 기초로 결심한 '내 일'은 그만큼 훌륭한 목표인 셈이지. 이제 그에 대한 세부 계획을 기록하고 구체적인 행동 계획을 수립해서 하나하나 실천해보게. 또 주기적으로 확인도 해보고."

"목표와 관련된 이야기를 들으니, 목표가 무엇이고 어떻게 관리해야 할지 새삼 많은 생각을 하게 되네요. 되든 안 되든 구체적인 실천 계획도 세우겠습니다. 정말 제 삶의 전반에 걸쳐 많은 도움이 될 것 같습니다."

"오늘은 이만 했으면 하는데, 어떤가?"

"그렇게 하시지요."

"그건 그렇고, 우리 같이 여행 한 번 가볼까?"

"좋습니다. 어디 생각하신 곳이 있나요?"

"특별히 정한 곳은 없네."

"선배님, 그럼 우리 제주도 올레길 한 번 걸을까요? 이제 겨울도 다 지나고 유채꽃망울이 터지는 제주도 어떠세요?"

"좋은 생각이야. 가려면 내가 무엇을 준비해야 하나?"

"선배님 일정에 맞게 제가 비행기표와 숙소는 예약하겠습니다."

"그렇게 하기로 함세."

"그런데 선배님, 갑자기 여행 생각은 왜 하신 거예요?"

"자네나 나나, 퇴직 후에 여행 한번 제대로 못 한 것 같아서그래. 그리고 새로운 목표를 실행하기 전에 마음을 다지는 의미에서 여행보다 좋은 건 없는 것 같아."

"단순히 머리를 식히러 가는 것이 아니군요."

"바람을 쐬고 머리를 식히는 것도 중요하지. 하지만 여행은 '공간의 이동'보다 '시간의 이동'이 되어야 한다고 생각해."

"'시간의 이동'이라니요?"

"여행은, 과거를 가지고 와서 현재의 시점에서 미래를 디자인하는, 즉 깨달음을 얻는 시간이지."

"아, 그런 의미로 여행을 생각하시는군요."

"목표를 다지고 실행의 불꽃을 당기는 기회로는 여행만큼 좋은 게 없어. 그럼, 우리 한번 여행을 떠나보세."

Summary

목표 달성을 위한 실천 사항

❶ 건강한 '자아 이미지'를 회복한다.

❷ 목표에 부합하는 실천 계획을 세운다.

❸ 잠재의식 속에 '잘한다!' '성공한다!'를 입력한다.

❹ 목표와 세부 실천 계획을 작성해서 눈으로 볼 수 있게 한다.

❺ 구체적인 행동 계획을 수립한다.

'내 일'의 성공 도구는
내 안에 다 있다

잘못된 신념과 습관을 바꾸기 위해서는
먼저 실행을 한 후에 생각한다.
문제점을 파악하고 계획을 실행할 때는 항상 '질문'을 한다.
독서와 메모로 정보를 수집하며 두려움을 내려놓고 희망을 준비한다.

··· 무엇을 '할 것인가'보다 '빼는 것'이 먼저다

김재기와 강도전은 김포공항에서 제주행 비행기에 올랐다. 비행기에서 내려다보니, 산이나 강이 점점 줄어들며 사진을 축소하듯 저만치 밀어져 갔다. 뛰어내리면 구름 위에 내려앉을 듯 비행기 날개 위에 구름이 스쳐 지나갔다. 강도전에게는 실로 오랜만의 여행이다. 몇 년 만인지 기억이 나지 않았다. 생애 설계를 통해 선택한 장·단기 '내 일'의 세부 계획을 실행하고 있지만, 모든 게 낯설고 의심이 가는 건 어쩔 수 없었다. 실제 돈이 돼서 하는 것이 아니고, 강의를 듣고 글을 쓰는 등 하나씩 준비하는 단계여서 정신적 압박이 심했다.

"그래, 비행기에 오르니 기분이 어떤가?"

김재기가 물었다.

"가슴이 탁 트이는 게 좋습니다."

"나하고 전에 한 것 기억나나?"

"어느 것을 말씀하시는 건지?"

"눈을 감고 높은 하늘로 올라갈수록 모든 산하가 작아지듯, 앞에 두고 보면 더할 수 없이 커 보이는 걱정도, 멀리 떨어져서 보면 별것 아니란 것을 얘기했잖아."

"예, 제 실패도 멀리서 보면 아주 작은 점에 불과하다는 것, 기억합니다."

"그래, 지금 비행기에서 보니 저 아래 보이는 산과 바다가 어떻게 보이나?"

"아주 작게 보이는데요."

"그런 거야. 당시에는 죽을 것 같고 못 견딜 것 같아도 지나고 보면 다 추억이 되고 귀중한 자산이 되지. 그건 그렇고, 할 일은 잘돼 가나?"

"선배님 말씀대로 장·단기 목표와 세부 실천계획을 적어서 책상머리에 붙여놓고 매일 보면서 실천하고 있습니다."

"실행하고 있는 것을 구체적으로 말해줄 수 있는가?"

"우선, 장·단기 '내 일'을 비슷한 것끼리 한데 묶어서 해야 할 일을 정했습니다. 그리고 목표의 대상, 분야, 업종을 정하고, 그에 필요한 자격증을 따기 위해 노력하고 있습니다. 또, 제가 강의하고 책을 출간하며 자격시험에 합격해 자격증을 받는 모습을 자주 상상합니다."

"잘하고 있구먼."

"그리고 긴급한 일은 가능한 만들지 않거나 줄이려고 노력하면서 중요한 일에 시간을 많이 할애하고 있습니다. 또, 피드백 분석을 위해 계획 대비 실천 상황을 확인하고 있으며, 일에 대한 저의 강점과 단점을 분석하고, 중요한 일일수록 하루 중 실행 가능성이 높은 시간대에 두고 실천하고 있지요. 무엇보다 남하고는 비교하지 않고 저의 어제와 오늘과만 비교합니다. 또 다른 사람이 되기보다 나로서 만족하며, 인식을 확장하기 위해 목표에 집중하고 있습니다. 그리고 잠재의식 속에 '잘한다' '성공한다'라는 생각을 끊임없이 입력하지요."

"대단해. 아주 잘하고 있어. 그렇게 하면 결과는 불 보듯이 뻔하네."

"그런데 그렇게 하면서도 때때로 불안하기도 하고, 과연 잘할 수 있을까 하는 의심이 나곤 합니다."

"그럴 거야. 실제 현상을 보고 있으면서도 의심을 하는 것이 인간의 속성이니까. 자네가 힘든 건 당연해. 그래서 변화가 어려운 거네. 하지만 그런 과정은 누구에게나 있는 현상이야. 담배나 술을 끊을 때 겪는 금단증상이라고 할까. 너무 개의치 말게."

"선배님, 새로운 길을 가려니 그것이 쉽지 않네요."

"익숙하지 않아 자꾸 의심이 나서그래. 빨리 진행되는 것도 아니고 확실하게 되는 것도 아니라서 불안감이 더할 걸세. 삶을 더 구체적으로 집아볼 수 있게 이런 질문을 해보게."

"어떤 질문인데요?"

"'꼭 지금 이것을 해야 하는가?'라는 질문이야. 답이 '그렇다'면 문제 될 것이 없지만, 만일 '아니다'면 무언가 변화가 필요하지. 만일 답이 '아니다'면 자네는 어떻게 할 텐가?"

"다른 일을 찾을 것 같아요."

"그것도 하나의 방법이 될 수 있지. 하지만 꼭 해야 할 일이 아니라면 다른 일을 찾기 전에 먼저 빼는 거야."

"빼다니요? 문제가 있으면 대안을 찾는 것이 우선 아닌가요?"

"그렇지 않아. 찾아서 채우기보다 '빼는 것'이 먼저야. '무엇을 할 것인가'보다 '무엇을 뺄 것인가'를 먼저 생각하는 거야."

"그건 왜 그렇지요?"

"'뺀다'는 것은, 중요도가 낮은 것을 없애고 가치 있는 것을 채운다는 의미야. 빼는 것이 '변화'인 셈이지."

"빼는 것이 변화라고요?"

"잘못된 신념이나 습관 등을 바꾸는 변화 말이야. 그것을 바꾸는 것이 어려워서 자꾸 의심이 생기는 거야."

"결국, 빼지 못해서 어려운 거네요."

"실행이 어려운 것도 잘못된 습관이나 신념이 남아 있기 때문이지. 기존의 습관이나 신념은 새로운 것들을 의심하게 해서, 사고를 방해하고 행동을 방해하지. 그들이 목표로 가기 위한 실행의 발목을 잡거든."

"잘못된 신념이나 습관이 실행을 방해한다고요?"

"그렇지. 목적지로 가기 위해서는 어제의 나를 버려야 하는데, 버리지 못하니 오늘의 새로운 나를 만날 수 없는 거지. 또, 빼는 것은 '하지 않는 것'을 말해. 목표로 가는 데 방해가 되는 것은 하지 않는 것이 빼는 거야. 그래야 목표를 이루는 데 중요한 것을 넣을 수 있는 공간이 생기거든. 세쿼이아 캐피털 회장인 마이클 모리츠는 그의 책『리딩』에서, 자신이 만났던 사람들 중에 비즈니스에 집중하고자 하는 열망이 가장 강했던 사례로 젊은 날의 빌 게이츠였다고 말하더군. 빌 게이츠는 교육 영상물을 보기 위해 TV 시스템을 장만했을 때, 다른 오락 프로그램이나 영화를 보지 않으려고 전파 수신을 완전히 차단해 버렸지. 심지어 자동차에서도 라디오를 떼어내 버렸는데, 짧은 출퇴근 시간이나 공항을 왕복하는 동안에 라디오에서 흘러나오는 뉴스나 음악으로 마이크로소프트에 대한 생각을 방해받고 싶지 않아서였다고 해."

Summary

잘못된 신념이나 습관 바꾸기

❶ "꼭 지금 이것을 해야 하는가?"란 질문을 한다.

❷ '그렇다'면 지금처럼 계속한다.

❸ '아니다'면 '빼는 행위'로 변화를 도모한다.

… 먼저 실행한 후에, 생각한다

"근데 왜 그렇게 과거의 습관이나 버릇이 거침돌이 되는데도 그것을 빼내지 못하는 걸까요?"

"그것은 인간이 갖고 있는 몇 가지 속성으로 설명할 수 있네. 그 속성들이 우리의 앞을 막아서서 가지 못하게 하기 때문이지."

"그렇게 앞으로 나가는 것을 방해하는 것이 무엇 때문인가요?"

"퍼짐 현상과 항상성, 그리고 신념이 우리가 바뀌는 것을 원하지 않는다네. '퍼짐 현상'은 자꾸 흐트러지려는 성질이고, '항상성'은 가지고 있는 성질이나 방향을 그대로 유지하려는 속성이지. 그리고 각자가 '그렇다'고 믿는 '신념'이 변화를 어렵게 한다네. 이런 현상들은 인간만이 아니라 유기체인 회사 조직에도 같은 영향을 미치지."

"좀 더 자세히 설명해주세요. 선뜻 이해가 안 되네요."

"'퍼짐 현상'은 자연의 모든 에너지는 언제나 정돈된 상태에서 흐트러지는 곳으로 향하는 성질을 의미하지. 사람의 마음은 자신이 의식하지 않아도 자연스럽게 흩어지고 분산된다는 거야. 그게 자연스러운 현상이라는 거지. 자네가 운명에서 벗어나 잘해보겠다고 결심해도 자꾸 부정적인 생각이 드는 것도 마음이 흐트러지기 때문이야. 그래서 낙담이 되고 힘든 거지. 이건 인간의 속성에 대한 문제지, 인격의 문제는 아니야. 어쨌든 이런 퍼짐 현상이 변화를 힘들게 한다네. 또 '항상성'이 변화를 어렵게 해. 항상성은 기존에 갖고 있는 힘의 성질이나 방향을 그대로 유지하고 싶어 하는 속성을 말해. 우리의 심장은 일정한 박동수를 유지하고, 체온은 36.5도를 벗어나지 않으려 하지. 또 혈압은 특정한 상한선과 하한선을 정해 그 사이를 왕복하고, 하루에 만들어진 적혈구의 숫자도 같다네. 우리의 일상생활이나 직장에서 일하는 습관적 행동들도 일정한 항상성에 기인하지. 이런 항상성이 변화의 발목을 잡는 거야."

"이를테면 '퍼짐 현상'은 집중을 방해하는 잡념 같은 것이고, '항상성'은 일련의 고집이나 고착된 생각이라 말할 수 있겠군요."

"뭐, 그런 셈이지. 그리고 세 번째가 '그렇다'고 믿는 '신념'이야. 신념이 우리의 변화를 막는 거야."

"근데, 신념은 왜 변화에 저항하고 어렵게 만드는 거지요?"

"자네도 실패에 대한 잘못된 신념 때문에 얼마나 힘들었는가? 그런 신념을 바꾸기가 쉬웠든가?"

"정말 어려웠지요. 지금도 완전히 벗어난 거 같지 않습니다. 힘들 때면 실패에 대한 잘못된 생각이 문득 떠오릅니다."

"신념은 어느 한순간에 만들어지지 않아. 신념은 부모나 선생님, 친구, 문화, 종교, 라이프 스타일 등의 영향을 받아 만들어지지. 그렇게 만들어진 신념은 능력을 키울 수 있는 촉매 역할도 하지만, 도전을 막는 장애물이 되기도 해. 부정적인 신념, 특히 자네가 가지고 있던 실패에 대한 감정은 자신감에 영향을 미쳐 변화를 막는 요인이 된 거지. 자네의 실패 경험이 '해도 안 된다'는 부정적인 신념을 만들어 새로운 변화에 저항했던 거라네."

"그럼, 변화를 막는 퍼짐 현상이나 항상성, 신념 등을 어떻게 해야 하나요?"

"행동을 먼저 하는 거야."

"행동을 먼저 하다니요?"

"행동에 따라 생각이나 태도가 바뀔 수 있거든. 생각을 통해 새로운 행동을 하는 것처럼, 행동을 통해서도 새로운 생각을 할 수 있어. 아마 자네도 경험했을 거야. 기분이 안 좋을 때 기쁜 척하며 전화를 받을 때가 있잖아. 그런데 전화를 끊고 나도 기분이 더 이상 나쁘지 않은 거야. 그렇게 의식적으로 행복한 것처럼 하는 행동이 불행으로부터 우리를 벗어나게 해주기도 한다네."

"행동이 생각을 바꾸는 거군요. 웃으니까 행복해진다는 말처럼."

"그렇지. 행동이 생각을 바꾸게 하는 거지. 행동을 유도하는 가장 바람직한 방법 중 하나가 자신의 잠재력을 보는 거야. 자신의 잠재력이 얼마나 대단한지 보게 되면 몸이 움직이지 않고는 배기지 못할 걸세. 자신의 잠재력을 본다는 것은 행동의 변화가 시작되었다는 증거지. 그런 행동이 퍼짐 현상과 항상성, 그리고 왜곡된 신념을 바꾸어줄 수 있어. 그렇게 변화는 시작된다네. 우리는 엄청난 힘과 에너지를 갖고 있으면서도 의심 때문에 망설이며 핑계를 대지. 내가 전 직장을 과감히 떠나지 못한 것도 가장으로서의 책임감보다 나 자신의 변화에 대한 의지 부족이 더 큰 원인이었어. 간절하게 하고 싶은 일을 찾아 결단을 내렸더라면, 그렇게 두고두고 괴롭진 않았을 거야."

기내 방송에서 제주공항을 알리는 멘트가 흘러나왔다.

"선배님, 그만 내릴 준비를 하시지요."

이른 봄의 제주의 찬 공기가 두 사람의 얼굴을 스쳐 갔다.

Summary

변화를 어렵게 만드는 3가지 속성

❶ '퍼짐 현상'은 집중을 방해한다.

❷ '항상성'은 습관이나 행동의 변화를 막는다.

❸ '신념'은 촉매 역할도 하지만 장애물이 되기도 한다.

: 이 문제를 해결하려면 행동을 먼저 하고 생각은 나중에 한다.

···· **문제와 문제점을 올바로 파악한다**

김재기와 강도전은 제주공항에 도착해 버스터미널 근처의 게스트하우스에서 짐을 풀었다. 잠시 휴식을 취한 후 버스를 타고 국립박물관으로 향했다. 대중교통으로 제주도를 여행하기는 두 사람 모두에게 처음이었다. 렌터카보다 여러 가지 면에서 부담이 없고 편했다. 자유함이 주는 여유가 여행의 맛을 더했다. 두 사람은 국립박물관을 나와 생선회거리가 다양한 동문시장을 찾았다. 서울에서 맛보기 힘든 갈치

회와 고등어회를 다른 회와 섞어서 주문했다. 가격도 저렴했다. 제주도의 대표 음식 중의 하나인 보말칼국수는 우도에 들어가서 먹기로 했다.

"갈치회가 비린내도 안 나고 식감이 좋은 게 맛있네요."

"고등어회도 흐물거리지 않고 살이 탱탱한 게 아주 신선하고 좋아."

"선배님, 많이 드십시오. 오늘 저녁은 제가 쏘겠습니다. 제주도까지 시간을 내주셔서 감사합니다."

"무슨 소리, 내가 고맙지. 자네 덕분에 제주도를 다 와보고."

"고맙긴요. 차도 없이 불편하게 모시는 걸요. 그리고 이번 여행 경비를 선배님이 다 내셨는데, 제가 고맙지요."

"내가 낸 것은 '투자'지 '비용'이 아니야. 그리고 차가 없어 불편할 줄 알았는데 대중교통이 잘돼 있어 돌아다닐 만하군. 주차 걱정을 안 해도 되고. 여러모로 괜찮은데. 다음에는 집사람이랑 이렇게 여행을 해봐야겠어. 여러 가지로 부담이 없어서 좋네."

"선배님이 좋다고 하시니 저도 좋습니다. 그런데 선배님, 선배님은 컨설팅하실 때 어떤 점을 가장 중요하게 생각하세요?"

"물론, '문제 해결'이지. 고객의 숙제를 풀어주는 게 컨설팅이니까."

"그러려면 제일 먼저 무엇을 하세요?"

"우선, 잘 듣는 거야. '경청'이지. 고객의 말을 잘 들어야 문제의 핵심을 파악할 수 있고, 고객과의 친밀감을 형성할 수 있어. 그래야 고객이 컨설턴트를 신뢰하게 돼. 고객이 컨설턴트를 신뢰해야 자기들이 갖고 있는 속내를 얘기하거든. 물론 손익계산서만으로도 경영 상태를 어느 정도 파악할 순 있지만, 경영컨설팅에서는 숫자에 나타나지 않은 요소가 더 중요할 때가 많아."

"근데 왜 고객의 신뢰가 중요한 거지요?"

"원인 규명 때문이야. 문제의 진짜 원인을 알아내려면 고객이 솔직하게 얘기를 해주어야 하는데, 고객이 컨설턴트를 신뢰하지 못하면 문제의 원인을 제대로 얘기하지 않아."

"원인을 아는 게 그렇게 중요한가요?"

"우선, 원인을 알아야 처방을 내릴 것 아닌가? 원인을 잘 모르면 잘못된 처방을 내리거나 아예 엉뚱한 방향으로 흐를 수 있어. 그래서 원인을 잘 파악하는 것이 중요해."

"문제를 해결하기 위해서는 원인이 중요한 거군요."

"그렇지. 문제와 문제점을 잘 알아야 해. 특히 문제의 원인을 정확히 파악해야 해."

"선배님, 문제와 문제점의 의미를 자세하게 설명해주세요."

"문제는 아직 충족되지 못한 것이 남아 있다는 뜻이야. 내가 원하는 것, 즉 '목표와 현재 상태와의 차이'가 문제인 거지."

"내가 원하는 곳에 도달하지 못할 때 문제가 생기는 거군요."

"그렇지. 예를 들어, 자네가 한 달 수입을 500만 원으로 설정했는데 300만 원밖에 올리지 못했다면 부족한 200만 원이 문제인 셈이야. 자네가 잘해서 500만 원의 수입을 올렸다면 문제는 0이 되어 없어지게 되지. 그때는 수입에 대한 '문제'는 없는 거야."

"문제가 0이 되는, 목표와 실제 행한 결과의 차이가 없어지는 것이 문제 해결이군요. 결국, 문제는 '결핍'의 상태를 의미하는 거군요."

"그런 셈이지. 문제가 있다는 것은 어떤 목적을 이루기 위해 해결할 일이 남아 있다는 의미야. 세상에는 문제가 없는 사람은 없어. 그런 문제를 해결하기 위해서는 먼저 문제의 원인을 알아야 하네."

"문제의 원인은 문제점을 말하는 건가요?"

"그렇지. 문제를 발생시킨 요소나 원인을 말하는 거야. 문제를 해결하기 위해 반드시 손을 써야 할 어떤 조치의 '대상'이 문제점이야. 여기서 꼭 기억해야 할 것은, 문제의 이유가 되는 것이 모두 문제점은 아니라는 거야."

"여러 이유 중에 문제의 원인이 되는 것이 있고, 그렇지 않는 것이 있나요?"

"그렇지. 모든 이유가 다 문제점이 되지는 않아. 실제 문제점만 골라야 해. 문제의 원인 가운데 당사자가 '대책'을 세울 수 있는 것만 문제점이 되는 거야. 예를 들어, 장사가 안되는 식당이 있다고 하세. 현재 그 식당의 '문제'는 '장사가 안되는 것'이지. 그 식당 주인에게 장사가 안되는 이유를 물었더니, 다음과 같은 이유를 대는 거야. '첫째 경기가 안 좋아서, 둘째 경쟁 점포가 들어와서, 셋째 고객들의 입맛이 까다로워져서, 넷째 고객회전율이 떨어져서.'라고. 자네는 식당이 장사가 안되는 문제의 원인, 즉 문제점이 무엇이라고 생각하나?"

"글쎄요…… 경기가 안 좋은 것이 문제점이 아닐까요?"

"아니야, 고객회전율이 떨어진 것이 문제점이지. 경기가 안 좋은 것, 경쟁 점포가 입점한 것, 고객의 입맛이 변한 것은 식당 주인이 어떻게 할 수 있는 대상이 아니잖아. 하지만 고객회전율이 감소한 것은 주인이 얼마든지 대책을 세울 수 있잖아. 즉, 문제의 '원인'은 당사자가 '대책을 세울 수 있는 것'만을 말하는 거야. 자신이 대책을 세울 수 없는 것은 자신이 아무리 노력해도 해결할 수 없으므로 문제의 원인이 되지 않아. 일은 물론이고 사람과의 관계에서도 문제와 문제점을 잘 알아야 해결을 쉽게 할 수 있다네. 이 점을 꼭 명심하게."

"남의 탓으로 돌리지 말라는 의미로 들리는데요. 하기야 남 탓하면 속이야 후련할지 몰라도 문제 해결은 되지 않지요."

"모든 의사 결정은 문제에서 시작되지. 올바른 의사 결정은 문제점을 제대로 파악한다는 의미이기도 해. 자네 앞에 놓인 크고 작은 문제들은 자네의 현명한 해결을 기다리고 있네.

Summary

문제와 문제점

❶ 문제: 현재의 상태와 바라는 상태(목표)와의 차이

❷ 문제점(원인): 문제를 해결하기 위한 조치의 대상(당사자가 손쓸 수 있는 것, 개선이 가능한 것, 수정이나 보완이 가능한 것에 한함)

☆당사자가 손쓸 수 없는 것은 문제점(문제의 원인)이 아님.

❸ 문제 해결: 현재 수준을 목표 수준으로 끌어올리는 것(문제의 크기를 0으로 만드는 일련의 과정)

··· 머리를 믿지 말고, 손을 믿어라

"자네, 요즘 책 많이 읽나?"

"예, 부지런히 읽고 있습니다."

"어떻게 읽고 있지?"

"일단 많은 양의 책을 읽으려고 노력합니다."

"그럼, 속독을 주로 하나?"

"그렇습니다. 글을 쓰려면 관련 서적을 많이 읽어야 하는데, 정독을 하면 답답하고 진도가 잘 나가지 않아서요."

"책을 읽으면서 줄을 치거나 별도의 메모는 하나?"

"중요한 것은 줄을 치기도 하지만, 별도의 메모는 하지 않는데요."

"독서에 대한 성현들의 말씀이 있는데 내가 몇 가지 소개하지. 다산 정약용 선생은 18년의 유배 생활 동안 수백 권의 저술을 남겼네. 한 사람이 베껴 쓰는 데만도 10년은 족히 걸릴 작업을, 척박한 작업 환경 속에서도 온갖 역경을 몰아내며 해냈지. 선생은 독서에 대해 이렇게 말했네. '독서는 모두 방법이 있다. 세상에 보탬이 안 되는 책을 읽을 때는 구름 가고 물 흐르듯 해도 괜찮다. 하지만 백성과 나라에 보탬이 되는 책을 읽을 때는, 단락마다 이해하고 구절마다 깊이 따져 보아야 한다. 그리고 그런 책은 대낮 창가에서 졸음을 쫓는 방패막이로 삼아서는 안 된다.' 라고 말했지. 또, '필요한 책일수록, 눈으로 입으로만 읽지 말고 손으로 읽으며 필요한 부분은 뽑아서 별도로 기록하라' 고 말했어."

"그럼 정독을 해야겠네요. 하지만 귀찮아서 그런 거 하기 싫은 데……."

"물론 모든 책을 그렇게 읽으라는 것은 아니야. 부담 없이 읽어도 되는 책은 빠르게 읽어도 무방하네. 하지만 자네가 강의와 컨설팅을 하고 책을 출간할 계획이 있다면, 책을 읽을 때 전략적으로 접근할 필요가 있어. 효과적인 독서 말이야. 조선 후기의 실학자 위백규(魏伯珪)는 책을 읽는 자세에 대해 이렇게 말했네. '책을 읽을 때, 능히 담긴 뜻을 깊이 궁구하지 않고, 다만 구두(句讀)와 풀이만 입과 귀로 섭렵하므로 마침내 확연한 깨달음을 얻지 못한다. 책을 읽을 때 단지 글로 글을 읽을 뿐인 사람은 끝내 오묘한 경지에는 나아갈 수 없다.'라고.

책 따로 나 따로 노는, 입과 눈만의 독서를 경계한 것이지. 또 조선 시대 대제학 이덕수(李德壽)도 비슷한 취지의 말을 했어. '독서는 푹 젖는 것을 귀하게 여긴다. 푹 젖어야 책과 내가 융화되어 하나가 된다. 푹 젖지 않으면, 읽으면 읽는 대로 다 잊어버려 읽은 사람과 읽지 않은 사람이 별 차이가 없다.'라고."

"정말 책 읽는 방법을 개선할 필요가 있겠네요. 저는 정독보다 우선 많은 책을 읽으면 되는 줄 알았는데, 그게 아니네요."

"모든 책을 꼭 그렇게만 읽으라는 것은 아니니까 책 읽는 방법에 대해 너무 부담을 갖지는 말게."

"아닙니다. 말씀 잘해주셨어요. 정말 선배님 말씀처럼 속독으로 책을 읽으니까, 읽은 책의 양에 비해 머리에 남는 것이 별로 없어 조금 허전하다고 생각했는데, 다 그래서 그런 거군요."

"책을 읽으면서 줄을 긋고, 가능하면 줄 친 것의 주제어를 폴더로 만들어서 PC에 옮겨놓으면, 요긴하게 쓰게 될 걸세."

"PC에 옮기기까지 하라고요?"

"굳이 하기 싫으면 안 해도 돼. 내가 해보니까 여러 가지로 도움이 돼서 하는 말이야. 그리고 일상생활을 하면서 문득 떠오르는 생각들이 있을 텐데, 그것은 어떻게 정리하나?"

"별도로 정리하지는 않는데요."

"지나가는 생각을 붙드는 것이 매우 중요해. 그것을 내 것으로 만들기 위해서는 그때그때 메모를 해야 하지."

"선배님, 그렇게까지 해야 합니까?"

"책에서 중요하다고 생각되는 부분을 뽑아내고 지나가는 생각을 잡아 장악하지 못하면, 무엇을 가지고 책을 쓰고 강의를 하겠나? 전문 지식은 지식대로 쌓는다 해도, 책에서 얻는 것과 생각에서 가져오는 것을 잘 보관해두어야 필요할 때 찾아 쓸 수 있어. 이제 자네의 운명은 손에 달렸다고 해도 과언이 아니네."

"운명이 손에 달리다니요?"

"자네의 머리에 떠오르는 생각이나 다른 사람들의 말에서 도움이 될 수 있는 것은 즉시 메모를 해야 하네. 즉각적인 메모 방식을 '질서 (疾書)'라고 하지. '질서'는 생각이 달아나기 전에 빨리 적는 것을 말하네. 송나라 때 학자 장재(張載)가 『정몽(正蒙)』을 지을 적에 집 안 곳곳에 붓과 벼루를 놓아두고 생각이 떠오르면 밤중에 자다가도 벌떡 일어나 등불을 가져다가 메모한 데서, 이 말이 처음 나왔어. 조선 후기의 실학자 성호 이익(李瀷)은 이 '질서'를 경전 공부의 중요한 방법으로 활용했어. 경전을 읽다가 떠오른 의문과 생각을 그때그때 기록해두고 그것을 바탕으로 방대한 저술을 남겼지. 조선 후기의 학자 연암 박지원(朴趾源)은 만주벌을 가면서 틈만 나면 말 잔등 위에 쪼그리고 앉아 메모를 했다고 해. 다산 정약용 선생은 우리들에게 메모에 대해 이렇게 말하고 있네. '부지런히 메모하라. 쉬지 말고 적어라. 기억은 흐려지고 생각은 사라진다. 머리를 믿지 말고 손을 믿어라. 메모는 생각의 실마리다. 메모가 있어야 기억이 복원된다. 습관처럼 적고 본능으로 기록해라!'라고."

"머리가 아닌 손으로 살아야겠군요."

"그렇게 노력하다 보면 이력이 나고, 재미도 붙을 거야."

"선배님은 서점에는 자주 들르시나요?"

"요즘은 인터넷으로 주로 주문을 하는데, 그래도 한 달에 한두 번은 시내 서점에 나가서 직접 책을 만져보기도 하고 사기도 하지."

"서점에 직접 나가는 이유라도 있나요?"

"서점에서 책을 쓰다듬으면 작가의 기운을 느낄 수 있어서 좋아. 그럴 때면 나도 모르게 미소를 짓게 된다네. 그리고 진정한 독서는 글자를 읽는 게 아니라 인생을 읽는 거야. 책은 내면에 있는 또 다른 자신과 대화를 하는 친구와 같다네."

Summary

전략적인 독서와 메모

❶ 손으로 줄을 치며 책을 읽는다.(정약용)

❷ 속속들이 파고들어 깊게 연구하며 책을 읽는다.(위백규)

❸ '독서는 푹 젖는 것을 귀하게 여긴다.(이덕수)

❹ 즉각적인 메모, 즉 질서(疾書)로 지나가는 생각을 붙잡는다.(장재)

… 모든 계획과 실행은 '질문'으로 시작한다

"또, 책을 읽고 메모하는 것 못지않게 중요한 게 있네."

"어떤 것이 그렇게 중요한가요?"

"생각과 행동의 길잡이 역할을 하는, '질문'이지."

"질문이 왜 그렇게 중요한 거지요?"

"질문은 답을 얻을 때까지 생각하게 하고, 자신을 통제할 수 있게 한다네. 또 질문은 자신의 존재를 알 수 있게 하고, 자신의 삶을 제대로 볼 수 있는 눈을 열게 하지."

"질문에 그런 능력이 있습니까?"

"그럼. 질문에는 목표를 놓치지 않고 계속해서 갈 수 있게 해주는 특별한 능력이 있어."

"질문이 이정표 역할을 하는 거네요."

"그렇지. 질문은 길을 잃고 헤맬 때 등대처럼 길을 밝혀주고 위험을 막아주며, 방향을 잃고 어디로 갈지 모를 때는 조타수처럼 새로운 길을 안내해준다네. 또, 질문은 난관을 만났을 때, 신앙처럼 힘을 공급하고 용기를 북돋워 주지. 자네, 세계 인구의 0.2퍼센트가 노벨상의 30퍼센트를 가져가는 나라가 어딘지 아나?"

"혹시 이스라엘 아닌가요?"

"그래, 맞아. 이스라엘의 어머니들은 아이가 학교에서 집으로 돌아오면 질문을 하는데 그것이 어떤 질문일 것 같나?"

"글쎄요…… '공부 잘하고 왔니?' '선생님 말씀 잘 들었니?'…… 뭐, 그런 말을 할 것 같은데요."

"그렇지 않아. 이스라엘 엄마들은 대부분 '학교에서 무슨 질문을 했니?'라고 묻는다고 해. 그에 반해 한국 엄마들은 '오늘 학교에서 무엇을 배웠니?' 라는 질문을 많이 하지. 그래서 이스라엘 어린이들은 어려서부터 질문하는 습성을 몸에 익히며 자란다네."

"그렇군요. 선배님도 평소 질문을 자주 하십니까?"

"많이 하는 편이지. 나 자신뿐만 아니라 타인에게도 질문을 자주해. 그런 습관은 거의 10여 년 전으로 거슬러 올라가지. 질문에 생각하는 마력이 있다는 걸 알고 난 다음부터는 질문으로 답을 대신할 때가 많았어. 그래서 직장에 있을 때 직원들은 나를 '질문하는 리더', '선문답하는 리더'라고 불렀지. 업무 지시를 할 때도 '그 일을 하면 무엇이 달라지나?' '우리가 지금의 힘든 상황을 이겨내야 할 이유는 무엇인가?' '우리 팀이 성취하려는 궁극적인 목적은 무엇이지?' 등의 질문으로 대신했어. 그러면 질문은 직원들에게 어떻게 일을 할 것인지, 왜 그 일을 하는지 답을 주었지."

"그래서 선배님이 저에게도 질문을 많이 하시는 거군요."

"생각하기 위함이지. 그리고 쌍방향 소통을 위해서도 필요하고."

"결국, 질문은 생각하게 하고, 소통하게 만드는 도구네요."

"그래. 질문은 우리 속에 있는 보물창고를 열어주는 마술 도구야. 질문은 깨달음을 주고 변화에 불을 지피는 아주 귀한 보물이지. 변화 심리학자 앤서니 로빈스(Anthony Robbins)는 자신의 친구인 W. 미첼의 예를 들면서 '좋은 질문'이 사람의 인생을 어떻게까지 바꿀 수 있는지를 보여주고 있어."

"어떤 질문인데 인생을 바꿀 수 있었나요?"

"앤서니 로빈스의 친구 미첼은 두 번의 큰 사고를 당했어. 한 번은 오토바이를 타고 고속도로를 달리다가 대형 트럭과 충돌하는 사고로 몸의 4분의 3이 끔찍한 3도 화상을 입었지. 같은 병동의 많은 환자들은 모두 자신의 처지를 한탄했지만, 미첼은 '이것을 기회로 활용할 수는 없을까?' '이 위치에서 다른 사람을 도울 수는 없을까?' 하는 질문을 하며 힘든 순간들을 이겨냈어.

또다시 몇 년 후에는 비행기 사고로 다리마저 잃고 하반신 불구가 된 채 평생 휠체어 신세를 지게 되었다네. 정말 절망적이었지. 얼굴 전체가 화상을 입어 흉하게 일그러졌고, 하반신은 마비되었어. 그런데도 그는 그 병원의 간호사인 애니를 사랑하게 되었다네. 모든 것을 포기할 만한 상황에서도 미첼은 '어떻게 하면 저 여자와 데이트할 수 있을까?' 하고 대담한 질문을 던졌지. 친구들은 그를 미쳤다고 했지만, 1년 6개월 후에 그는 진짜 애니와 사랑에 빠졌고, 마침내 그녀를 아내로 맞았다네.

그리고 그는 사업에도 성공하여 백만장자가 되었어. 이것이 질문의 힘이라네."

"정말 대단하네요."

"시인인 메리 올리버(Mary Oliver)는 우주가 인간에게 두 가지 선물을 주었다고 했네. 하나는 '사랑'이고 다른 하나는 '질문하는 능력'이라고 했어. 예수님도 질문으로 제자들을 가르치시고 깨닫게 하셨어. 질문은 자네의 인생 후반에 매우 중요한 역할을 하게 될 걸세."

"정말 질문에 대해 다시 생각하게 되네요. 저는 저 자신이나 다른 사람에게 깊은 질문을 해본 적이 거의 없어요."

"너무 심각하게 생각할 필요는 없네. 우리 주변에서 일어나는 사소한 일이라도 '왜?'라는 의문을 가지면 돼. 우리 그만 먹고 나가세. 계속 손님들이 들어오는 데 눈치가 보이는군."

"그러시지요. 오늘은 선배님이 피곤하니까 바람 좀 쐬다가 일찍 잠자리에 들지요."

"그렇게 함세."

Summary

변화를 유도하는 강력한 질문의 예

❶ 확대 질문: "나에게 지금 가장 소중한 것이 무엇인가?"

❷ 특정 질문: "이 방법이 최선일까?"

❸ 미래 질문: "이것을 완수하기 위해서 어떻게 할 것인가?"

❹ 과거 질문: "이것을 하지 않은 이유는 무엇인가?"

❺ 긍정 질문: "어떻게 하면 일을 순조롭게 진행할 수 있을까?"

❻ 부정 질문: "어떤 이유로 계획대로 진행되지 않은 건가?"

··· 두려움을 내려놓고 희망을 준비한다

김재기와 강도전은 우도를 가기 위해 성산포항으로 향했다. 성산포항 종합터미널에서 우도 항까지는 배로 15분밖에 걸리지 않았다. 새우깡에 길든 갈매기떼가 우도의 청진항까지 함께해주었다. 아침인데도 여행객이 제법 많았다. 자전거나 스쿠터를 이용해 우도를 돌기도하지만 대부분 버스를 타고 돌았다. 맑고 온화한 날씨에, 두 사람은 계획대로 우도를 걸어서 돌았다. 섬 안의 섬인 우도는 소가 머리를 내민 모양으로 천천히 돌아도 다섯 시간이면 충분했다. 걷는 동안 푸른 바다에서 시선을 놓지 못했다. 한 시간쯤 걸었을 때 두 사람은 허기를 느꼈다. 게스트 하우스에서 빵 한쪽과 커피로 아침을 먹어서 금세 허기를 느꼈다. 강도전은 출발 전 인터넷에서 검색한 토속음식점을 찾아 들어갔다.

"선배님, 제주도에서 꼭 맛봐야 하는 음식들이 무언지 아십니까?"

"글쎄, 잘 모르겠는데 그런 음식들이 있나?"

"고등어회, 갈치회, 고기국수, 흑돼지삼겹살, 보말칼국수…… 등이 있는데, 이곳 우도에 보말칼국수를 잘하는 집이 있어요. 한 번 드셔보시지요."

"좋아. 평소에도 칼국수 좋아하는데 잘됐네."

"식사 후에는 디저트로 수제 땅콩아이스크림을 먹으면 더 이상 좋을 게 없을 겁니다."

보말칼국수와 뿔소라를 주문했다. 서울에서 맛볼 수 없는 귀한 맛이었다.

"선배님, 많이 드세요. 언젠가 신세 갚을 날이 올 겁니다."

"신세는 무슨, 자네가 잘돼서 다시 한 번 오세."

"예, 알겠습니다. 칼국수가 시원합니다. 뿔소라도 신선하고 쫄깃쫄깃한 게 정말 맛있는데요."

"맛이 좋네그려. 칼국수 국물이 그만이야."

"선배님이 맛있다고 하시니, 저도 좋습니다. 그런데 선배님……"

"말해보게. 왜 불러놓고 말이 없나."

"혼자 있을 때면, '과연 목표를 이룰 수 있을까!'하는 의구심이 듭니다. 성공한 경험이 없어서 뇌가 의심하는 거라고 말씀하셨지만, 잘 안될지도 모른다는 두려움이 제 머리를 떠나지 않아요."

"해보지 않으면 의심이 나고 두려운 거야. 누구나 다 마찬가지지. 나도 미래에 대한 걱정으로 잠 못 이룬 적이 한두 번이 아니야. 하지만 실제로 몸으로 부딪히며 파고들다 보면, 의심이나 두려움은 곧 사라지고 말아."

"선배님도 두려울 때가 있습니까?"

"그럼 나라고 두려울 때가 없는 줄 아나? 그렇지 않아. 두려움은 늘 따라다니게 돼 있어. 재능이 있고 관심이 있는 '내 일'이라도 의심과 두려움이 쫓아오게 돼 있지. 중요한 것은 우리가 그것을 어떻게 해석하느냐 하는 거야. 두려움은 미래를 위해 무언가를 준비하라는 신호일 뿐, 그 이상도 이하도 아니야. 구체적인 계획과 실행이 부족하면 걱정이 되고 불안하지. 하지만 확실하게 내가 무엇을 해야 할지 알고 그것을 하나하나 실행해 나가면, 의심이나 두려움은 곧 사라져버린다네. 하루하루가 하나의 삶이고 인생이야. 두려울수록 먼 미래를 생각하기보다, '오늘 하루'를 열심히 살아보게. 마치 운동선수들이 자기 종목에 맞는 운동과 기초 체력 훈련을 하루도 거르지 않듯. 그렇게 우리도 순간순간 밀려오는 두려움에 아랑곳하지 않으면서 오늘 해야 할 일에만 집중하는 거야. 어제나 내일은 없고 오늘만 있는 것처럼."

"그러면 선배님, 두려움을 떨치고 하루하루를 충실하게 보내기 위해 특별히 준비할 것은 없나요?"

"특별한 것은 아니지만, 몇 가지는 생각하고 하루를 시작할 필요는 있네."

"그게 무언가요?"

"다섯 가지 정도를 생각할 수 있지. 첫째, 하루를 시작하면서 '더 멋진 세상이 나에게 다가오고 있다'고 생각하는 거야. 둘째, '오늘' 해야 할 일은 반드시 행동으로 옮기는 거야. 셋째, 내가 하는 도전은 '안 된다'가 아닌, '된다'고 확고히 믿는 거야. 넷째, 지금 하는 일을 '왜?' 하는지 분명한 동기를 확인하는 거지. 마지막 다섯째는 오늘 목표를 끝까지 붙잡고 놓치지 않는 거야. 두려울 때마다 이런 내용들을 마음밭에 새겨놓으면, 아침 안개가 걷히듯 두려움은 물러가고 희망이 그 자리에 있는 것을 느낄 수 있게 돼. 그런 순간들이 모여 하루가 되고, 한 달이 되고, 1년이 되지."

"결국, 확고한 목표와 구체적인 계획 그리고 실행이 두려움을 이기게 하는 무기네요."

"그렇지. 멀리 보고 계획을 세웠으면, 이제는 그 하루의 실행에 승부를 걸게. 자네, 병 중에 가장 위험한 병이 '후두염'이라는 것 알고 있나?"

"후두염이 그렇게 무서운 병인가요?"

"과거에 대한 '후'회, 현재 갖고 있는 '두'려움, 미래에 대한 '염'려의 머리글자를 따서 '후두염'이라고 하지. 상징적이지만, 실제로 이보다 위험한 게 없어. 암보다 더 무서운 병이지."

"생각해보니 그렇겠네요."

"원래 일을 성취하는 것이 하루아침에 되지 않아. 무슨 일을 하더라도 어느 시간까지는, 되는 것도 없고 안 되는 것도 없어. 무덤덤하게 시간만 축내는 것 같지. 하지만 계속 따라가다 보면 변화의 징후가 조금씩 나타난다네. 사람의 능력이나 일의 종류에 따라, 그 기간이 길 수도 있고, 짧을 수도 있어. 대나무가 자라는 것을 보면, 정말 끈기가 왜 필요한지 알게 되지."

"대나무가 자라는 데 끈기가 필요한가요?"

"그럼. 중국 하남 지방이 원산지인 대나무는 '우후죽순'이란 말처럼 생장이 매우 빠른 편이지. 대나무는 현재 전 세계에 1만 2,500여 종이 분포하고 있는데, 그중에서 중국산 대나무의 성장 과정이 매우 특이해. 대나무를 심고 물과 거름을 주어도 4년 동안은 거의 자라지 않아. 그러나 5년째 되는 해, 5주일 동안 놀랍게도 2미터 90센티미터까지 자란다네. 그래서 사람들은 이렇게 묻지. '중국산 대나무는 5주일 만에 자란 건가요, 아니면 5년 동안 자란 건가요?'라고. 자네는 어떻게 생각하나?"

"얼핏 생각하면 5주일도 맞고, 5년도 맞는 것 같은데요. 그래도 5년 동안 자란 거지요."

"왜 그렇게 생각하지?"

"지난 5년 동안 누군가 물과 거름을 주지 않았다면 대나무는 자랄 수 없었겠지요."

"그래. 대나무는 5년 동안 자란 거야. 대나무에게 지난 5년은 참고 기다리는 인고의 시간이고, 모든 것을 포기하고 싶은 견디기 힘든 세월이지. 한마디로 후회와 두려움과 염려의 시간이야. 그 5주일이 임계점이지."

"임계점이라니요?"

"물은 99도에서 끓지 않아. 임계점인 마지막 1도가 지나야 끓지. 임계점은 누구나 피하고 싶고, 멈추고 싶은 마지막 고통의 순간이야. 대나무가 자라는 마지막 5주가 그런 시간이지. 정말 안 될 것 같고, 포기하고 싶은 그런 순간이야. 칠흑같이 어둡고 아무것도 안 보여 모든 것을 포기하고 싶고, 발이 부르터 더는 못 걸을 것 같아 그대로 멈추고 싶은 순간이지. 하지만 액체와 기체의 두 상태를 서로 분간할 수 없는 임계점은 마지막 땀 한 방울까지 쏟은 사람에게 '성취'라는 선물을 준다네."

"그게 꾸준함이 주는 선물인가요?"

"중간에 멈추지 않은 대가지. 보석인 옥이 만들어지는 과정도 마찬가지야. 좋은 옥은 하루아침에 만들어지지 않아. 자르고, 썰고, 쪼고,

갈아야 옥이 만들어지지. 어느 한 과정만 부족해도 좋은 옥은 만들 수 없다네. 마지못해 하는 사람에게 임계점은 말할 수 없는 고통이지만, 즐겁게 하는 사람에게는 더 할 수 없는 기쁨의 순간이기도 하지."

Summary

두려움 내려놓기

❶ '더 멋진 세상이 나에게 다가오고 있다.'고 생각한다.

❷ '오늘' 해야 할 일은 반드시 행동으로 옮긴다.

❸ 내가 하는 도전은 '안 된다'가 아닌, '된다'고 확고히 믿는다.

❹ '왜?' 하는지 분명한 동기를 확인한다.

❺ 오늘의 목표를 붙잡고 놓치지 않는다.

첫 1승이 '된다!'는
확신을 갖게 한다

'감사'를 늘 곁에 두고,
시간을 효과적으로 사용하며,
가능한 빠른 시간 안에 첫 '1승'을 거둔다.

… '감사일기'를 생활화한다

"모두가 피하고 싶은 임계점을 뛰어넘는 데 필요한 게 '감사'야. '감사'야말로 우리를 참고 견디게 해주고, 희망의 메신저로서 미래를 향해 갈 수 있게 해주지. 감사는 모든 것을 포기했으면 할 때, 에너지를 공급해주고 다시 할 수 있게 해주는 신이 내린 선물이야."

"'감사'가 그렇게 큰 힘이 되나요?"

"'감사'는 목표를 이루는 데 없어서는 안 될 꼭 필요한 도구야. 실패를 잊게 해주고 희망찬 미래를 찾게 해주지. 감사는 어떤 대가도 요구하지 않으면서, 감사하는 사람에게는 무한한 기쁨을 선물로 준다네."

"저는 감사에 대해 깊게 생각해보지 않아서 그런지, 감사가 그런 역할을 하는지 잘 모르겠는데요."

"아침에 눈을 떴을 때 사지가 멀쩡하면 무조건 감사부터 해야 해. 어제 이 세상을 떠난 이들에게 오늘은 기적 같은 하루지. 사지가 마비된 사람에게는 한 번이라도 자기 발로 서는 게 기적이고, 손가락 하나 움직이지 못하는 식물인간에게는 자기 손으로 밥을 먹어보는 게 기적이야. 헬렌 켈러(Helen Keller)는 세상을 가득 채운 색채와 율동의 파노라마를 그저 당연히 여기고 자신의 것에 감사할 줄 모르는 존재가 인간이라며, 그녀 자신이 눈으로 보지 못하는 것을 안타까워했지."

"저도 남과 수시로 비교하면서 부족한 것 때문에 힘들어하며, 제게 있는 것에는 감사하지 않았어요. 오히려 당연하게 여겼지요."

"자네, 사람에게 가장 큰 고통이 무어라고 생각하나?"

"돈이 없어 남에게 손을 벌리는 것 아닐까요? 아니면, 몸이 아파 괴로워하는 것 아닙니까?"

"먹을 것이 없는 '배고픔'보다, 몸이 아픈 고통보다, 감사하지 않고 당연하게 여기는 '뻔뻔함'이라네. 우리는 감사하지 않아서 정말 귀한 것을 놓치면서 살아갈 때가 많아. 많은 사람들이 '몸운동'은 하면서도 '마음운동'은 잘하지 않지."

"마음운동이라니요?"

"몸운동으로 지방도 분해하고 근육을 키워 건강한 몸을 유지하듯, 마음의 근육을 단련해서 몸과 마음을 건강하게 하는 것이 마음운동이야. 어찌 보면 몸운동보다 더 중요하지."

"마음운동은 어떻게 하는 겁니까?"

"내게 없는 것에 불평하지 않고 내게 있는 것에 '감사'하는 거지. 일상에서 감사보다 더 좋은 마음운동은 없어. 자네, 일기 쓰나?"

"아니요. 일기는 왜요?"

"지금부터라도 일기를 써보게. '감사일기' 말이야."

"'감사일기'라니요?"

"하루 일과를 감사하는 거야. 하루에 있었던 일을 다섯 개 문장으로 쓰는데, 문장마다 감사가 들어가게 쓰는 거지."

"구체적으로 어떻게 쓰는 건데요?"

"하루의 일상을 그냥 쓰는 거야. 예를 들어, 해가 지는 노을을 볼 수 있는 눈이 있음에 감사, 일할 수 있는 직장이 있음에 감사, 점심을 함께할 수 있는 동료가 있음에 감사, 돌아갈 집이 있음에 감사, 잠자리를 같이할 수 있는 가족이 있음에 감사, 약속 시각에 늦지 않게 해준 교통수단에 감사 등등. 다섯 문장 정도 쓰는 거야. 일명 '5감사일기'라고 하지. 매일 함께하는 가족, 친구, 만남, 일, 운동, 계절이나 날씨 등 우리 주변에 감사할 대상은 아주 많아. 일상의 평범한 것에 감사하는 순간, 자기 자신을 그대로 받아들이고 격려하고 칭찬하게 돼. 또 남을 이해하는 여유도 갖게 되면서 할 일에 대한 자신감도 생기지. '감사일기'는 내게 많은 것을 선물로 주었다네."

"어떤 선물을 받으셨어요?"

"가령 어디가 아플 때, 왜 하필 아플까 하는 원망보다는 더 심하지 않은 게 다행이라는 생각을 할 수 있게 해주고, 강의나 컨설팅에 받는 돈이 적을 때도 일할 수 있는 건강과 기회에 감사할 수 있게 해주지. 그리고 다른 사람과 안 좋은 일이 생길 때 먼저 사과할 수 있는 용기도 준다네. 그런 것이 내 일상이 되면서 매사에 긴장하지 않고 마음을 편하게 가질 수 있어서 좋아. 특히, 모든 사람들을 가능성 있는 존재로 볼 수 있는 눈을 갖게 된 것이 '감사'로부터 받은 가장 큰 선물인 것 같아. 긍정심리학의 창시자인 마틴 셀리그먼 교수의 연구에 의하면, '감사일기'를 일주일만 써도 사람들이 '더 행복하다'고 느낀다고 해. 그리고 '감사일기'를 오래 쓸수록 부정적이었던 사람의 마음가짐이 긍정적으로 바뀌었다는 거야."

"선배님은 언제부터 '감사일기'를 쓰셨어요?"

"한 4~5년쯤 됐어. 미국의 여성 방송인 오프라 윈프리(Oprah Winfrey)의 책을 보고 '감사일기'를 쓰기로 결심했지. 그 후로 지금까지 거의 매일 쓰고 있어. 오프라 윈프리는 '감사일기'를 통해 두 가지를 배웠다고 해. 하나는 인생에서 정말 소중한 것이 무엇인지를 알았고, 다른하나는 삶의 초점을 어디에 맞춰야 하는지를 배웠다고 해. 오프라 윈프리가 일기를 쓰면서 달라진 것은, 모든 일을 긍정적으로 생각하며 누구에게나 마음을 쉽게 열 수 있게 된 것과, 하찮은 일에서 큰 의미를 발견하게 된 것이라고 말했어."

"'감사일기'가 오프라 윈프리에게 많은 영향을 끼쳤군요."

"오프라 윈프리 외에도 '감사'로 세상을 변화시킨 사람이 많아. 이스라엘의 노동부와 외무부 장관을 거쳐 1969년부터 1974년까지 총리를 역임했던 골다 메이어(Golda Meir)는 자신의 못생긴 얼굴에 감사한다고 했어. 못생겨서 기도했고, 못났기 때문에 열심히 공부했다며, 자신의 약점이 조국에 도움이 되었다고 말했지. 못생긴 얼굴이 실패작일지 몰라도, 감사함으로 실패를 엄청난 성공으로 바꾸어 놓았던 거지."

"정말 '감사'가 능력이란 말이 실감이 나네요."

"그 밖에도 자신의 부족한 면을 감사로 승화시켜 훌륭하게 된 사람이 있어. 자네, 마쓰시타 고노스케(松下幸之助) 알지?"

"노조에서 동상을 세워준 일본에서 '경영의 신'으로 추앙받는 사람이오?"

"그래. 아주 훌륭한 경영인이지. 그의 배경에도 감사하는 마음이 있네. 그는 아흔넷으로 운명하기 전에 이런 말을 했어. '나는 3가지 하늘의 은혜를 입고 태어난 것을 감사합니다. 가난했기 때문에 부지런히 일하지 않고서는 잘살 수 없다는 진리를 깨달았습니다. 또 몸이 허약하게 태어난 덕분에 건강의 소중함을 깨달아 아흔이 넘었어도 냉수마찰로 30대의 건강을 유지할 수 있었습니다. 그리고 초등학교 4학년 중퇴로 세상 모든 사람을 나의 스승으로 받들고 배우는 데 노력했습니다. 이런 불행한 환경이 나를 성장시켜준 하늘이 준 시련이라고 생각하여 늘 '감사'하고 있습니다.' 그렇게 고노스케 회장은 불행한 환경을 원망하지 않고 늘 감사했지. 감사만큼 우리를 행복으로 인도하는 것도 없을 거야. 감사를 하면 감사할 일이 생긴다네. 하루를 감사로 시작해서 감사로 마무리할 때 희망과 도전의식이 되살아나는 것을 느낄 수 있어. 감사로 자네의 무한한 '보물창고'를 열어보게. 특히, 어렵고 힘들어 희망이 보이지 않을 때, 감사는 새로운 용기와 희망을 북돋워줄 것이라 믿네. 지금 자네에게 가장 필요한 게 '감사'가 아닌가 생각하네."

"저도 서울에 올라가면서 '감사일기'부터 쓰겠습니다."

"그래. 우리 이만 나갈까? 식당에 너무 오래 있었던 것 같네."

"네, 그만 일어나시지요."

두 사람은 식당을 나와 우도의 명물, 수제 땅콩아이스크림을 손에 들고 해안가를 다시 걸었다. 두 사람은 오후 4시가 넘어서야 우도를 나왔다. 네 시간 반을 걸었다. 두 사람은 삼성혈(三姓穴)이 있는 이도동으로 발길을 옮겼다. 두 사람은 제주도 원주민의 발상지인 삼성혈을 둘러보고, 제주도의 명물 '고기국수'로 저녁을 마무리했다.

Summary

'감사일기'의 소재

❶ 자신의 부족한 면에 감사한다.

❷ 실망스럽거나 안 좋은 일이 생겼을 때, 그 정도인 것에 감사한다.

❸ 하찮게 생각되는 것일수록 감사한다.

❹ 어려운 환경이 새로운 도전을 하게 함에 감사한다.

❺ 실패나 실수를 통해 깨달음을 얻은 것에 감사한다.

··· **실패가 없었던 처음 상태로 돌아간다**

어제의 피곤이 풀리기도 전에, 두 사람은 제주도 토속음식인 '몸국'으로 아침을 먹고 제주도 올레길 7코스로 향했다. 외돌개에서 부서지는 파도를 보며 7코스 올레길을 걷기 시작했다.

"선배님, 경치가 정말 아름답습니다. 속이 탁 트이는 게 제가 바닷속으로 빨려 들어가는 기분입니다."

"바다는 언제 봐도 좋아. 먼바다를 바라보면 마음이 열리고 편안해져. 이렇게 바다를 바라보면 어린아이가 되는 것 같아. 자네가 함께해서 더욱 내 마음이 흡족하네. 그래, 거의 1년 동안을 집에만 있다가 이렇게 세상 밖으로 나오니 어떤가?"

"선배님 덕분에 많이 회복됐지만, 현실에 적응하는 게 쉽지 않네요.

실패에 대한 찌꺼기가 아직 좀 남아 있나 봅니다."

"과거의 실패가 몸에 익숙해져서 그럴 수 있어. 그러면 자신도 모르게 과거를 붙잡게 되지."

"붙잡다니, 뭘 붙잡는다는 말씀이신가요?"

"과거를 놓지 않는다는 말이야. 상처의 불순물이 다 제거되지 않았다는 뜻이지. 과거의 실패나 상처는 인식을 확장시켜주는 깨달음의 밑거름으로만 사용하고 깨끗이 걷어내야 해."

"저는 저 자신을 다 용서했다고 생각하는데 아직 그렇지 않은가 봅니다."

"자신을 용서했다고 하면서도 실패를 잊지 못하는 것은, 잠재의식 속에 실패를 잊지 않으려는 의식이 남아 있다는 증거야."

"그러면 제가 실패를 못 잊는 게 아니라 잊지 않으려 한다는 말씀입니까?"

"그런 셈이지. '용서는 해도 잊을 수는 없다!'는 말처럼, '용서하지 않겠다'는 의미가 자신의 내면에 아직 남아 있는 뜻이지. 자네는 자신을 진정으로 용서하고 싶지 않은 거야."

"저 자신은 모두 잊었다고 하면서도 실패로 인한 억울함이나 분노가 아직 제 속에 남아 있는 건가요?"

"그런 셈이지. 억울함이나 분노는 타인 때문에 '안 된다'는 의식을 갖게 하는 못된 습성이 있어."

"이걸 완전히 치유하려면 어떻게 해야 할까요?"

"실패 자체를 없애야지. 진정한 자기 용서를 하는 거야. 마치 잘못이 없었던 처음으로 돌아가는 거지. 완벽한 용서는 완벽한 수술과도 같아. 실패에는 늘 용서가 필요하다네. 용서는 관용이 아니라 새로운 시작을 알리는 시계추야. 용서의 힘이 얼마나 대단한지 모르는 것은 진정한 용서가 이루어지지 않았다는 증거지."

"어떻게 해야 진정한 용서를 할 수 있을까요?"

"진정한 용서는 용서할 것이 없다는 사실을 깨달을 때 비로소 가능해. 후회나 가책은 자신의 잘못을 바로잡겠다는 의도고, 과거 속에서 살겠다는 또 다른 표식이야. 실패의 감정은 손님일 뿐, 진정한 주인은 '내 일' 속에 있어. 실수나 실패는 '누가' 했느냐가 아니라 '무엇'을 했느냐가 중요해. 우리가 저지르는 가장 큰 잘못은 자신의 인격과 행동을 혼동하는 것이야."

"그럼 제가 어떻게 해야 하지요?"

"그런 잘못을 하지 않으려면, 실패는 명사가 아니라 동사여야 해."

"동사라니요?"

"실패는 행동을 의미하므로 명사보다는 동사로 표현해야 한다는 말이네. 가령 '나는 실패했다.'라는 '동사'로 표현하면 실수만 인정하지만, '나는 실패자다.'라고 '명사'로 말하면 사람을 평가하게 되지. 만일 자신을 실패자로 규정하면 거기서 한 발짝도 앞으로 내디딜 수가 없어."

"예, 알겠습니다. '실패는 실패고, 나는 나'라는 거군요."

"그래. 실패나 실수는 우리와 늘 같이하는 친숙한 것들이야. 우리는 자신의 실패에도 너그러워야 하지만, 타인의 실패 역시 귀한 줄 알아야 해. 누구도 원하지는 않지만, 세상 어느 것보다 귀한 게 '실패'야. 실패는 누구도 받기 원하지 않는 신이 준 선물이지. 그리고 인격과 실패는 별개라는 사실을 명심해야 해. 그것만 분명하게 인식하면 실패로 인해 더 이상 힘들지 않을 수 있어. 그런데 올레길 7코스가 꽤 길군."

"이제 얼마 안 남았습니다. 저쪽 끝으로 나가면 고즈넉한 카페가 하나 나오는데 그곳에 가서 차 한잔 하면서 쉬었다 가시지요."

"그러지."

Summary

'자기 용서'하기

❶ 실패에 대한 억울함이나 분노를 내려놓는다.

❷ 실패는 명사가 아니라 '동사'로 생각한다.

❸ 더 이상 실패에 대해 후회하거나 가책하지 않는다.

❹ 실패는 '적'이 아니라 신이 준 귀한 '선물'이다.

❺ '인격'과 '실패'는 별개이다.

··· 시간을 중요도에 따라 효과적으로 사용한다

"카페가 아늑하고 조용하군. 스무 살 연애할 때가 생각나네. 돈이 없어 주머니를 만지작만지작하면서 상대가 무얼 시키나 조마조마했었지. 자넨 그런 적 없었나?"

"물론 저도 많았지요. 특히, 여자 친구와 포장마차에 가서 대책 없이 술을 마시고 돈이 없어서 그 친구의 반지를 맡긴 적이 한두 번이 아니었어요."

"이따 오랜만에 소주 한잔할까?"

"그러시지요. 근데 선배님은 평소 술 잘 안 하시잖아요?"

"나는 괜찮지만, 자네가 술 생각이 날 것 같아서그래."

"저는 술 끊은 지 좀 됐습니다."

"아! 참. 자네 술 끊었다고 했지. 그러면 됐네. 나도 평소에 잘하지 않는데, 자네와 먹던 생각이 나서 권했네. 근데 자네 술은 왜 끊었나? 자네 술 좋아했잖아. 나와 2, 3차까지 먹기도 하고, 밤새도록 먹은 적도 있잖아."

"퇴직하고 얼마 안 됐을 때 끊었습니다."

"그러면 안 한 지 꽤 됐구먼."

"직장 생활 할 때라면 몰라도 내 사업을 하면서 술을 마시면 안 좋을 것 같아서 끊었어요. 사업이 잘된다고 마시면 생활이 문란해질 것 같고, 안된다고 마시면 폐인이 될 거라는 생각이 들었어요. 또, 술을 마시면 체력에도 부담되고 집중력도 떨어질 것 같아서요. 무엇보다 사람이 추해질 것 같다는 생각이 들었어요."

"추해지다니?"

"내가 능력이 돼서 사주면 좋은데, 만일 잘못되어 친구나 후배들에게 얻어먹으면 그것처럼 추한 게 없잖아요."

"자네, 사업이 힘들 때는 술 생각이 많이 났을 텐데……."

"실컷 술을 먹고 깨어나지 않았으면 할 때도 많았지요. 하여튼 술을 입에 대는 순간, 모든 게 끝날 거라고 생각했어요. 그리고 술을 마시면 시간 낭비가 심해서요. 퇴직 후 가장 중요한 자산이 돈하고 시간인데, 돈이야 많고 적고 차이가 있지만 시간은 사용하는 사람에 따라 그 가치가 달라지잖아요."

"그렇게 잘 참아서 오늘 이런 일도 할 수 있게 된 거로군. 잘했네."

"선배님은 하루 시간을 어떻게 보내세요?"

"특별한 일이 없으면, 새벽 5시면 일어나지. 30분 정도 명상을 하고,

조간신문을 읽은 후에 바로 운동을 나가."

"그렇게 일찍 일어나세요?"

"어렸을 때부터 몸에 익은 습관이야. 나는 산골에서 태어나 자랐어. 우리 집 앞에는 도랑이 흐르고 뒷마당엔 감나무가 있었지. 그리고 집 뒤에는 동산이 있었어. 뒷동산 말이야. 그 뒷동산에서 들려오는 새소리가 어린 나를 이불 속에 오래 있지 못하게 했지. 나는 새들이 우짖는 소리가 그렇게 좋았어. 그런데 아침 일찍 일어나지 않으면 그 소리를 들을 수가 없었지. 조금만 늦어도 새들이 날아가 버려 더 이상 그 소리를 들을 수가 없었거든. 그때의 새소리는 초등학생인 나에게 이른 아침을 물어다 주는 귀중한 선물이 되었지."

"초등학생에겐 쉽지 않았을 텐데요."

"그래도 그 소리만 들으면 일어났어. 고향의 새소리는 나를 아침형 인간으로 만들어주었지만, 시간의 귀중함은 아버지께서 가르쳐주셨어."

"아버님이 어떻게 하셨는데요?"

"내가 중학생이 되자, 우리는 학교가 있는 도회지로 이사했어. 농지는 도지를 주고 읍으로 나와 아버지는 조그만 사업을 하셨지. 아버지는 내가 집을 청소할 때마다 용돈을 주셨어. 그런데 나는 친구들과 새집을 맡으러 산과 들로 돌아다니느라 며칠 동안 청소를 하지 않았지. 엄격한 아버지는 나를 야단치려고 단단히 벼르고 계셨고, 어머니는 영문도 모르는 나를 안쓰럽게 바라만 보고 계셨어. 나는 아버지 앞에 무릎을 꿇고 빌었어. 아버지는 뜻밖에도 야단을 치지 않으셨어. 대신 이런 말씀을 하셨지. '네가 하고 싶은 일을 시간별로 계획하는 습관을 들여라. 사람은 부유하게 태어날 수도 가난하게 태어날 수도 있다. 하지만 시간은 누구에게나 공평하게 주어지는 것이다. 네가 공부벌레가 되기를 바라는 것은 아니다. 그러나 제대로 하지 못한 공부는 언제 할지, 하고 싶은 놀이는 언제 할지, 계획하는 습관을 들이도록 해라. 거실 청소는 집안일에 대한 약속이므로 네가 책임을 다해야 너에게 용돈을 줄 수 있다.' 그리고 또 말씀하셨어. '아침 시간은 황금을 물고 있다. 아침 시간을 만들어 1년을 쌓으면 보름은 만들 수 있다.'라고. 아버지의 말씀은, 50년이 지난 지금도 시간이 얼마나 귀중한지를 잊지 않게 해주는 금언이 되었지."

"아침 시간만 잘 보내도 보름을 얻을 수 있다니 정말 도전이 되네요."

"이 세상에서 가장 공평한 것은 시간이야. 누구나 더도 덜도 가질 수 없지. 빌릴 수도 빌려줄 수도 없고, 저장할 수도 없는 대체 불가능한 보물이 바로 '시간'이지."

"시간만큼 공평한 게 없네요."

"그렇지. 시간만큼 평등한 게 없어. 시간은 사랑하며 귀중히 여기는 사람을 만나면 귀한 보물이 되지만, 그렇지 않은 사람에게는 지루하고 귀찮은 존재일 뿐이야. 시간이라고 다 같은 시간이 아닌 거지."

"선배님, 그러면 시간을 효과적으로 쓰는 방법 좀 알려주세요."

"절대적인 것은 아니지만, 내 나름대로 시간을 효과적으로 사용하기 위해 몇 가지 규칙을 만들었네. 첫째, 어떤 일을 하기 전에 그 일이 '중요한' 일인지를 묻는다네. 둘째, 시간을 좀 더 확보하기 위해 비슷한 부류의 일은 '함께' 처리하지."

"구체적인 예를 들어주시지요."

"가령 컴퓨터 작업을 할 때, 메일도 쓰고, 신문 스크랩도 그때 하지. 또 책이나 메모한 내용들을 컴퓨터에 있는 폴더에 넣는 작업도 그때 한다네. 그렇게 하면 시간도 절약되고, 해야 할 일을 한 번에 체계적으로 할 수 있어 좋아."

"아, 그렇군요."

"셋째, 일간·주간·월간 계획표를 가지고 다니면서 수시로 '체크'한
다네. 넷째, 타인에게 '맡길' 것을 정하는 거야. 그리고 다섯째는 '줄일
것과 하지 않을 것'을 정하는 거지. 가령, TV 시청이나 잡담, 나와 직
접 연관이 없는 인터넷 서핑 등이지."

"그렇게 하시는군요."

"억지로 하지 않고 자연스럽게 목표나 실천 계획을 따라 하다 보면,
크게 어렵지 않게 시간을 효과적으로 쓸 수 있어. 영국의 옥스퍼드대
학에는 4개의 단과대학이 있는데, 그중 솔 칼리지의 시계탑에 이런
글귀가 쓰여 있네. '불행은 언젠가 내가 잘못 보낸 시간의 보복이다.'라
고."

"그거 나폴레옹이 한 말 아닌가요?"

"맞아. 나는 게으르다 싶으면 이 글귀를 생각한다네."

Summary

효과적으로 시간 사용하기

❶ 먼저 중요한 일인지를 파악한다.

❷ 비슷한 부류의 일은 함께 처리한다.

❸ 계획표(일간, 주간, 월간)를 가지고 다니면서 수시로 체크한다.

❹ 다른 사람에게 맡길 것을 정한다.

❺ 줄일 것과 하지 않을 것을 정한다.

··· 우선, 첫 1승을 거둔다!

"그리고 아버지는 큰일을 하려면 먼저 작은 일들을 성취하라고 말씀하셨어. 먼저, 작은 것을 해내야 한다고 하셨지. 어떤 목표를 이루고자 할 때는 '동기'가 필요한데, 작은 일을 하나둘 해내는 것이 큰일을 하는 동기가 된다고 하셨어. 우리가 계획을 세워도 그대로 안 되는 게 세상 이치라면서, 우선 작은 1승을 거두라고 말씀하셨지."

"작은 1승이라니요?"

"어떤 것을 해냈다는 것, 성취했다는 것, 승리했다는 것을 느끼는 작은 순간들을 말하지."

"어떤 일을 해냈을 때나 경기에서 이겼을 때를 말하는군요."

"그렇지. 가령 몸무게를 몇 킬로 감량하는 데 성공했다든가, 아침에 일어나기로 한 시간 약속을 지켰다든가 하는 것 모두가 '승리'야. 그런 것 하나하나가 각각 1승이 된다고 말씀하신 거지. 자네가 장·단기 '내일'을 해나가는 데는 크고 작은 승리들이 필요해. 지금 배우는 과목을 이수하는 것도 1승이고, 정해진 기간 내에 약속한 책을 읽는 것도 1승이지. 또, 전문 코치가 되기 위해 코치 자격증을 따는 것도 1승이고, 쓰고 싶은 글을 써서 책을 내는 것도 1승이야. 이런 작고 큰 승리들은 자네가 원하는 곳으로 가기 위한 준비물인 셈이지. 이런 승리 하나하나가 모여서 목표점으로 가는 견인차 역할을 한다네. 그렇게 목표점으로 가기 위해서는 우선 첫 1승이 필요해."

"첫 1승이 목표를 향해 가는데 구체적으로 어떤 도움을 주는 건가요?"

"우선, '과연 내가 할 수 있을까?' 하는 의심에서 벗어나, '나도 할 수 있다!' '나도 되는구나!' '아! 그렇구나' 하는 자신감을 북돋워 주지. 이런 승리들은 목표점으로 가고자 하는 열의를 불어넣고 가던 길을 계속 가게 해준다네. 언젠가 TV에서 방영됐던 프로그램 〈남자의 자격〉의 음악감독 박칼린 씨의 인터뷰 기사를 본 적이 있어. '음악으로 성공하기까지 몇 년쯤 걸린 것 같으냐?'는 기자의 질문에, 20년이 걸렸다고 대답하더군. 어떻게 그렇게 긴 시간을 참고 견뎌냈느냐고 물었더니, 4~5년에 한 번 정도 작은 성공을 이뤘던 것 같다고 해. 자신이 20대 초반에 목표를 세워 도전했는데, 〈명성황후〉 음악감독을 20대 중반에 했으니까 5년 만에 이룬 성공인 셈이지. 그 성공이 첫 '1승'인 거지. 그 후에 성공을 계속할 수 있었던 것도 그런 승리들이 있었기 때문이라고 말하더군."

"그랬었군요. 그래도 승리라고 하면 좀 감격스럽고 기억에 남아야 하는 것 아닌가요?"

"큰 승리도 귀하지만, 작은 승리도 소중하다네. 엄청나고 커다란 승리가 감격스럽고 기억에 오래 남을지 몰라도, 지금 자네에게는 큰 승리보다 의심, 낙담, 실망 등이 쌓여 있는 실패의 늪에서 건져 올려줄 작은 승리들이 필요해. 우리가 어떤 일에 보람을 느낄 때 그 일을 계속하고 싶듯이, 우리의 조그만 성공은 또 다른 성공을 부른다네. 작은 첫 승이 더 큰 도전을 하게 하고, 그렇게 하면서 궁극적인 목표를 이루게 하지."

"그래서 1승을 강조하시는 거군요."

"특히 첫 1승은 그 승리 이상의 값어치가 있어. 세쿼이아 캐피털 회장인 마이클 모리츠는 그의 책 『리딩』에서, 알렉스 퍼거슨 맨체스터 유나이티드 전 감독이야말로 성공의 맛을 본 후 계속해서 그런 성취를 일구어낼 수 있다는 사실을 직접 증명해 보인 대표적인 사람이라고 말하고 있지. 전 WWC 챔피언 이왕표 선수 역시 '첫 승을 거두고 나서 어렴풋이 이기는 법을 알게 되었으며 그 이후 계속 승리할 수 있었다.'라고 말했어. 첫 승리가 계속되는 성공의 밑거름이 된 거지. 그리고 미국의 흑인 운동 지도자 마틴 루터 킹(Martin Luther King Jr.) 목사는 '무엇이든 이루고 싶다면 첫걸음을 떼어보세요. 처음부터 전체를 볼 필요는 없습니다. 우선 첫걸음을 떼어보세요.'라고 말했지. 아무리 작아도 첫 1승은, 우리의 꿈을 실현시키는 동력이 되어 준다네."

"선배님의 1승은 언제였어요?"

"아마 내가 중학교에 진학했을 때일 거야. 초등학교 때 공부를 곧잘 했다는 우쭐함에 중학교에 입학해서 영어를 소홀히 했지. 그러다 보니 중학교 2학년 1학기까지 영어는 나의 원수나 다름이 없었어. 영어 시간은 싫은 정도가 아니라 공포의 대상이었지. 영어에 흥미가 없는 것은 물론이고 선생님이 시킬까 봐 눈도 마주치기 싫었어. 때마침 여름방학이 되어 서울에서 대학을 다니던 삼촌이 내려와 영어의 기초를 잡아주었지. 영어에 감이 좀 잡히면서 2학기 영어 시간부터 자신감이 붙었지. 눈이라도 마주칠까 봐 겁이 났던 영어 선생님이 칭찬을 해주시니 날아갈 것 같았어. 뭐든 할 수 있을 것 같더라고. 그것이 내 인생의 첫 1승이었네. 사업을 실패하고 난 뒤에, 재기를 노릴 때는 정말 1승이 목말랐지."

"그땐 어떤 1승이 있었나요?"

"실패를 바탕으로 책을 처음 쓸 때였어. 100일 만에 쓴 원고를 가지고 출판사를 찾아갔지. 결국, 인지도가 낮아 출간은 되지 않았지만, 초고를 마쳤을 때의 기쁨이란 이루 말할 수가 없었다네. 그것이 새로 시작할 수 있는 자신감을 주었고, 그 후로도 계속 글을 쓸 수 있는 동인이 되었지. 그리고 첫 번째 강의는 지금도 잊지 못해. 잘하고 못하고를 떠나 '강의하기' 목표를 성취했으니 기분이 어땠겠나. 그것도 작은 1승이지. 그리고 무엇보다 경영지도사에 합격했을 때의 그 승리의 기쁨은 지금도 생생하네. 학문적 깊이가 별로 없는 나에게 논술시험이 주는 압박감과 50대 중반이란 나이에 대한 부담이 여간 크지 않았거든. 두 번째 도전 끝에 합격했는데 그 감격은 아마 죽을 때까지 잊지 못할 거야. 그 자격증이 대단해서가 아니라 실패의 늪에서 자신감과 희망을 주기에 충분했던 사건이었거든. 그런 것들이 내가 지금까지 계속 도전할 수 있게 해준 크고 작은 승리들이야."

"저도 작은 1승이라도 빨리 올리도록 하겠습니다."

"첫 1승이 새로운 것을 보는 눈을 열어줄 걸세."

"선배님, 그만 일어나시지요."

두 사람은 제주시로 가는 버스에 올라 발을 풀었다.

"내일 아침 일찍 서울로 올라갈 텐데 시간이 좀 짧은 게 아쉽네."

"저도 그래요. 선배님과 이렇게 알차게 여행할 줄은 몰랐습니다. 특히 저에게 뜻깊은 여행이었습니다."

"어떤 점이 그렇게 의미가 있었나?"

"처음 제주에 올 때만 해도 여행 이상의 의미는 없었는데, 지금은 얻어가는 게 정말 많습니다."

"어떤 것을 얻어간다는 건가?"

"제주에 와서 선배님에게 듣고 배운 것이지요."

"대단한 것도 없었을 텐데 뭘 배웠다는 건지 모르겠네."

"제가 배운 것을 10가지로 정리해보겠습니다."

강도전은 스마트폰을 꺼내 틈틈이 메모한 내용을 말하기 시작했다.

"첫째, 잘못된 신념이나 습관을 바꾸기 위해서 '꼭 지금 이것을 해야 하는가?'라는 질문을 하고, '그렇다'면 계속하고 '아니다'면 '빼는 행위'로 변화를 한다. 둘째, 변화를 어렵게 만드는 세 가지 속성, 즉 '퍼짐 현상, 항상성, 잘못된 신념'을 바꾸려면 행동을 먼저하고 생각은 나중에 한다. 셋째, 문제는 현재의 상태와 목표와의 차이를 말하는 것이고, 문제점은 문제를 해결하기 위한 조치의 대상으로 당사자가 손쓸 수 있는 것만 해당된다. 결국, 문제 해결은 현재 수준을 목표의 수준으로 끌어올려 그 차이가 0이 되게 하는 것이다."

"정말 메모를 잘해두었구먼."

"넷째, 독서는 전략적으로 한다. 중요한 책을 읽을 때는 푹 젖어야 하고, 지나가는 생각을 붙들기 위해서는 메모를 한다. 다섯째, 변화를 유도하는 강력한 질문으로 확대·특정·미래·과거·긍정·부정 질문 등을 한다. 여섯째, 두려움을 내려놓는 다섯 가지 방법은 '나에게 더 멋진 세상이 다가오고 있다'고 생각한다. '오늘' 해야 할 일은 반드시 행동으로 옮긴다. 내가 하는 도전은 '안 된다'가 아닌, '된다'고 확고히 믿는다. '왜?' 하는지 분명한 동기를 확인한다. 오늘의 목표를 붙잡고 놓지 않는다. 일곱째, 감사를 일상화한다. 자신의 부족한 부분에도 감사하고, 안 좋은 일이 생겨도 그 정도인 점에 감사하며, 어려운 환경이 새로운 도전을 하게 함에 감사한다. 또, 실패나 실수를 통해 깨달은 것에 감사하며, '감사일기'를 쓴다. 여덟째, 자신을 용서한다. 실패는 명사가 아니라 '동사'로 생각하며 실패에 대해 더 이상 후회나 가책을 하지 않는다. 실패는 '적'이 아니라 신이 준 '선물'이고 인격과 실패는 별개로 여긴다. 아홉째, 효과적으로 시간을 쓰기 위해 먼저 중요한 일인지를 파악한 후, 비슷한 부류의 일을 함께 묶고, 계획표를 수시로 체크하며, 다른 사람에게 맡길 것을 정하고, 줄일 것과 하지 않을 것을 구별한다. 열 번째, 우선 중요한 게 '1승'이며 가능한 한 빨리 그것을 성취한다. 이런 말씀들이 저의 몸에 양약이 되고 제가 원하는 일을 하는 데 큰 힘이 될 것이라 믿습니다."

"여행을 하면서도 마음은 '일'에 가 있구먼. 이제 나도 마음이 놓이네."

"어쨌든 이번 여행이 머리도 정리하고, '내 일'에 도전하는 데 큰 힘이 되었어요. 그리고 저도 되도록 빠른 시일 내에 첫 1승을 올리겠습니다."

두 사람은 제주 여행을 마치고 서울로 올라왔다. 강도전은 여행 후 많이 안정됐다. 장·단기 '내 일'을 실행하기 위해 전략을 세우고, 그에 따른 구체적인 세부 계획을 마련해 꾸준히 실천했다. 일상에서 끊이지 않는 불안이 올라오고 '과연 될까?' 하는 의심이 들 때마다, 미래에 성공한 자신의 모습을 상상했다. 그리고 희망의 끈이 느슨해지면, 자신이 누구이고, 어디로 가는지 질문을 계속하며 방향을 놓치지 않았다. 칠흑 같은 어둠의 끄트머리로 조그만 햇살이 얼굴을 내밀기 시작했다.

Summary

'승리' 만들기

❶ 승리의 대상을 구체적으로 정한다.

❷ 필요한 자격증의 종류와 기한을 정한다.

❸ 실천 사항을 석 달 이상 지속한다.(그러면 습관이 되면서 1승이 된다.)

❹ 일상에서 볼 수 있도록 승리 대상을 써서 붙여놓는다.

❺ '1승'은 자기와의 약속임을 항상 기억한다.

… 나는 지금 어디에?

"여보, 일어나야지요! 강의 늦겠어요."

아내 이다정이 강도전을 흔들어 깨웠다. 강도전은 샤워를 하고 아침으로 선식과 토스트를 먹으며 강의할 내용과 USB를 다시 한 번 확인했다. 오늘은 대구에서 강의가 있었다. 집을 나와 지하철을 타고 서울역에 가서 무궁화호 열차에 몸을 실었다. 빠른 KTX도 있지만, 도전은 무궁화호 열차를 좋아했다. 열차의 흔들거림이 자신의 신체 리듬과 잘 맞았고, 타고 내리는 사람들을 보는 재미도 쏠쏠했다. 무엇보다 시간에 쫓겨 그동안 읽지 못했던 책을 읽을 수 있어서 좋았다. 강도전은 휴대폰에 있는 승차권의 좌석을 찾아가 앉았다. 기차는 영등포를 거쳐 수원을 지났다. 자신의 모습이 차창에 비치자, 문득 '내 일'을 찾았던 지난 4년의 세월이 스쳐 지나갔다.

"내가 누구인지 아는 것이 진정한 자유!"

필자는 퇴직 후 내가 어떤 일에 재미가 있고, 무엇을 잘할 수 있으며, 어떤 것에 가슴이 뜨거운지 관심이 없었다. 그저 남 잘되는 곳을 따라가면, 나도 당연히 잘될 것으로 생각했다. 안 될 수도 있다는 생각은 조금도 들지 않았다. 누군가 시작만 해주면, 직장에서 23년 동안 배운 것으로 충분하다고 생각했다. 자신감이 충만했다. 하지만 내가 찾지 않고 남이 정해준 것에 시력을 빼앗기다 보니, 누가 주인공이고 누가 관객인지 구분이 안 되었다. 주도권을 다른 사람에게 넘겨주고도 여전히 내가 주인공으로 스포트라이트를 받을 것으로 생각했다. 하지만 난 세 번의 실패를 경험했고, 그것은 내가 하고 싶은 일이 아니면 즉, 재미있고 잘할 수 있으며 의미 있는 일이 아니면, 힘을 쓸 수 없다는 것을 가르쳐주는데 조금도 부족하지 않았다.

이 책의 2부 '무엇을 할 것인가?'(Where to go?)'는 실제 중년 퇴직자들을 위한 '내 일' 찾기 프로그램을 대화체로 엮은 것이다. 읽으면서 실제로 따라해봐야 '내 일'을 찾는 데 도움을 얻을 수 있다. 사실 이 책을 한 번 읽어서는 어려울 수 있다. 자신의 장·단기 '내 일'을 찾되, '이

것이 정말 장·단기 '내 일'이다!'라고 확신이 들 때까지 몇 번이고 반복해서 작성해볼 것을 권한다. 그렇게 하면 혼자서도 충분히 자신이 하고 싶은 '내 일'을 찾을 수 있다.

김재기와 강도전, 두 사람의 대화를 통해 이 책을 마무리하려고 한다. 독자 여러분은 부디 강도전처럼 시행착오를 겪지 않고, 처음부터 자기 몸에 맞는 옷을 입어 행복하길 바란다.

… **삶이 주는 진정한 자유**

"얼마 전에 전 직장의 후배가 찾아왔었어. 그는 인사이동 때 퇴직을 권고받았지. 나를 찾아왔을 때도 흥분이 가라앉지 않은 상태였어."

"직위는 무엇이었나요?"

"고참 부장이었네. 임원 승진에서 누락되면서 권고사직을 당했지. 내가 근황을 묻자, 눈물을 흘리더군. 아마 갑자기 '떠나야 한다'는 퇴직의 기억 때문이었던 것 같아. 당사자에게는 충격이지. 신변에 물리적인 변화가 오기 전에, 아무런 준비를 하지 않아 더 받아들이기 힘들었던 것 같아. 하지만 퇴직 후 6개월이 지났는데도 누군가를 원망하며 과거에 발목이 잡혀 사는 것은 큰 불행이지. 그는 퇴직을 큰 실패로 생각하고 있었어. '아! 그렇구나!', '이제 진정한 '내 일'을 찾자!'라고 초점을 미래에 두었다면, 그렇게까지 괴롭진 않았을 텐데.

나는 그에게 새로 시작하지 않으면 두려움 속에서 남의 눈치만 살피면서 살아가게 된다고 말했지. 하지만 그는 '실패할 걸 왜 합니까?' 하면서 불만에 가득 찬 눈으로 나를 쳐다보더군. 그때까지도 분을 삭이지 못하고 있었어. 그래서 자네 경험을 얘기해주었지. 그에게도 원하는 것을 할 수 있는 보물창고가 있다고 말해주었네. 그는 오랜 직장생활에서 자신을 보았기 때문에 잠재력이니 가능성이니 하는 것은 이미 다 사용했다고 하더군. 머릿속으로는 의미를 이해하면서도 가슴으로는 받아들이지 않는 눈치였어.

그래서 이렇게 말했지. '만일 과거 속에 묻혀서 새로운 목표를 세우지 않는다면 인생 2막은 '고통'이란 두 글자로 자네 삶을 빼곡하게 메우게 될지도 몰라. 그리고 눈을 감을 때 흘러내리는 회한의 눈물이 가슴을 적실 수도 있지. 자네 자신을 믿어 보게. 자네가 간절히 원하는 '내 일'로 즐거움과 보람을 느껴보게. 그것이 자네를 자유롭게 해줄 거야.'라고. 하지만 내 말이 도움이 안 됐는지 그는 식사를 마치고 바로 일어났어. 아주 유능했던 친군데, 아쉬움이 많이 남아."

"저도 저지만, 과거에 발목이 잡혀 있는 모습이 안됐네요. 4년 전 제모습이 생각이 나네요. 걱정할 시간에 무얼 하고 싶은지 곰곰이 생각했으면 좋겠어요."

"그건 그렇고, 자네가 지금 쓰고 있는 책이 언제 나오지?"

"다음 달에 나옵니다."

"이제 컨설팅을 하면서 책도 쓰고 강의를 해보니 어떤가?"

"많은 돈은 못 벌어도 행복합니다. 티베트 승려 린포체가 우리나라에 왔을 때 했던 말이 생각납니다."

"무슨 말인데?"

"그는 '자신이 좋아하는 것과 지금 하고 있는 일이 같을 때, 진정 자신이 누구인 줄 알게 된다.'라고 했어요. 이제 어렴풋이 제가 누구인지, 무엇을 해야 하는지, 어떻게 해야 하는지를 알게 된 것 같습니다."

"내가 누구인지 아는 것만큼 보람된 것은 없지. 그게 삶이 주는 진정한 '자유'라네."

부록

1 : 유용한 직업 정보 탐색 사이트

▷ 일반 취업 정보 포털 사이트

사이트명	홈페이지	내용
잡넷	http://www.jobnet.go.kr	인터넷 지원 센터
워크넷	www.work.go.kr	한국고용정보원 구인·구직
잡코리아	www.jobkorea.co.kr	업종·직종별 채용 정보
스카우트	www.scout.co.kr	취업 정보 전문업체
인크루트	www.incruit.com	구인·구직 전문업체
사람인	www.saramin.co.kr	채용 및 기업 정보
기업은행 잡월드	www.ibkjob.co.kr	중소기업 취업 포털
인디드	http://kr.indeed.com	취업·채용 통합 검색
한국경제 취업 사이트	http://www.skjob.net	구인·구직 취업 정보

▷ Search Firm 포털 사이트

사이트명	홈페이지	내용
HR파트너스	http://hrp.jobkorea.co.kr	잡코리아(헤드헌팅)
커리어 센터	www.careercenter.co.kr	커리어(헤드헌팅)
인크루트 헤드헌팅	http://chief.incruit.com	인크루트(헤드헌팅)
사람인 프로헌팅	http://www.saramin.co.kr/zf_user/	사람인(헤드헌팅)

▷ 외국계 기업 전문 채용 사이트

사이트명	홈페이지	내용
피플앤잡	www.peoplenjob.com	외국계 기업 채용 전문 사이트
Kofen-job	www.kofenjob.com	주한 외국 기업 취업 전문 센터

▷ 정부 일자리 전문 채용 사이트

사이트명	홈페이지	내용
일모아	www.ilmoa.go.kr	정부 일자리 사업 통합 정보 시스템
알리오	www.alio.go.kr	공공기관 경영 정보 공개 시스템
나라일터	http://gojobs.mopas.go.kr	인사혁신처 나라일터, 공공기관 채용 정보
서울일자리 프러스센터	http://job.seoul.go.kr	서울시 취업정보센터

▷ 시니어 일자리 채용 사이트

사이트명	홈페이지	내용
고령자 워크넷	www.work.go.kr/senior	한국고용정보원 구인·구직 (워크넷으로 통합)
중장년일자리 희망센터	http://www.4060job.co.kr	노사발전재단의 전직 지원 서비스
Careerjob	www.careerjob.or.kr	중견 전문 인력 채용 포털
FKI 중장년일자리 희망센터	http://www.fki-rejob.or.kr	전국경제인연합회 중장년 일자리희망센터
파인드잡 시니어	http://www.findjob.co.kr/jobtime/Elderly.asp	중장년 시간선택제 일자리

▷ 여성 대상 채용 사이트

사이트명	홈페이지	내용
미즈 워크넷	www.mizwork.net	여성 전문 채용 업체
파인드잡 여성	http://www.findjob.co.kr/jobtime/Female.asp	여성 시간제 일자리

▷ Search Firm 사이트

사이트명	홈페이지	내용
커리어케어	www.careercare.co.kr	국내 최대 종합 HR 기업 (헤드헌팅)
엔터웨이	www.enterway.co.kr	2000년 6월 창업(헤드헌팅)
피플컨설팅그룹	www.ppcg.co.kr	코스닥 상장(헤드헌팅)
HR Korea	www.hrkorea.co.kr	토털 HR 솔루션 기업(헤드헌팅)
유니코써치	www.unicosearch.com	헤드헌팅 전문 기업
코리아헤드	www.koreahead.com	헤드헌팅 전문 기업으로 업계 인지도가 높은 편임
솔루션	www.solution.co.kr	헤드헌팅 전문 기업으로 역사 오래됨(1998년 설립)
코리아브레인	www.koreabrain.com	헤드헌팅 전문 기업
유엔파트너스	www.younpartners.com	헤드헌팅 전문 기업
피플케어써치	www.peoplecare.co.kr	헤드헌팅 및 인적지원 관리 전문업체
브리스캔영	www.briskyoung.com	외국계 금융사와 IT 관련 채용에 강점(헤드헌팅)

▷ IT 인력 전문 채용 사이트

사이트명	홈페이지	내용
잇츠잡	www.itsjob.co.kr	IT 전문 구인·구직
아이티앤잡	http://www.itnjob.com/	IT 전문 구인·구직

잡멘토스	www.jobmentors.co.kr	IT 융합 인재 구인·구직 멘토링
OJT Job	http://www.ojtjob.com/recruit/	일본 최대 IT 구인·구직
인포잡스	www.infojobs.co.kr/	IT 취업 전문

▷ 고급 인력 취업 사이트

사이트명	홈페이지	내용
베스트네트워크	http://www.bestnetwork.net	국내외 기업 임원급
닥터 파인드	http://www.doctorfind.co.kr	석·박사 취업 사이트

▷ 업종·직종별 특화 채용 사이트

사이트명	홈페이지	내용
팜인포	www.pharminfo.co.kr	제약회사
건설워커	www.worker.co.kr	건설 부문
콘잡	www.conjob.co.kr/v2	
콘워커	http://www.conworker.com	
건설인력관리센터	www.cmsc.co.kr	
어카운팅피플	www.accountingpeople.co.kr	재무, 회계, 경리
트레이드인	www.tradein.co.kr	무역
전·현직 은행권 커뮤니티	www.bankazit.com	금융
금융권취업포털	www.finet.co.kr	
금융투자협회	http://www.kofia.or.kr	회원사 동향
사무잡	www.samujob.co.kr	사무직 전문
뉴랜서	www.newlancer.com	프리랜서, 통·번역
패션스카우트	www.fashionscout.co.kr	패션
패션워크	www.fashionwork.co.kr	

디자인잡스	www.designjobs.co.kr	디자인
정글	http:/jungle.co.kr	
뷰티앤잡	www.beautynjob.co.kr	뷰티
미디어잡	www.mediajob.co.kr	미디어 · 매스컴
광고정보센터	www.adic.co.kr	언론 · 방송
잡투데이	www.jobkorea24.com	판매
쇼핑몰잡	www.malljob.co.kr	모델, 쇼핑몰 잡
레포츠잡	http://www.leportsjob.com	여가 · 스포츠
바이오잡	http://www.biojob.co.kr	바이오
티엔티잡	http://www.tntjob.co.kr	학원 · 교육기관
메디컬잡	http://www.medicaljob.co.kr	의료 · 병원 취업
메디잡	http://www.medijob.cc	
널스잡	http://www.nursejob.co.kr	
차일드잡	http://www.childjob.co.kr	보육 · 육아교사
키즈맘	http://www.kizmam.co.kr	
코리아티엠	http://www.koreatm.co.kr	텔레마케터
텔레잡	http://www.telejob.co.kr	
와이드잡	http://www.widejob.kr	경호경비/시설관리
안전관리세이프잡	http://www.safejob.co.kr	
잡드라이버스	http://www.jobdrivers.com	운전직
잡카	http://www.jobcar.co.kr	
영업나라	http://www.youngup.kr	영업
스크린잡	http://www.okscreenjob.com	영화
호텔인잡	http://www.hotelinjob.com	호텔
플라워포털	http://www.fljob.co.kr/web	플로리스트
넥스트잡	http://www.nextjob.or.kr	경총 운영
취업안내센터	http://www.job.ccrs.or.kr	신용회복지원자 · 저소득층
이엔지잡	http://www.engjob.co.kr	이공계 전문 취업
엔지니어링	http://www.engineerjob.kr	

| 프로그래머잡 | www.programmerjob.co.kr | 전산 프로그래머 |

▷ 직업 관련 자격증 및 직업 훈련 정보 사이트

사이트명	홈페이지	내용
노동부	www.work.go.kr	고용노동부 고용 정보 시스템, 직업 훈련, 진로심리검사
커리어넷	http://www.career.go.kr	한국직업능력개발원 학교·학과 정보, 자격증, 진로교육상담, 심리검사
잡이룸	http://www.joberum.com	취업 컨설팅, 직무 분석
중장년일자리 희망센터	http://www.4060job.co.kr	노사발전재단, 전직 지원
HRD NET	www.hrd.go.kr	고용노동부 훈련, 자격
큐넷	www.q-net.or.kr	한국산업인력공단, 자격 정보
여성인력개발센터 연합	www.vocation.or.kr	여성인력 교육 및 훈련
민간자격 정보서비스	www.pqi.or.kr	한국직업능력개발원 민간 자격, 자격 정보

2 : 창업 지원 사이트

사이트명	홈페이지	내용
소상공인포털	www.sbiz.or.kr	창업 지원, 재기 지원
창업보육센터 네트워크시스템	www.bi.go.kr	중소기업청 창업 지원, 기술 창업
서울시 자영업지원센터	www.seoulsbdc.or.kr	창업 지원, 자영업 클리닉
KB국민은행 소호창업지원센터	www.kbstar.com	자영업 창업 지원, 무료 컨설팅
중소기업청	www.smba.go.kr	지원 정책, 창업·벤처

3: 귀농·귀촌 지원 사이트

사이트명	홈페이지	내용
귀농귀촌종합센터	www.returnfarm.com	농림축산식품부, 귀농 준비, 교육, 지원
전국귀농운동본부	www.refarm.org	농림축산식품부 산하 사단법인 귀농 안내 및 교육
남해군 귀농·귀촌 지원센터	refarm.namhae.go.kr	귀농·귀촌 상담 및 기술 지원
전라남도 귀농·귀촌 종합지원센터	jnfarm.jeonnam.go.kr	귀농·귀촌 지원 사업
부산귀농학교	www.busanrefarm.org	귀농 안내, 교육

4: 2017년도 중소·중견기업 지원 시책

▷ 시설 및 운전 자금 대출(대상: 중소기업)

지원 자금 종류	대출 한도	기간	내용
창업기업지원 자금	45억 원, 매출액의 150%	·시설 자금: 8년 ·운전 자금: 5년	업력 7년 미만의 중소기업 및 예비창업자 자금 지원
신성장기반 자금	45억 원, 매출액의 150%	·시설 자금: 8년 ·운전 자금: 5년	업력 7년 이상 중소기업의 시설 투자 촉진
긴급경영안전 자금	10억 원	5년	재해, 경영 애로 해소 등 긴급한 자금 지원
투융자복합금 융자금	45억 원, 매출액의 150%	5년	융자에 투자 요소를 복합하여 자금 지원
신시장진출 지원자금	20억 원	·시설 자금: 8년 ·운전 자금: 5년	우수 기술의 제품화·산업화 및 수출 지원

출처: 『2017년도 중소·중견기업 지원 시책』, 70~92쪽.

| 문의처 |

·중소기업청 홈페이지(www.smba.go.kr)
·중소기업진흥공단 홈페이지(www.sbc.or.kr)
·중소기업 통합콜센터: 전국 어디서나 국번 없이 ☎ 1357

▷ 신용보증 지원

지원 보증 종류	대상	보증 한도	내용
신용보증기금	개인 및 법인과 이들의 단체	30억 원	기업의 미래 성장성과 기업 가치를 평가하여 신용보증 지원
기술보증기금	중소기업	대출·어음 이행·무역금융·전자상거래	기술력 보유 기업의 미래 가치를 평가하여 신용보증
지역신용보증재단	중소기업, 소상공인	8억 원	담보력이 부족한 자영업자 등에 보증
매출채권보험	중소기업 및 초기 중견기업	·매출 채권: 50억 원 ·어음: 10억 원	외상매출금의 회수 불가능 시 보험

출처: 『2017년도 중소·중견기업 지원 시책』, 96~108쪽.

| 문의처 |
·신용보증기금: 신용보증기금(1588-6565, www.kodit.co.kr)
·기술보증기금: 기술보증기금(1544-1120, www.kibo.or.kr)
·지역신용보증재단: 신용보증재단중앙회(1588-7365, www.koreg.or.kr)
·매출채권보험: 신용보증기금(1588-6565, www.kodit.co.kr)

| 공동 문의처 |
·정책정보는 기업마당(www.bizinfo.go.kr)
·중소기업 통합콜센터: ☎ 1357

▷ 소상공인 정책 자금

정책 자금 종류	대출 한도	기간	내용
소공인특화자금	1억 원 (시설 5억 원)	시설: 8년, 운전: 5년	숙련 기술 기반의 소공인 지원 (대상: 소공인)
성장촉진자금	1억 원 (시설 2억 원)	5년	장수 소상공인의 재성장 및 재도약 지원
일반경영안정자금	7,000만 원	5년	소상공인의 점포 운영 자금 지원

| 수출고용특별
자금 | 1억 원 | 5년 | 소상공인의 수출 및 고용 활성
화 지원 |

출처: 『2017년도 중소·중견기업 지원 시책』, 412~422쪽.

| 문의처 |

·국번 없이 1357
·중소기업청 소상공인 정책과(042-481-4361)

참고문헌

- 클로테르 라파이유, 『컬처코드』, 리더스북, 2007.
- 김영희 외 9인 공저, 『자이 프리미엄』, 도서출판 수경, 2012.
- 김병완, 『이건희 27법칙』, 미다스북스, 2012.
- 폴정, 『바라보면 가슴뛰는 것들』, 아시아코치센터, 2012.
- 조훈현, 『고수의 생각법』, 인플루엔셜, 2015.
- 존 브래드쇼, 『수치심의 치유』, 사단법인 한국기독교상담연구원, 2002.
- 토마스 불핀치, 『그리스 로마 신화』, THE NEXT, 2014.
- 박웅현·강창래, 『인문학으로 광고하다』, 알마, 2009.
- 조현구·김삼희, 『외식업 컨설팅 3.0』, 지식공감, 2016.
- 달라이라마·하워드 커틀러, 『당신은 행복한가』, 문학의숲, 2012.
- 김주환, 『회복탄력성』, 위즈덤하우스, 2011.
- 오르한 파묵·움베르토 에코 외 10명, 『작가란 무엇인가 1』, 다름, 2014.
- 스티븐 코비, 『스티븐 코비의 7가지 습관』, 서울문화사, 2014.
- 하타무라 요타로, 『나와 조직을 살리는 실패학의 법칙』, 들녘미디어, 2008.
- 윌리엄 새들러, 『서드 에이지, 마흔 이후 30년』, 사이, 2006.
- 바버라 스트로치, 『가장 뛰어난 중년의 뇌』, 해나무, 2011.
- 알렉스 퍼거슨·마이클 모리츠, 『리딩』, RHK, 2016.
- 김재우, 『지금, 다시 시작할 수 있다』, 비전과리더십, 2011.
- 이한길, 「난 나이보다 젊고 생각 열려 있다」, 『중앙일보』, 2011. 6. 6.
- 김창혁, 「김창혁 전문기자의 세상 이야기」, 『동아일보』, 2011. 3. 7.
- 오종남, 『은퇴 후 30년을 준비하라』, 삼성경제연구소, 2009.
- 기시미 이치로·고가 후미타케, 『미움받을 용기 1』, 인플루엔셜, 2015.
- 오츠 슈이치, 『죽을 때 후회하는 스물다섯 가지』, 21세기북스, 2011.

- 이인열 외, 「나이에서 일곱 살 빼라…… '6075(60~75세) 新중년' 출현」, 『조선일보』, 2013. 9. 9.
- 정민, 『다산선생 지식경영법』, 김영사, 2006.
- 피터 드러커, 『21세기 지식경영』(지식근로자의 자기개발 편), 한국경제신문, 1999.
- 황미리, 「식당 테이블 위의 터치스크린」, 『매일경제신문』, 2011. 12. 16.
- 피터 드러커, 『피터 드러커 경영 바이블』, 청림출판, 2006.
- 밥 버포드, 『40, 또 다른 출발점』, 북스넛, 2006.
- 앤서니 라빈스, 『네 안에 잠든 거인을 깨워라』, 씨앗을뿌리는사람, 2008.
- 앤서니 라빈스, 『거인의 힘 무한능력』, 씨앗을뿌리는사람, 2008.
- 스티븐 코비, 『성공하는 사람들의 8번째 습관』, 김영사, 2005.
- 정해윤, 『성공학의 역사』, 살림, 2006.
- 조현구, 『흥하는 창업 망하는 창업』, 아이이펍, 2011.
- 조현구·엄은숙·심재용, 『장사란 무엇인가』, 청림출판, 2014.
- 김정운, 『나는 아내와의 결혼을 후회한다』, 샘앤파커스, 2009.
- 리즈 부르보, 『몸의 지능』, 아시아코치센터, 2009.
- 맥스웰 몰츠, 『맥스웰 몰츠의 성공의 법칙』, 비즈니스북스, 2003.
- 정갑수, 『물리 법칙으로 이루어진 세상』, 양문, 2008.
- 피터 드러커, 『프로페셔널의 조건』, 청림출판, 2012.
- 김정운, 『에디톨로지』, 21세기북스, 2015.
- 왕중추, 『디테일의 힘』, 올림, 2011.
- 한홍, 『거인들의 발자국』, 비전과리더십, 2004.
- 김진모·이용환, 『효과적인 프레젠테이션 스킬』, 서울대학교출판문화원, 2008.
- 도로시 리즈, 『질문의 7가지 힘』, 더난출판, 2002.
- 김용욱, 『몰입, 이렇게 하라』, 물푸레, 2009.
- 전광, 『평생감사』, 생명의말씀사, 2008.
- 법정, 『한 사람은 모두를 모두는 한 사람을』, 문학의숲, 2009.
- 법정, 『일기일회(一期一會)』, 문학의숲, 2009.
- 임미진, 「'난 될 것 같다'는 미친 생각이 세상 바꾼다」, 『중앙일보』, 2017. 04. 06.
- 문희철, 「성공 확률 0.00001% … 이웅열 신약 투자 빛이 보인다」, 『중앙일보』, 2017. 04. 06.

〈인터넷 자료〉
- 한국뇌과학연구원의 브레인전문지, 국제뇌교육협회의 뇌교육 가이드북
- 허생, 허생의 즐거운 편지, 2015.

중년 퇴직자의
'내 일 찾기' 프로젝트

퇴직하고 뭘 먹고사나?

초판 1쇄   2017년 04월 20일

지은이   조현구
발행인   김재홍
편집장   김옥경
디자인   이유정, 이슬기
교정·교열   김진섭
마케팅   이연실

발행처   도서출판 지식공감
등록번호   제396-2012-000018호
주소   경기도 고양시 일산동구 견달산로225번길 112
전화   02-3141-2700
팩스   02-322-3089
홈페이지   www.bookdaum.com

가격   15,000원
ISBN   979-11-5622-279-8 03190

CIP제어번호   CIP2017008124
이 도서의 국립중앙도서관 출판예정도서목록(CIP)은 서지정보유통지원시스템 홈페이지(http://seoji.nl.go.kr)
와 국가자료공동목록시스템(http://www.nl.go.kr/kolisnet)에서 이용하실 수 있습니다.

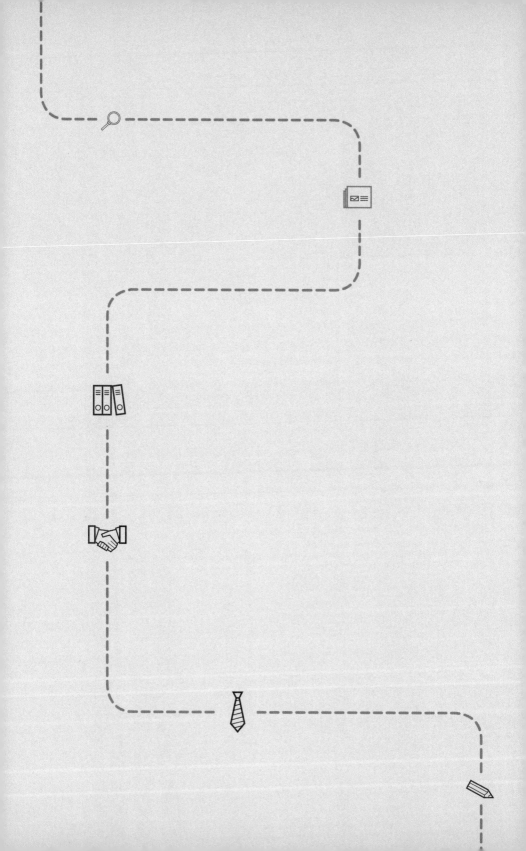

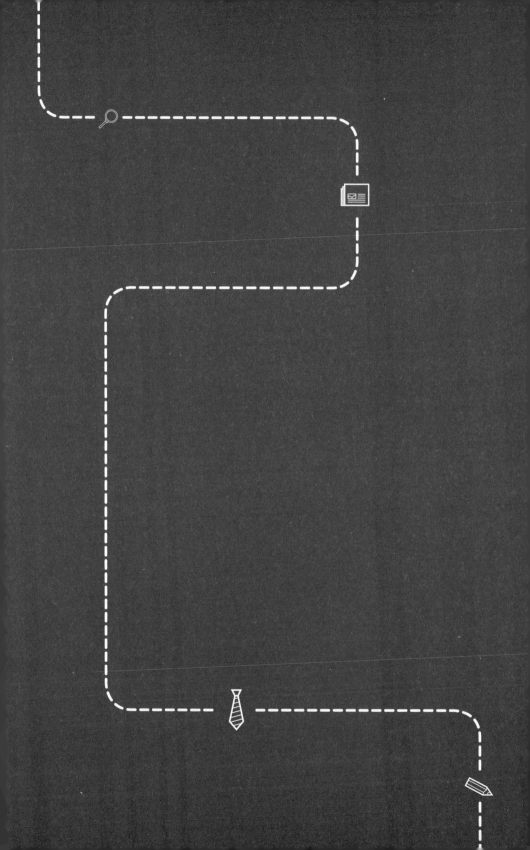